novum pocket

Karl Seyfried

ERFAHRUNGS-AUSTAUSCHTREFFEN

Erwerb impliziten Wissens

30 JAHRE AMZ MÖDLING

novum pocket

Bibliografische Information
der Deutschen Nationalbibliothek:

Die Deutsche Nationalbibliothek
verzeichnet diese Publikation in der
Deutschen Nationalbibliografie.
Detaillierte bibliografische Daten
sind im Internet über
http://www.d-nb.de abrufbar.

Alle Rechte der Verbreitung, auch
durch Film, Funk und Fernsehen, fotomechanische Wiedergabe, Tonträger, elektronische
Datenträger und auszugsweisen
Nachdruck, sind vorbehalten.

© 2019 novum Verlag

ISBN 978-3-99010-856-7
Umschlagfotos: Karl Seyfried,
AMZ-Mödling
Umschlaggestaltung, Layout &
Satz: novum Verlag
Innenabbildungen: Karl Seyfried (3)

Die vom Autor zur Verfügung
gestellten Abbildungen wurden in
der bestmöglichen Qualität
gedruckt.

Gedruckt in der Europäischen Union
auf umweltfreundlichem, chlor- und
säurefrei gebleichtem Papier.

www.novumverlag.com

Vorwort

In den Jahren 2004 bis 2013 fanden für die Zielgruppe der Revisoren in der österreichischen Bundesverwaltung regelmäßige Erfahrungsaustauschtreffen und Jahrestagungen statt. Diese Veranstaltungen wurden von mir geplant, organisiert und moderiert.

Mit diesem Buch möchte ich einer interessierten Leserschaft zeigen, welche Erfahrungen ich im Laufe dieser Zeit durch die Planung und Organisation der Veranstaltungen sammeln konnte und welche Erlebnisse und Erinnerungen mir besonders wichtig waren, die ich nun auch einer breiteren Öffentlichkeit nahebringen möchte.

Es soll nicht nur einen Blick auf zehn spannende Jahre mit insgesamt fünfzig thematisch breit gestreuten Veranstaltungen werfen, sondern vielmehr Lösungsansätze anbieten, um Personen, die sich mit einer Veranstaltungsplanung und -organisation befassen, zu unterstützen.

Während sich Punkt 1 mit der historischen Entwicklung der Koordinationsfunktion der Internen Revision in der österreichischen Bundesverwaltung befasst und Punkt 2 meine vagen Vorstellungen vor der Durchführung – insbesondere die Planung und Organisation – eines Erfahrungsaustauschtreffens aufzeigt, werden in Punkt 3 alle von mir tatsächlich geplanten, organisierten und moderierten Veranstaltungen von 2004 bis 2013 im Einzelnen dargestellt. In Punkt 4 beziehen erfahrene Vortragende zu zahlreichen Fragen des Autors zum Thema Erfahrungsaustauschtreffen Stellung. In

Punkt 5 wird das Erfahrungsaustauschtreffen aus psychologischer Sicht betrachtet.

Dass dieses Buch realisiert wurde, ist auf ein besonders intensives Erstgespräch des Autors mit einem Bereichsleiter für Arbeitspsychologie des Arbeits- und Sozialmedizinischen Zentrums Mödling in Niederösterreich im Oktober 2013 zurückzuführen. Daher gehört mein besonderer Dank dem Arbeits- und Organisationspsychologen Mag. Jürgen Fritsche, der mich mit großem Engagement dabei unterstützte, die psychologische Perspektive der Thematik besonders hervorzuheben.

Bedanken möchte ich mich im Nachhinein bei allen Vortragenden, die mir ihre Vortragsunterlagen zur Verfügung gestellt haben bzw. bei jenen erfahrenen Vortragenden, die mir mit sehr präzisen Antworten auf meine Fragen geholfen haben, die in Punkt 4 einer breiten Öffentlichkeit vorgestellt werden können.

Ganz besonders danke ich meiner Frau Cornelia für das Korrekturlesen sowie für die redaktionelle Gestaltung.

Last but not least danke ich dem Leiter des Sozial- und Arbeitsmedizinischen Zentrums Mödling ganz herzlich für die Unterstützung, dass diese Publikation entstehen konnte.

Aus Gründen einer besseren Lesbarkeit wurde auf eine geschlechtergerechte Schreibweise verzichtet. Der gesamte Text in diesem Buch richtet sich somit im Sinne der Gleichbehandlung an die Leser beider Geschlechter.

Mag. Karl Seyfried

Geleitwort

In meiner Position als Geschäftsführer des AMZ Mödling bin ich natürlich, per Rollendefinition, in einer sehr exponierten Position. Innerhalb der Aufgabenstellung, das Unternehmen ziel- und ergebnisorientiert zu führen, treffe ich täglich Entscheidungen mit weitreichenden Folgen. Es bedarf einer soliden und pointierten Informations- bzw. Wissensgrundlage, um dieser Verantwortlichkeit gebührend gerecht zu werden.

Zu diesem Zwecke halte ich persönlich das Thema Erfahrungsaustausch für ein sehr wesentliches. Die Möglichkeit, sich mit Gleichgesinnten über die spezifischen Herausforderungen der Tätigkeit als Leiter eines Unternehmens austauschen zu können, ist definitiv eine nicht zu ersetzende Bereicherung, von der auch ich bereits sehr profitiert habe. Dies kann ich aus meiner 30-jährigen Erfahrung in dieser Position ganz klar feststellen.

Das Verständnis untereinander sowie der Austausch über die spezifischen Themenstellungen schließen die Lücken, die sich ergeben, wenn losgelöst von einer umgebenden Teamstruktur agiert wird. Daher kann ich nur jedem Unternehmen empfehlen, von dieser Form der Vermehrung von Wissen zu profitieren.

Mit dem vorliegenden Buch ist es dem Autor gelungen, den Hintergrund und den Nutzen des Erfahrungsaustausches sehr anschaulich darzustellen. Es bietet eine ausgezeichnete

Richtschnur der Faktoren, die im Hinblick auf ein gutes Gelingen wesentlich sind.

In diesem Sinne bedanke ich mich sehr herzlich bei ihm und wünsche eine erkenntnisreiche Lektüre.

Peter Acs, MSc.
Geschäftsführer des Arbeits- und Sozialmedizinischen Zentrums Mödling

Inhaltsverzeichnis

Vorwort 5

Geleitwort 7

1. Einleitung 19
   1.1 Meine Dokumentation 19
   1.2 Die historische Entwicklung
       der Koordinationsfunktion 21
   1.3 Vage Vorstellung vor Durchführung
       eines Erfahrungsaustauschtreffens 23

**2. Überlegungen vor Veranstaltung
eines Erfahrungsaustauschtreffens** 26
   2.1 Die Auswahl des Veranstaltungsthemas 26
   2.2 Die Auswahl der Vortragenden 32
   2.3 Der Einsatz der Veranstaltungsmedien 34
   2.4 Die Auswahl des Veranstaltungsortes 36
   2.5 Die Planung und Organisation
       der Veranstaltungen 38

**3. Meine geplanten, organisierten
und moderierten Veranstaltungen** 41
   3.1 Veranstaltungen im Jahr 2004 41
      3.1.1 1. Erfahrungsaustausch zum Thema
          „Die Interne Revision in einem
          ausgegliederten Rechtsträger" 41
      3.1.2 2. Erfahrungsaustausch zum Thema
          „Die Interne Revision und die
          Buchhaltungsagentur des Bundes" 44

- 3.1.3 3. Erfahrungsaustausch zum Thema „Zukunft der Internen Revision im öffentlichen Bereich – Nachbetrachtungen zur Querschnittsüberprüfung des Rechnungshofes" 45
- 3.1.4 4. Erfahrungsaustausch zum Thema „Die Interne Revision und das Leistungscontrolling – Bedeutung für die Leitung einer Revisionseinrichtung und ein neues Prüffeld" 47
- 3.1.5 Jahrestagung der Internen Revision 2004 zum Thema „Prüfungsverfahren im deutschsprachigen Raum – Ein Ländervergleich" 49

3.2 Veranstaltungen im Jahr 2005 56
- 3.2.1 1. Erfahrungsaustausch zum Thema „Die Interne Revision und das Vergabeverfahren – Was ein Revisor derzeit wissen sollte" 56
- 3.2.2 2. Erfahrungsaustausch zum Thema „Die EU-Finanzkontrolle" 59
- 3.2.3 3. Erfahrungsaustausch zum Thema „Die Reorganisation der Internen Revision im Bundesministerium für Finanzen" 63
- 3.2.4 4. Erfahrungsaustausch zum Thema „Serviceleistungen im Bund – Interne Revision und ressortübergreifende Projekte" 64
- 3.2.5 Jahrestagung der Internen Revision 2005 zum Thema „Herausforderungen an die öffentliche Finanzkontrolle in einem zunehmend komplexen Umfeld – Entwicklungen in den Bundesländern" 66

3.3 Veranstaltungen im Jahr 2006 70
- 3.3.1 1. Erfahrungsaustausch zum Thema „Die Neuerungen des Bundesvergabegesetzes 2006 – Theorie und Praxis der öffentlichen Auftragsvergabe" 70

3.3.2   2. Erfahrungsaustausch zum Thema
„Die Bundesbeschaffungsgesellschaft mit
beschränkter Haftung als Dienstleister
der Bundesverwaltung mit ihrer Querschnitts-
funktion – Neue Herausforderungen für
die Interne Revision" 74

3.3.3   3. Erfahrungsaustausch zum Thema
„Die Prüfung der
Behindertengleichstellung" 77

3.3.4   4. Erfahrungsaustausch zum Thema
„Prüffelder, die den Tätigkeitsbereich
von Kommissionen bzw. Senaten mit
weisungsunabhängigen Mitgliedern
tangieren können" 80

3.3.5   Jahrestagung der Internen Revision 2006
zum Thema „Korruption – Abweichendes
Verhalten eines Individuums" 84

3.4 Veranstaltungen im Jahr 2007 88

3.4.1   1. Erfahrungsaustausch zum Thema
„Die Prüfung der Datensicherheit" 88

3.4.2   2. Erfahrungsaustausch zum Thema
„Warum Kenntnisse über Coaching und Mediation
auch für einen Revisor wichtig sein können" ... 91

3.4.3   3. Erfahrungsaustausch zum Thema
„Das Prüfungsverfahren unter der
Berücksichtigung des Datenschutzes" 97

3.4.4   4. Erfahrungsaustausch zum Thema
„Bedeutung der Kommunikationsprozesse in
Prüfungsverfahren – Inwieweit hat sich die
Interne Revision auch mit Gruppenverhalten,
insbesondere mit Mobbing zu befassen?" 100

3.4.5   Jahrestagung der Internen Revision 2007
zum Thema „Die Interne Revision als Wächter
der Einhaltung der Vergabevorschriften" 104

3.5 Veranstaltungen im Jahr 2008 111
   3.5.1 1. Erfahrungsaustausch zum Thema „Interne Revision an österreichischen Universitäten" 111
   3.5.2 2. Erfahrungsaustausch zum Thema „Prüfung und Bewertung von Prozessen – Projektmanagement und Evaluation" 112
   3.5.3 3. Erfahrungsaustausch zum Thema „Aktuelle Prüfungen des Rechnungshofes zur Internen Revision – Erkenntnisse über die Ausbildung zum MBA „Public-Auditing" sowie zum akademischen Rechnungsprüfer" 115
   3.5.4 4. Erfahrungsaustausch zum Thema „Gender Mainstreaming – Was können die Internen Revisionen in der Bundesverwaltung in Hinkunft tun, um einen nützlichen Beitrag zu leisten?" 120
   3.5.5 Jahrestagung der Internen Revision 2008 zum Thema „Schwerpunkte bei der Prüfung eines Personalmanagementsystems" 124

3.6 Veranstaltungen im Jahr 2009 130
   3.6.1 1. Erfahrungsaustausch zum Thema „Warum Kenntnisse über Ziel- und Zeitmanagement sowie Stressmanagement auch für Revisorinnen und Revisoren wichtig sein können" 130
   3.6.2 2. Erfahrungsaustausch zum Thema „Die Deliktrevision – Schwerpunkte aus der Sicht des Büros für Interne Angelegenheiten im Bundesministerium für Inneres" 139
   3.6.3 3. Erfahrungsaustausch zum Thema „Erfolgreiche Konfliktbewältigung" 140

    3.6.4 4. Erfahrungsaustausch zum Thema
„Die Haushaltsrechtsreform –
Die Verwaltung im Umbruch, Auswirkungen
auf die Interne Revision" 143

    3.6.5 Jahrestagung der Internen Revision 2009
zum Thema
„Prüfung des Förderungswesens" 148

3.7 Veranstaltungen im Jahr 2010 152

    3.7.1 1. Erfahrungsaustausch zum Thema
„Facility Management, Bundesbediensteten-
schutz und Abfallwirtschaft – Prüfung der
Einhaltung gesetzlicher Regelungen" 152

    3.7.2 2. Erfahrungsaustausch zum Thema
„Benchmarking – Die neue Herausforderung"... 157

    3.7.3 3. Erfahrungsaustausch zum Thema
„Die Finanzmarktaufsicht und ihre zukünftige
Ausrichtung – Die Rolle der Internen Revision in
einem ausgegliederten Rechtsträger und
die Empfehlungen der Finanzmarktaufsicht
zur Internen Revision für den
Finanzplatz Österreich" 162

    3.7.4 4. Erfahrungsaustausch zum Thema
„IKT-Revision – Prüfungsstandards aus der
Sicht der internen und externen Kontrolle" ... 164

    3.7.5 Jahrestagung der Internen Revision 2010
zum Thema „Risikoorientiertes Prüfen – Erfolgreiches Aufspüren von Risikopotenzialen" 168

3.8 Veranstaltungen im Jahr 2011 172

    3.8.1 1. Erfahrungsaustausch zum Thema
„Prüfung der Wirkungsorientierung
sowie Stellung der Internen Revision
im öffentlichen Sektor" 172

3.8.2 2. Erfahrungsaustausch zum Thema
„Neueste Entwicklungen im Vergaberecht
sowie wichtige Entscheidungen der
Nachprüfungsbehörden" 179

3.8.3 3. Erfahrungsaustausch zum Thema
„Die Konzernrevision der
Österreichischen Post AG – Tätigkeitsschwerpunkte und zukünftige Ausrichtung" 186

3.8.4 4. Erfahrungsaustausch zum Thema
„Wissensmanagement – Chancen und Grenzen
in der öffentlichen Verwaltung" 190

3.8.5 Jahrestagung der Internen Revision 2011
zum Thema „Gebarungskontrolle in Österreich –
250 Jahre Rechnungshof und 30 Jahre
Interne Revision" 194

3.9 Veranstaltungen im Jahr 2012 199

3.9.1 1. Erfahrungsaustausch zum Thema
„Was die Interne Revision derzeit über die
Prüfung der Datensicherheit wissen sollte" ... 199

3.9.2 2. Erfahrungsaustausch zum Thema
„Shared Services in der Bundesverwaltung –
Auswirkungen für die Interne Revision" 203

3.9.3 3. Erfahrungsaustausch zum Thema
„Ist die Flexibilisierungseinheit tatsächlich ein
Auslaufmodell? – Welche Erkenntnisse können
für die Zukunft gewonnen werden?" 208

3.9.4 4. Erfahrungsaustausch zum Thema
„Korruptionsprävention und Korruptionsbekämpfung – Aktuelle Situation" 214

3.9.5 Jahrestagung der Internen Revision 2012
zum Thema „Die Verwaltung im Umbruch –
Schwerpunkte bei der Prüfung
des Veränderungsmanagements" 217

3.10 Veranstaltungen im Jahr 2013 225
    3.10.1 1. Erfahrungsaustausch zum Thema „Aktuelles im Vergabewesen – Wichtige Prüffelder für die Interne Revision" 225
    3.10.2 2. Erfahrungsaustausch zum Thema „Neueste Entwicklungen im Bereich der Informationssicherheit – IT-Revision in der österreichischen Post AG" 230
    3.10.3 3. Erfahrungsaustausch zum Thema „Interne Revision und Controlling – Zwei Welten?" 235
    3.10.4 4. Erfahrungsaustausch zum Thema „Effizienzsteigerung der eigenen Organisationseinheit durch Bewertungsmöglichkeiten" 241
    3.10.5 Jahrestagung der Internen Revision 2013 zum Thema „Die Aufgabenkritik – Entbehrliches versus Unentbehrliches" 246

4. Meinungen von Vortragenden zum Thema Erfahrungsaustausch 251
    4.1 Zum Sinn des Erfahrungsaustausches 251
    4.2 Zur Auswahl des Veranstaltungsthemas 254
    4.3 Zur Auswahl der Vortragenden 255
    4.4 Zum Einsatz der Veranstaltungsmedien 257
    4.5 Zur Auswahl des Veranstaltungsortes und des Leistungsangebotes 258

5. Erfahrungsaustauschtreffen aus psychologischer Sicht – Interview mit dem Arbeits- und Organisationspsychologen Mag. Jürgen Fritsche ... 263
    5.1 Einflussfaktoren auf die Teilnahme oder Ablehnung von Erfahrungsaustauschtreffen und deren Nutzen 264

- 5.1.1 Barrieren, an einem Erfahrungsaustauschtreffen teilzunehmen ... 264
- 5.1.2 Negative Zukunftsperspektiven als Einflussfaktoren für die Ablehnung eines Erfahrungsaustauschtreffens 268
- 5.1.3 Fördermaßnahmen des Vorgesetzten zur Teilnahme an einem Erfahrungsaustauschtreffen 269
- 5.1.4 Fördermaßnahmen des Veranstalters zur Teilnahme an einem Erfahrungsaustauschtreffen 271
- 5.1.5 Erkennbarer Nutzen als Motivation zur Teilnahme an einem Erfahrungsaustauschtreffen 274

5.2 Arbeitszufriedenheit und ihr Einfluss auf die Weiterbildungsmotivation 276
- 5.2.1 Arbeitszufriedenheit als Ergebnis von Persönlichkeitsfaktoren bzw. Arbeitsgestaltung und als Motivationsfaktor für die Weiterbildung ... 276
- 5.2.2 Intrinsische Faktoren und Arbeitszufriedenheit 278
- 5.2.3 Arbeitsplatzbeschreibungen und Anforderungskataloge als Einflussfaktoren auf die Arbeitszufriedenheit 279
- 5.2.4 Eignungsdiagnostik als Grundlage für die Arbeitszufriedenheit 282
- 5.2.5 Rechtsnormen für den Einsatz von Psychologen und Methoden für die Erhöhung der Arbeitszufriedenheit und Motivation zur Teilnahme an einem Erfahrungsaustauschtreffen 284
- 5.2.6 Betriebliche Einflussmöglichkeiten auf die Weiterbildungsmotivation 286
- 5.2.7 Arbeitszufriedenheit und Weiterbildungsmotivation 288

5.3 Wissensmanagement: Wissen für eine Interessensgemeinschaft nutzbar machen 290
   5.3.1 Unterschied zwischen Daten und Informationen 290
   5.3.2 Unterschied zwischen implizitem und explizitem Wissen 291
   5.3.3 Wissensspirale 292
   5.3.4 Barrieren für ein Wissensmanagement in Unternehmensnetzwerken 294
   5.3.5 Erfahrungsaustauschtreffen als Methode zum Austausch von implizitem Wissen 296

5.4 Methoden zum Austausch von Wissen 297
   5.4.1 Experten-Interview und Erfahrungsaustauschtreffen 297
   5.4.2 Story Telling 298
   5.4.3 World-Café und Knowledge-Café 298
   5.4.4 Club für Wissenstransfer 301

5.5 Erfahrungsaustauschtreffen als Erhebungsinstrument für die Erstellung einer Wissenslandkarte im Rahmen von Wissensmanagement 304
   5.5.1 Wissenslandkarte 304
   5.5.2 Erhebung des Wissens für die Erstellung einer Wissenslandkarte 304
   5.5.3 Zurechtfinden in einer Wissenslandkarte 305
   5.5.4 Aktualisierung der Wissenslandkarte und gelebtes Wissensmanagement 305
   5.5.5 Befürworter als Voraussetzung für erfolgreichen Wissenstransfer 306
   5.5.6 Führungskräfte als Voraussetzung für erfolgreichen Wissenstransfer 307
   5.5.7 Kick-off 307
   5.5.8 Wissensziele und die Zukunft 308
   5.5.9 Nicht genutzte Wissenskapazitäten 309

5.5.10	Externer versus Interner Berater	310
5.5.11	Führungskräfte und/oder Wissensträger als Bremser im Projektverlauf	311
5.5.12	Kennzahlen als Kontrolle des Wissensmanagementsystems	312
5.5.13	Vertrauen als Voraussetzung für Wissenstransfer	314

5.6 Ökonomischer Wert des Wissenstransfers im Wissensmanagement 316

    5.6.1   Wirksamkeit aus ökonomischer Sicht 316

5.7 Ablauf eines Erfahrungsaustauschtreffens 318

6. Zusammenfassung und Ausblick 325

Abkürzungsverzeichnis 328

Literaturverzeichnis 331

1. Einleitung

1.1 Meine Dokumentation

Als ich mit 1. Dezember 2013 – nach über 40 Dienstjahren – in den Ruhestand trat und meine Funktion als Leiter der Revisionsabteilung im Bundeskanzleramt (BKA) und als Koordinator von regelmäßigen Erfahrungsaustauschtreffen (ERFA) für Revisoren aus allen Revisionseinrichtungen in der österreichischen Bundesverwaltung nicht mehr ausübte, kam mir die Idee, Erinnerungen aus meinem Arbeitsleben als Koordinator von jährlich vier ERFA sowie einer Jahrestagung – über einen Zeitraum von zehn Jahren (2004–2013) – niederzuschreiben.

Bei der Anbahnung von ERFA, die von mir geplant, organisiert und auch moderiert wurden, bekam ich die Gelegenheit, Experten aus allen Bereichen der Wirtschaft kennenzulernen, und innerhalb einer Dekade gelang es mir, viele verschiedene Fachleute in Österreich aber auch in anderen europäischen Staaten für einen Vortrag zu gewinnen. Die Vortragenden waren in unterschiedlichen Funktionsebenen tätig, was sich aus meiner heutigen Sicht als sehr vorteilhaft erwies, da sich aus dieser Tatsache eine große Vielfalt an Sichtweisen zu dem jeweiligen – auch bereits bekannten – Thema ergab. So waren Sachbearbeiter, Referats-, Abteilungs- und Sektionsleiter der öffentlichen Verwaltung sowie Geschäftsführer und Generaldirektoren aus privatwirtschaftlich geführten Unternehmen, aber auch Rechtsanwälte und Universitätsprofessoren bereit, aus ihren Fachbereichen Wissenswertes für die Zielgruppe der Revisoren anzubieten.

Dass ich mich an diese zehn Jahre als Koordinator noch genau erinnern kann, ist schließlich der Tatsache zu verdanken, dass ich vor und nach einer Veranstaltung eine persönliche Dokumentation anfertigte. Die Aufzeichnung vor einer Veranstaltung enthielt das von mir ausgewählte Erfahrungsaustauschthema, die möglicherweise daraus resultierenden Unterthemen und schließlich den Rahmen der Redezeit. Die Aufzeichnung nach einer Veranstaltung war gekennzeichnet durch meine persönlichen Eindrücke und Beobachtungen betreffend die gehaltenen Vorträge, die in den Vorträgen angewendete Präsentationstechnik und das zur Verfügung stehende Leistungsangebot des Veranstalters, z. B. die Qualität des angebotenen Catering.

Darüber hinaus führte ich Aufzeichnungen über eventuelle zukünftige Themen, die sich aus einem Generalthema einer Veranstaltung ergaben. Im Laufe der Zeit erhielt ich auf diese Weise eine gute Übersicht über Themenabgrenzungen, die ich – oft nach doch sehr intensiver Suche – in Frage kommenden Vortragenden als Referatsthema vorschlagen konnte.

Bedenkt man den langen Zeitraum von 2004 bis 2013, in dem jährlich vier ERFA und eine Jahrestagung stattfanden, so ergeben sich insgesamt 100 Dokumentationen. Vor diesem Hintergrund fiel es mir nicht schwer, meine Erinnerungen an diese vielen Veranstaltungen niederzuschreiben.

1.2 Die historische Entwicklung der Koordinationsfunktion

Im Jahr 1980 deckte ein Journalist in Wien den bisher größten Bauskandal in Österreich auf: beim Bau des neuen Allgemeinen Krankenhauses in Wien (AKH) entstand durch nicht geplante Kostenerhöhungen – u. a. durch Schmiergeldannahme – ein großer finanzieller Schaden. Diese Unregelmäßigkeiten beim Neubau des AKH in Wien waren für die Gründung einer Internen Revision (IR) und einer **Koordinationsstelle der IR** ausschlaggebend. Der damalige Bundeskanzler Dr. Bruno Kreisky erteilte im Jahr 1981 den Auftrag, in der österreichischen Bundesverwaltung die Kontrolle und Revision zu implementieren. Der Ministerratsbeschluss vom 15. September 1981 enthielt ausdrücklich den Auftrag zur Kontrolle und Revision.

Der Verfassungsdienst des BKA hatte Überlegungen angestellt, in welcher Weise die innere Kontrolle in der Bundesverwaltung – und zwar nicht nur auf dem Gebiet des Vergabewesens – verbessert werden könnte. Mit der Errichtung der Revisionsabteilungen in den Bundesministerien und der Schaffung einer **Koordinationsstelle im BKA** war vor allem – über die Verbesserung der Kontrolle hinaus – ein verwaltungsreformatorisches Anliegen verbunden: Verwaltungsreform meinte dabei die stetige Anpassung der Verwaltung an sich ändernde Aufgaben und Handlungsbedingungen mit dem Ziel, jeweils eine gesetzmäßige, wirtschaftliche, sparsame, zweckmäßige und bürgernahe Erfüllung ihrer Aufgaben zu ermöglichen. Die durch den Verfassungsdienst des BKA getätigten Überlegungen wurden in Leitlinien zusammengefasst und waren als eine Art Organisationshandbuch im heutigen Sinne für alle Revisoren gedacht. Zur Koordination der Tätigkeit der Revisionsabteilungen in den Bundesministerien (einschließlich des BKA) sah das vom Ministerrat am 15. September 1981 beschlossene „Konzept für die Neuordnung der (Innen-)kontrolle in der Bundesverwaltung" in einem Punkt die Schaffung einer Koordinationsstelle im BKA vor. Diese Koordinationsstelle wurde in die Sektion „Verfassungsdienst" als Abteilung implementiert.[1]

Die Schaffung einer Koordinationsstelle war vor dem Hintergrund gedacht, dass diese Hinweise auf gute, in einem Teilbereich der Bundesverwaltung erprobte und bewährte Problemlösungen („Starkstellen") aber auch Informationen über „Schwachstellen", die in verschiedenen Teilen der Bundesverwaltung gleichermaßen beobachtbar waren an alle Revisionseinrichtungen des Bundes weiterleitet, damit eine ressortübergreifende Lösung ins Auge gefasst werden kann.[2]

Die im BKA installierte Koordinationsstelle war seit ihrer Gründung bis zum Ende der Regierung unter Bundeskanzler Dr. Franz Vranitzky am 28. Jänner 1997 eine Organisationseinheit des BKA. Aus politischen Überlegungen ressortierte die Koordinationsfunktion während der Regierung unter Bundeskanzler Dr. Viktor Klima in das Bundesministerium für Finanzen (BMF). Ab 4. Februar 2000 wurde die Koordinationsfunktion während der Regierung unter Bundeskanzler Dr. Wolfgang Schüssel an das neu gegründete Bundesministerium für öffentliche Leistung und Sport übertragen. Als dieses Ressort Ende Februar 2003 aufgelöst wurde, war auch die Koordination aller Revisionseinrichtungen der Bundesverwaltung vorüber-

---

[1] Bundeskanzleramt-Verfassungsdienst, Wien, 1983, Leitlinien für die innere Revision, Punkt 4.2., 1.

[2] ebenda, Punkt 5.2,1.

gehend unterbrochen. Im zweiten Halbjahr 2003 wurde ich durch den Leiter des Präsidiums im BKA beauftragt, die Koordination aller Revisionseinrichtungen in der Bundesverwaltung neben der Leitung der IR im BKA, die ich schon viele Jahre innehatte, zu übernehmen. Obwohl der Rechnungshof (RH) immer wieder betonte bzw. anregte, für die Koordinationsfunktion sollte eine eigene Abteilung eingerichtet werden, entschied das BKA aus Budgetgründen, keine neue Organisationseinheit – verbunden mit neuen finanziellen Belastungen – zu etablieren, sondern diese Funktion in bestehende Strukturen einzubinden. Durch die neue Geschäftseinteilung im BKA vom 1. Dezember 2003, die vorsah, dass die Koordinationsfunktion in die Revisionsabteilung integriert werden soll, erfolgte die ressortinterne Verbindlichkeit.

Die Kernaufgabe der Koordination bestand darin, vier Mal im Jahr (pro Quartal ein Mal) ein ERFA und eine immer im Herbst stattfindende eineinhalbtägige Jahrestagung zu planen, zu organisieren und auch zu moderieren. Somit wurde eine ursprüngliche Aufgabe, die der Verfassungsdienst des BKA bereits im Jahr 1983 vorsah, von mir ab Anfang 2004 umgesetzt.

1.3 Vage Vorstellung vor Durchführung eines Erfahrungsaustauschtreffens

Ab dem Zeitpunkt der Beauftragung, die Koordinationsfunktion zu übernehmen hatte ich nur wenige Monate Zeit, mich mit grundlegenden Überlegungen für die Anbahnung von Veranstaltungen zu befassen. Ich, der in den ersten Jahren meiner Tätigkeit in der Revisionsabteilung im BKA als Sachbearbeiter und auch später als Abteilungsleiter an sehr vielen Weiterbildungsveranstaltungen – als solche könnte man u. a. auch ERFA bezeichnen – teilgenommen hatte, befand mich nun auf der anderen Seite. Der Seitenwechsel von einem teilnehmenden Hörer zu einem Veranstalter von Wissensvermittlung erfolgte für mich sehr rasch, doch war mir klar, dass ich meine Sichtweise und Kenntnisse für die Planung, Organisation und Moderation eines ERFA sowie für die Veranstaltung einer Jahrestagung unbedingt erweitern musste.

Im Laufe der Jahre konnte ich Veranstaltungen der unterschiedlichsten Art erleben. Ich kann mich an einige Veranstaltungen erinnern, die von mir aber auch von anderen Teilnehmern negativ bewertet wurden. Doch was war es, das zu einer Ablehnung der Veranstaltung geführt hatte?

Obwohl das Veranstaltungsthema mein Interesse als potenzieller Teilnehmer geweckt hatte und die positive Haltung meines Vorgesetzten auf das Einladungsschreiben mit dem beigelegten Programmablauf meine Teilnahme ermöglichte, musste ich feststellen, dass der Verlauf der Veranstaltung nicht meinen Erwartungen entsprach. Ich möchte hier einige Beispiele anführen, um zu verdeutlichen, welche Details für einen Teilnehmer maßgeblich sein können für eine positive Aufnahme des Themas und der Vortragenden – und somit letztlich entscheidend für den Erfolg einer Veranstaltung.

Als grundlegenden Mangel, der meine Aufmerksamkeit und Bereitwilligkeit, dem Vortragenden in seinen Ausführungen zu folgen stark beeinträchtigte, empfand ich die Unfähigkeit mancher Vortragenden, mir zu vermitteln, welchen persönlichen Nutzen mir die Teilnahme an dieser Veranstaltung bringen sollte. Ebenso schwerwiegend fand ich die Beobachtung, dass exzellente rhetorische Fähigkeiten und gelungene nonverbale Kommunikation nicht darüber hinwegtäuschen konnten, dass inhaltliche Defizite aufgrund eines fehlenden breit gefächerten Fachwissens bestanden und eine klare Vortragsgliederung fehlte. Bei anderen Veranstaltungen erlebte ich die Vortragenden als unsicher, was möglicherweise darauf beruhen mochte, dass der Redner sich in der Vorbereitung auf das Thema zu wenig Gedanken über den Schwerpunkt der Ausführungen gemacht hatte. Daraus resultiert eine unklare Linie in der Argumentation, die den Zuhörer gedanklich abschweifen lässt. Wenn dazu noch vortragstechnische Mängel auftreten, wie beispielsweise fehlende mimische Begleitung, fehlender Blickkontakt mit den Teilnehmern, zu lautes oder zu leises und undeutliches Sprechen, dann kann der zündende Funke nicht überspringen, dann ist es um die Konzentration des Zuhörers geschehen. Einige Male erlebte ich Vortragende, die ihre im Programm vorgesehenen Redezeiten nicht einhalten konnten, was dazu führte, dass der gesamte Zeitplan der Veranstaltung durcheinandergebracht wurde.

Alle diese festgestellten Unzulänglichkeiten sollten in den von mir geplanten Veranstaltungen vermieden werden. Darüber hinaus wurde mir auch klar, dass zum guten Gelingen einer Veranstaltung ebenso die Wahl des Veranstaltungsortes und das Leistungsangebot bzw. der Service – wie z. B. Kaffee in der Pause oder ein Buffet am Ende der Veranstaltung – beitragen.

Vor der Planung meines ersten Veranstaltungsjahres führte ich eine Art Bestandaufnahme durch, die darin bestand zu klären,
a. welche Veranstaltungsthemen ich für insgesamt vier ERFA und eine Jahrestagung auswählen sollte und welche Stellen mir die nötigen Hilfsleistungen für eine erfolgreiche Veranstaltung anbieten könnten und
b. welche Schritte ich selbst unternehmen muss, um zum jeweiligen Veranstaltungsthema geeignete Vortragende zu suchen und auch zu finden.

2. Überlegungen vor Veranstaltung eines ERFA

2.1 Die Auswahl des Veranstaltungsthemas

Dass Erfahrungsaustausch in den Bereich der Weiterbildungsaktivitäten einzureihen ist, kann nicht bezweifelt werden. Für die Zielgruppe der Revisoren bedeutet dies, dass ein Wissensaustausch über die täglich anfallende Revisionstätigkeit stattfindet, wobei Erfahrungen gegenseitig angeboten werden und Teilnehmer von Experten lernen können. Daher war es mein Ziel als Koordinator, Veranstaltungsthemen zu suchen und zu finden, welche zur Verbesserung der praxisbezogenen Arbeit beitragen können. Sowohl meine Auseinandersetzung mit Veranstaltungsprogrammen für Revisoren, die von einschlägigen Veranstaltern im deutschsprachigen Raum angeboten wurden, als auch nützliche Hinweise von prüfenden Organen des österreichischen RH sowie der Bundesverwaltung aber auch eigene Ideen für Veranstaltungsthemen sorgten dafür, dass immer wieder ein jährliches Programm entstehen konnte.

Ab dem Jahr 2004 bis zum Jahr 2013 konnten insgesamt 50 Themen für die Zielgruppe wie folgt angeboten werden:

Veranstaltungsjahr 2004	
Art der Veranstaltung	Veranstaltungsthema
1. ERFA	Die Interne Revision in einem ausgegliederten Rechtsträger
2. ERFA	Die Interne Revision und die Buchhaltungsagentur des Bundes
3. ERFA	Zukunft der Internen Revision im öffentlichen Bereich – Nachbetrachtungen zur Querschnittsüberprüfung des Rechnungshofes
4. ERFA	Die Interne Revision und das Leistungscontrolling – Bedeutung für die Leitung einer Revisionseinrichtung und ein neues Prüffeld
Jahrestagung	Prüfungsverfahren im deutschsprachigen Raum – Ein Ländervergleich

Veranstaltungsjahr 2005	
Art der Veranstaltung	Veranstaltungsthema
1. ERFA	Die Interne Revision und das Vergabeverfahren – Was ein Revisor derzeit wissen sollte
2. ERFA	Die EU-Finanzkontrolle
3. ERFA	Die Reorganisation der Internen Revision im Bundesministerium für Finanzen
4. ERFA	Serviceleistungen im Bund – Interne Revision und ressortübergreifende Projekte
Jahrestagung	Herausforderungen an die öffentliche Finanzkontrolle in einem zunehmend komplexen Umfeld – Entwicklungen in den Bundesländern

Veranstaltungsjahr 2006	
Art der Veranstaltung	Veranstaltungsthema
1. ERFA	Die Neuerungen des Bundesvergabegesetzes 2006 – Theorie und Praxis der öffentlichen Auftragsvergabe
2. ERFA	Die Bundesbeschaffungsgesellschaft mit beschränkter Haftung (BBG) als Dienstleister der Bundesverwaltung mit ihrer Querschnittsfunktion – Neue Herausforderungen für die Interne Revision
3. ERFA	Die Prüfung der Behindertengleichstellung
4. ERFA	Prüffelder, die den Tätigkeitsbereich von Kommissionen bzw. Senaten mit weisungsunabhängigen Mitgliedern tangieren können
Jahrestagung	Korruption – Abweichendes Verhalten eines Individuums

Veranstaltungsjahr 2007	
Art der Veranstaltung	Veranstaltungsthema
1. ERFA	Die Prüfung der Datensicherheit
2. ERFA	Warum Kenntnisse über Coaching und Mediation auch für einen Revisor wichtig sein können
3. ERFA	Das Prüfungsverfahren unter der Berücksichtigung des Datenschutzes
4. ERFA	Bedeutung der Kommunikationsprozesse in Prüfungsverfahren – Inwieweit hat sich die Interne Revision auch mit Gruppenverhalten, insbesondere mit Mobbing zu befassen?
Jahrestagung	Die Interne Revision als Wächter der Einhaltung der Vergabevorschriften

Veranstaltungsjahr 2008	
Art der Veranstaltung	**Veranstaltungsthema**
1. ERFA	Interne Revision an österreichischen Universitäten
2. ERFA	Prüfung und Bewertung von Prozessen – Projektmanagement und Evaluation
3. ERFA	Aktuelle Prüfungen des Rechnungshofes zur Internen Revision – Erkenntnisse über die Ausbildung zum MBA „Public Auditing" sowie zum akademischen Rechnungsprüfer
4. ERFA	Gender Mainstreaming – Was können die Internen Revisionen in der Bundesverwaltung in Hinkunft tun, um einen nützlichen Beitrag zu leisten?
Jahrestagung	Schwerpunkte bei der Prüfung des Personalmanagementsystems

Veranstaltungsjahr 2009	
Art der Veranstaltung	**Veranstaltungsthema**
1. ERFA	Warum Kenntnisse über Ziel- und Zeitmanagement sowie Stressmanagement auch für Revisorinnen und Revisoren wichtig sein können
2. ERFA	Die Deliktrevision – Schwerpunkte aus der Sicht des Büros für interne Angelegenheiten im Bundesministerium für Inneres
3. ERFA	Erfolgreiche Konfliktbewältigung
4. ERFA	Die Haushaltsrechtsreform – Die Verwaltung im Umbruch, Auswirkungen auf die Interne Revision
Jahrestagung	Prüfung des Förderungswesens

Veranstaltungsjahr 2010	
Art der Veranstaltung	**Veranstaltungsthema**
1. ERFA	Facility Management, Bundesbedienstetenschutz und Abfallwirtschaft – Prüfung der Einhaltung gesetzlicher Regelungen
2. ERFA	Benchmarking – Die neue Herausforderung
3. ERFA	Die Finanzmarktaufsicht (FMA) und ihre hinkünftige Ausrichtung – Die Rolle der Internen Revision in einem ausgegliederten Rechtsträger und die Empfehlungen der FMA zur Internen Revision für den Finanzplatz Österreich
4. ERFA	IT-Revision – Prüfungsstandards aus der Sicht der internen und externen Kontrolle
Jahrestagung	Risikoorientiertes Prüfen – Erfolgreiches Aufspüren von Risikopotenzialen

Veranstaltungsjahr 2011	
Art der Veranstaltung	**Veranstaltungsthema**
1. ERFA	Prüfung der Wirkungsorientierung und Stellung der Internen Revision im öffentlichen Sektor
2. ERFA	Neueste Entwicklungen im Vergaberecht und wichtige Entscheidungen der Nachprüfungsbehörden
3. ERFA	Die Konzernrevision der österreichischen Post AG – Tätigkeitsschwerpunkte und zukünftige Ausrichtung
4. ERFA	Wissensmanagement – Chancen und Grenzen in der öffentlichen Verwaltung
Jahrestagung	Gebarungskontrolle in Österreich – 250 Jahre Rechnungshof und 30 Jahre Interne Revision

Veranstaltungsjahr 2012	
Art der Veranstaltung	**Veranstaltungsthema**
1. ERFA	Was die Interne Revision derzeit über die Prüfung der Datensicherheit wissen sollte
2. ERFA	Shared Services in der Bundesverwaltung – Auswirkungen für die Interne Revision
3. ERFA	Ist die Flexibilisierungseinheit tatsächlich ein Auslaufmodell? – Welche Erkenntnisse können für die Zukunft gewonnen werden?
4. ERFA	Korruptionsprävention und Korruptionsbekämpfung – Aktuelle Situation
Jahrestagung	Die Verwaltung im Umbruch – Schwerpunkte bei der Prüfung des Veränderungsmanagements

Veranstaltungsjahr 2013	
Art der Veranstaltung	**Veranstaltungsthema**
1. ERFA	Aktuelles im Vergabewesen – Wichtige Prüffelder für die Interne Revision
2. ERFA	Neueste Entwicklungen im Bereich der Informationssicherheit – IT-Revision in der österreichischen Post AG
3. ERFA	Interne Revision und Controlling – Zwei Welten?
4. ERFA	Effizienzsteigerung der eigenen Organisationseinheit durch Bewertungsmöglichkeiten
Jahrestagung	Die Aufgabenkritik – Entbehrliches versus Unentbehrliches

Angeregt durch das positive Feedback auf die Vielfalt der vorgetragenen Aspekte der einzelnen Themen bei den Jahrestagungen 2004, 2005 und 2006 war es mir und meinem damaligen Vorgesetzten ein Anliegen, dass die Arbeiten und Ergebnisse der Tagungen ab dem Jahr 2007 in das Blickfeld der Fachöffentlichkeit rücken sollten und es wurde beschlossen, dass die einzelnen Vorträge der folgenden Tagungen jeweils in einem Jahrbuch zusammengefasst und inhaltlich vertieft werden sollten.[3]

2.2 Die Auswahl der Vortragenden

Bereits im Punkt „Auswahl des Veranstaltungsthemas" (2.1) wurde darauf hingewiesen, dass prüfende Organe des RH nützliche Hinweise für mich als Veranstalter lieferten. Bei der Auswahl der Vortragenden war es nicht anders.

Ich erinnerte mich, in den Internationalen Normen für Oberste Rechnungskontrollbehörden (ORKB) über den Nutzen der Koordination und Zusammenarbeit von ORKB und den Internen Revisoren gelesen zu haben[4], wobei dem Austausch von Ideen und Kenntnissen von Prüfern des RH mit Revisoren der Bundesverwaltung, später auch mit Revisoren der Landes- und Gemeindeverwaltungen sowie ab dem Jahr 2010 auch mit Revisionspersonal von ausgegliederten Rechtsträgern des Bundes besondere Bedeutung beigemessen wurde.

---

3 https://www.bundeskanzleramt.gv.at/administrative-bibliothek
4 Vgl. INTOSAI GOV 92150, Koordination und Zusammenarbeit zwischen ORKB und Internen Revisionen im öffentlichen Sektor.

Ich selbst war bemüht, zunächst innerhalb der Bundes- und Landesverwaltung Vortragende zu finden, die die fachlichen und inhaltlichen Anforderungen im Revisionsbereich erfüllten, um den Ansprüchen und Erwartungen der Revisoren an die Vorträge bei jedem einzelnen Thema gerecht zu werden. Darüber hinaus gelang es mir auch, Experten von Universitäten und von privatwirtschaftlich geführten Unternehmen als Vortragende zu gewinnen. So entstand aufgrund der jahrelangen Planung und Organisation von vielen ERFA und Jahrestagungen im Laufe der Zeit ein riesiges Netzwerk von Referenten, welches über die österreichische, deutsche und schweizerische öffentliche Verwaltung hinaus bis hin zu prüfenden Institutionen in Luxemburg und Brüssel reichte.[5] Dieses weitläufige Netzwerk ermöglichte es mir, jährlich vier Mal (pro Quartal ein Mal) ein ERFA und immer im Oktober jeden Jahres eine eineinhalbtägige Jahrestagung zu veranstalten.

Hatte ich im Laufe der Planung die Auswahl der Vortragenden getroffen, so mussten die Details abgeklärt werden. Noch bevor eine definitive Zusage zu einem Vortrag erfolgte, hatte ich oftmals die Gelegenheit, mit dem potenziellen Redner über Inhalte des Vortrages zu sprechen. Auf diese Weise ließ sich beispielsweise feststellen, ob er seine Theorien mit anwendbaren Beispielen aus der Praxis verknüpfen würde, um den Teilnehmern praktikable und nützliche Ansätze für ihre tägliche Arbeit zu geben. In diesen Gesprächen war es mir auch immer wichtig darauf hinzuweisen, dass Fachbegriffe generell erklärt werden sollten, um es auch jenen Zuhörern zu ermöglichen, den Ausführungen im Detail zu folgen, die mit der jeweiligen Materie unter Umständen nicht so ver-

---

5 Seyfried K., Über die Prüfung und Kontrolle die Leistung stets verbessern, in Innovative Verwaltung. Jg. (2011) Heft 9, 14–17.

traut waren. Und – ausgehend von meinen eigenen, bereits erwähnten persönlichen Erlebnissen als Teilnehmer an wissensvermittelnden Veranstaltungen – sollten die Grundregeln der Präsentationstechnik eingehalten werden, um die spezifischen Erwartungen der teilnehmenden Revisoren bezüglich eines professionellen Ablaufs der Veranstaltung zu erfüllen.

2.3 Der Einsatz der Veranstaltungsmedien

Als ich selbst Teilnehmer von Fortbildungsveranstaltungen war, bemerkte ich, wie wichtig eine Präsentation von Lehrinhalten in visualisierter Form für mich persönlich war. Wenn bei dem Vortrag keinerlei technische Hilfsmittel wie PowerPoint oder Flipcharts und ähnliches verwendet wurden, so war man auf das Mitschreiben angewiesen. Dabei war ich jedoch immer zu langsam, und beim bloßen Zuhören blieb mir die Fülle an wissenswerten Details nicht lange in Erinnerung. Um meine persönlichen Erfahrungen durch wissenschaftliche Erkenntnisse zu bestätigen, befasste ich mich mit entsprechender Literatur, die mir Hinweise auf die psychologischen Aspekte des Lernens gab. Das Ziel, Lerninhalte besser zu verarbeiten und im Langzeitgedächtnis zu behalten, kann auf verschiedene Weise erreicht werden. Demnach unterscheidet man Personen, die Lerninhalte eher visuell aufnehmen oder sie eher akustisch verarbeiten.

Ausgehend von meinen persönlichen Erlebnissen und der Überzeugung, dass es anderen Menschen ähnlich ergeht, war mir klar, dass bei meinen Veranstaltungen die einzelnen Vortragsthemen visualisiert präsentiert werden sollten. Aus eigener Erfahrung konnte ich feststellen, dass bei Ver-

wendung eines Beamers zur Präsentation der PowerPoint-Folien diese immer dann sehr gut angenommen wurden, wenn folgendes berücksichtigt wurde:
- nicht zu viel an Informationen
- keine zu kleine Schrift und
- keine zu helle Schriftfarbe oder zu heller Farbhintergrund

Abgesehen von diesen optischen Kriterien gilt es auch, auf die Anzahl der Folien zu achten. Werden während des Vortrags zu viele Folien präsentiert, so verursacht dies beim Zuhörer Stress und somit Schwierigkeiten beim Verstehen der Inhalte. Zu viele Details in kurzer Zeit lesen und erfassen zu müssen lenkt vom Vortrag ab. Dies deckt sich mit der Auffassung von einigen Experten, die die PowerPoint-Präsentation nicht als vorteilhafte Wissensvermittlung ansehen, wie ich verschiedenen Publikationen entnehmen konnte. Der Zuhörer würde aufgrund der Überforderung des gleichzeitigen Hörens und Lesens bereits nach wenigen Folien geistig abschalten, dem Vortrag nicht mehr folgen – auch nicht mehr akustisch – und somit die Lerninhalte nur minimal oder gar nicht aufnehmen. Die Kritiker stellen sogar den Referenten selbst in Frage und vertreten die Meinung, dass hier fachliche Kompetenz fehle und diese Tatsache durch die Fülle des angebotenen Materials kaschiert werden soll, es handle sich hier um reine Effekthascherei. Dessen ungeachtet stellte Power Point in meiner langjährigen Praxis eine wertvolle Hilfe zur Unterstützung des Vortragenden bei seinen Ausführungen dar, um in knappen Punkten die Quintessenz seiner Aussage zusammenzufassen.

Bei meinen eigenen Fortbildungsaktivitäten hatte ich im Rahmen von Vorträgen mit anschließendem Workshop auch den Einsatz von Flipcharts und Pinnwänden mit Moderationskärtchen für die Gruppenarbeit mit dem Trainer erlebt. Dies schien mir ebenfalls eine geeignete Methode zur Wissensvermittlung zu sein, falls im Rahmen meiner eigenen Veranstaltungen Vorträge mit anschließendem Workshop stattfinden würden. Neben der Möglichkeit der PowerPoint-Präsentation sollte auf jeden Fall auch diese Variante am Veranstaltungsort zur Verfügung stehen. Für den Fall, dass ein Experte eine wichtige Botschaft zu übermitteln hatte, er aus verschiedenen Gründen bei der Veranstaltung jedoch nicht anwesend sein konnte, war von mir auch der Einsatz einer Videobotschaft angedacht.

Vor diesem Hintergrund war es mir im Rahmen der Planung einer Veranstaltung bei meinen ersten Vorbereitungsgesprächen mit den ausgewählten Fachleuten – insbesondere jenen, die in ihrer Praxis nicht so oft als Vortragende tätig waren – ein besonderes Anliegen, den Aspekt der Präsentation speziell hervorzuheben, um ihnen zu veranschaulichen, dass die Wissensvermittlung in einer Form angeboten werden muss, die für Lerntypen sowohl der akustischen als auch der visuellen Ausprägung optimalen Lernerfolg verspricht.

2.4 Die Auswahl des Veranstaltungsortes

Für die Durchführung eines regelmäßigen Erfahrungsaustausches der Revisoren der öffentlichen Verwaltung galt es, einen geeigneten Veranstaltungsort zu finden. Es wurde durch den Leiter des Präsidiums im BKA entschieden, dass die einmal pro Quartal eines Jahres veranstalteten ERFA und die für Herbst geplanten Jahrestagungen im Schloss Laudon am westlichen Stadtrand von Wien stattfinden sollten. Dieses barocke Wasserschloss (im Privateigentum) ist seit 1976 an die Republik Österreich vermietet und wird als Ausbildungsstätte der Bundesverwaltung – als Verwaltungsakademie des Bundes – verwendet. Die prunkvoll eingerichteten Räume des Schlosses, umgeben von einem prächtigen Landschaftsgarten schaffen für Lernende ein Gefühl der Harmonie. Als Veranstaltungsort der Tagungen vermittelt die etwas abgeschiedene Lage des Schlosses einen gewissen Klausurcharakter, was viele Teilnehmer als angenehm bestätigen. Hier fanden und finden viele Personen die Gelegenheit, sich in den Pausen zu einem Rundgang durch die Parkanlage zu entschließen und dabei auch zwischenmenschliche Beziehungen zu pflegen und neue Bekanntschaften zu knüpfen, ganz im Sinne des Networking. Im Gartenbereich stehen für motorisierte Teilnehmer Gratisparkplätze zur Verfügung. Für jene, die mit öffentlichen Verkehrsmitteln unterwegs sind, bieten sich mehrere Möglichkeiten an, das Schloss Laudon leicht zu erreichen.

Alle ERFA und die Jahrestagungen fanden im Freskensaal statt, der mit seinem Fassungsraum für 90 Personen einen idealen Rahmen für die Veranstaltungen bot. Er eignete sich nicht nur durch seine gute Akustik hervorragend als Veranstaltungssaal, sondern auch durch seine volle technische Ausstattung mit Beamer, Leinwand, Notebook mit Internetanschluss sowie mit Flipcharts, Pinnwänden und Rednerpult.

Am Ende einer Veranstaltung, wenn die Teilnehmer sich bereits großteils verabschiedet hatten, war es für mich stets ein Genuss, noch eine Weile im Saal zu verbleiben und die Fresken an den Wänden näher zu betrachten, die das exotische Abbild der Welt anhand der vier Erdteilallegorien zeigen.[6] In diesem

---

[6] Vgl. Bundeskanzleramt, Standorte, Schloss Laudon; http://www.bka.gv/site/4113/default.aspx

Sinne gab und gibt der Freskensaal – über seine idealen Bedingungen für den Erfahrungsaustausch hinaus – Anregungen für neues Wissen und für neue Ideen, sowohl für mich als Veranstalter als auch für die Teilnehmer der Tagungen.

2.5 Die Planung und Organisation der Veranstaltungen

Sehr nützlich waren für mich zu Beginn meiner Tätigkeiten als Koordinator von regelmäßigen ERFA für Revisoren ausführliche Gespräche mit Personen, die ich durch meine Funktion als Leiter der Revisionsabteilung im BKA bereits kannte und die bereits jahrelange Erfahrung in der Vorbereitung und Durchführung von Veranstaltungen hatten. Viele der anstehenden Fragen waren schnell geklärt, denn dass die Zielgruppe der Revisoren der Bundesverwaltung sich regelmäßig einmal im Quartal eines Jahres zu einem Erfahrungsaustausch am Veranstaltungsort Schloss Laudon, im Freskensaal treffen sollten, stand fest. Die Dauer eines ERFA von 14:00 bis17:00 Uhr wurde durch den Leiter des Präsidiums im BKA festgelegt, ebenso dass im Herbst eine eineinhalbtägige Jahrestagung stattfinden sollte. Bei allen Veranstaltungen war im Anschluss ein persönlicher Erfahrungsaustausch bei bereitgestellten Erfrischungen vorgesehen.

Schon bei der Planung meiner ersten Veranstaltung kam ich zu dem Entschluss, ein Organisationsteam zu schaffen, welches vor, während und nach einer Veranstaltung wichtige Tätigkeiten übernehmen sollte, um den Ablauf einer Veranstaltung optimal zu gewährleisten und die Erwartungen und Vorstellungen der Teilnehmer zu erfüllen. Dieser Entschluss hat sich im Laufe der Jahre als außerordentlich erfolgreich erwiesen.

Damit sich jedes Mitglied im Organisationsteam über sämtliche Arbeitsbereiche und Verantwortlichkeiten Klarheit verschaffen konnte, wurden jeweils zeitgerecht Besprechungstermine vereinbart und die einzelnen Arbeitsbereiche aufgeteilt. Ein Teammitglied befasste sich mit der jährlichen Terminisierung der Veranstaltungen und war auch – sofern das Veranstaltungsthema, die Vortragenden mit ihren Vortragsthemen sowie die Länge der Redezeiten feststanden – mit der Versendung der Einladungen, des Veranstaltungsprogramms und der Beschreibung der Erreichbarkeit des Veranstaltungsortes einen Monat vor der Veranstaltung betraut. Knapp eine Woche vor der Veranstaltung konnte die Anzahl der tatsächlich teilnehmenden Personen erfasst werden und eine Veranstaltungsmappe mit Programm, Schreibblock und Schreibzeug für die Teilnehmer vorbereitet werden, die dann vor Ort am Veranstaltungstag an die Teilnehmer ausgegeben werden sollte. Nach Bekanntgabe der Teilnehmerzahlen wurden weitere Vorbereitungen im Schloss Laudon getroffen bezüglich der Bestuhlung des Veranstaltungssaales und der Bestellung des Catering für den Veranstaltungstag. Hilfskräfte am Veranstaltungsort sorgten dafür, dass die Sitzordnung so angelegt war, dass alle teilnehmenden Revisoren einen guten, direkten Blickkontakt zur Leinwand sowie zu Flipcharts und Pinnwänden haben würden. Alle notwendigen technischen Bedingungen wurden überprüft, damit der Einsatz der Mikrofone, des Beamers und des bereitgestellten Laptops einwandfrei garantiert werden konnte.

Am Tag der Veranstaltung war es Aufgabe des Organisationsteams, sich um das Wohlergehen der Vortragenden zu kümmern, für frisches Wasser am Rednerpult zu sorgen und auf mehrmaliges Lüften der Räumlichkeiten zu achten. Der für diverse Veranstaltungen des Schloss Laudon zuständige Caterer war verantwortlich für die pünktliche Anlieferung von Getränken für die Pause sowie für den Aufbau des Buffets – bestehend aus Fingerfood und Getränken wie Kaffee, Säfte oder Wasser – entweder in der unter Denkmalschutz stehenden Bibliothek oder im ebenerdigen Pausenfoyer des Schlosses. Nach der Veranstaltung hatte er für den reibungslosen Abbau des Buffets zu sorgen.

Um den Teilnehmern nach einer Veranstaltung zusätzlich zu ihren eigenen Notizen noch die Möglichkeit zu geben, die einzelnen Vorträge nachzulesen und sich mit den besprochenen Themen tiefer auseinanderzusetzen, wurden ihnen einige Tage nach dem ERFA die Vortragsinhalte in elektronischer Form zugeschickt.

Da ich für die Planung, Organisation und Moderation aller Veranstaltungen – so auch für alle Jahrestagungen – zuständig war, hatte ich beschlossen, sowohl die Planung als auch die Durchführung von Veranstaltungen zu dokumentieren, um die positiven und auch die negativen Erfahrungen festzuhalten und daraus nutzbringende Erkenntnisse zu gewinnen, um auf diese Weise eventuelle „Fehler" bei zukünftigen Veranstaltungen zu vermeiden.

3. Meine geplanten, organisierten und moderierten Veranstaltungen

3.1 Veranstaltungen im Jahr 2004

3.1.1 1. Erfahrungsaustausch zum Thema „Die Interne Revision in einem ausgegliederten Rechtsträger"

Ziel dieser Veranstaltung war es, auf die bereits zahlreichen durch eine Gebietskörperschaft wie Bund, Land, Gemeinde vorgenommenen Ausgliederungen von Aufgaben zu verweisen, wobei diese Aufgaben durch einen eigens geschaffenen Rechtsträger erfüllt werden.

Einleitend wurde der zugrunde liegende Gedanke erläutert, welchen Zweck eine Ausgliederung erfüllen sollte: Mit einer Ausgliederung war die Idee verbunden, einerseits eine Aufgabenreform und andererseits eine Budgetkonsolidierung zu erreichen. Aufgabenreform sollte Vereinfachung bedeuten und privatwirtschaftliches Handeln gleichzeitig eine Erhöhung der Effizienz und der Effektivität gewährleisten. Anders als in den meisten Ministerien, in denen die Revisionseinrichtung in der Präsidialsektion implementiert wurde, war vorgesehen, dass die IR in einem privatrechtlichen oder öffentlich-rechtlichen Rechtsträger als interne Kontrolleinrichtung unmittelbar der Organisationsleitung unterstehen soll. In diesem Zusammenhang wurde auch auf die Problematik verwiesen, dass durch Ausgliederungen der Aufgaben eines Ministeriums, die bisher der Kontrolle der IR unterlagen, mögliche revisionsfreie Räume entstehen können, wenn in einem solchen neu geschaffenen ausgegliederten Rechtsträger keine interne Kontrolleinrichtung durch das Ausgliederungsgesetz vorgesehen wird.

Da die IR völlig unabhängig agiert, kann sie durch regelmäßiges Prüfen der Einhaltung von gesetzlichen Bestimmungen und Richtlinien einerseits für eine verbesserte Effizienz und Effektivität einer Organisation sorgen und andererseits gleichzeitig die permanente Revision des internen Kontrollsystems gewährleisten. Die durch die Revisionsdurchführung gewonnenen Erkenntnisse sollen es den einzelnen Organisationseinheiten aber auch der Unternehmensführung erleichtern, in Zukunft ihre Aufgaben so effizient wie möglich zu erfüllen und die gesteckten Ziele wie geplant zu erreichen. Es wurde betont, dass die neuen Rechtsträger bei der Erfüllung der an sie ausgegliederten Aufgaben durch die Gebietskörperschaften weiterhin unter staatlichem Einfluss stehen.

Ein weiterer Punkt der Ausführungen war die Frage der Personalausstattung einer IR. Seit vielen Jahren gilt als Faustregel, dass bei einem Personalstand von 1.000 Mitarbeitern zumindest ein Revisor als Wächter über das interne Kontrollsystem und über die Ordnungsmäßigkeit der Geschäftsprozesse in einer Organisation implementiert sein sollte.

Es wurden auch das GmbH-Gesetz (Gesetz vom 6. März 1906 über Gesellschaften mit beschränkter Haftung, Reichsgesetzblatt (RGBl.)Nr. 58/1906 in der geltenden Fassung (i.d.g.F.)) und das Aktiengesetz (Bundesgesetz über Aktiengesellschaften, Bundesgesetzblatt (BGBl.)Nr. 98/1965 i.d.g.F.) erwähnt, wonach die Geschäftsführer und der Vorstand eines ausgegliederten Rechtsträgers dafür zu sorgen haben, dass ein Rechnungswesen und ein internes Kontrollsystem geführt werden, die den Anforderungen eines Unternehmens entsprechen.

Eine Vortragende, selbst Leiterin einer IR in einem privatrechtlichen ausgegliederten Rechtsträger skizzierte die organisatorische Eingliederung ihrer Stabstelle, die fachlich dem Vorstand zugeordnet ist. Es existiert eine Revisionsordnung als Grundlage für die Wahrnehmung ihrer Revisionsfunktion. Ein Jahresrevisionsplan wird erstellt und vor der Genehmigung mit dem Vorstand abgestimmt. Alle Prüfungsergebnisse und Empfehlungen werden in den erstellten Berichten erfasst. In einer Empfehlungsauflistung (auch Offene-Posten-Liste) werden alle durch die IR festgehaltenen Empfehlungen gesammelt und bei einer nach einem bestimmten Zeitraum durchzuführenden Nachprüfung herangezogen, um festzustellen, inwieweit diese Empfehlungen umgesetzt werden konnten oder aber aus bestimmten Gründen nicht mehr wichtig waren.[7]

Für die Zielgruppe der Revisoren war diese Veranstaltung eine Hilfestellung, um klar zu erkennen, dass eine IR in einem ausgegliederten Rechtsträger bereits präventiv beitragen muss zur rechtzeitigen Aufdeckung von kriminellen Handlungen, dass sie ihre Informationsaufgabe zur Unterstützung des Entscheidungsträgers einer Organisation erfüllen und ihre Kontrollfunktion zum Soll-Ist-Zustandsvergleich bei der Einhaltung der gesetzlichen Bestimmungen und Richtlinien wahrnehmen muss.

---

7 Bock Richard, Ernst & Young, Wien; Matzka Manfred, Bundeskanzleramt, Wien; Wakolbinger Rosemarie, Bundesforste, Vorträge am 4. März 2004.

3.1.2 2. Erfahrungsaustausch zum Thema „Die Interne Revision und die Buchhaltungsagentur des Bundes"

Ausgehend von der Gegebenheit, dass zur Besorgung der Buchhaltungsaufgaben nach dem Bundeshaushaltsgesetz (BHG), BGBl. Nr. 213/1986 mit Anfang 2004 eine Buchhaltungsagentur (BHAG) des Bundes errichtet wurde, sollte einleitend ein kurzer Überblick über die historische Entwicklung der Bundesbuchhaltungen (die mit 31.12.2003 aufgelöst wurden) die bisherige Abwicklung der Bundeshaushaltsführung aufzeigen. Wesentlich herausgestrichen wurde die Aufgabenerfüllung der BHAG, die hauptsächlich in der Führung der Buchhaltung für die Organe des Bundes besteht. In einer Rahmenvereinbarung, in der die Art und Weise der Erfüllung von Aufgaben festgelegt ist, sind nicht nur diese Aufgaben näher bestimmt, sondern auch Grundsätze für das dafür zu leistende Entgelt. Es wurde erläutert, welche Organe für die Anstalt öffentlichen Rechts tätig sind und welche Aufgaben und Tätigkeiten sie ausüben. Die Entsendung eines Aufsichtsrates und die Bildung eines Beirates sollen die Aktivitäten des Geschäftsführers begleiten und kontrollieren, und bezüglich der Aufsicht über die Gebarung der BHAG wurde festgehalten, dass der Bundesminister für Finanzen Überprüfungen vornimmt und in die von ihm angeforderten Unterlagen Einsicht nimmt (Bundesgesetz über die Errichtung einer Buchhaltungsagentur des Bundes (BHAG-G) BGBl. I Nr. 37/2004 i.d.g.F.).

Bei einem Einblick in die Beweggründe dieser Reform war klar erkennbar, dass eine flächendeckende Bereitstellung von Buchhaltungsleistungen unter minimaler Ressourcenbelastung und mit gleichbleibendem Serviceniveau einen hohen Qualitätsstandard zu gewährleisten im Stande ist, insbesondere da die Überprüfbarkeit der Qualität der angebotenen Leistungen anhand festgelegter Leistungsvereinbarungen gegeben ist. Darüber hinaus wird ein Angebot von zusätzlichen Servicefunktionen außerhalb der definierten Kernleistungen möglich gemacht. Eine Wirtschaftlichkeitsrechnung, die ab dem Jahr 2001 vorgenommen wurde, zeigte eine kontinuierliche Kosteneinsparung auf.[8]

Die Ausführungen zeigten deutlich auf, welche Änderungen sich in der Ablauforganisation des Gebarungsvollzuges durch die Schaffung einer BHAG ergeben haben, insbesondere welche Kernaufgaben, wie die Verbuchung von Anordnungen im Einnahmen- und Ausgabenbereich, die Durchführung der Zahlungen, aber auch Leistungen im Sach- und Berechnungskontenbereich dieser neuen Organisation übertragen wurden.

Als Ergebnis dieser Veranstaltung konnten die entsprechenden Schlussfolgerungen gezogen werden, welche zukünftigen Prüffelder sich für eine IR in einem Prüfungsverfahren im Bundeshaushalt ergeben werden.

3.1.3 3. Erfahrungsaustausch zum Thema „Zukunft der Internen Revision im öffentlichen Bereich – Nachbetrachtungen zur Querschnittsüberprüfung des Rechnungshofes"

In den Mittelpunkt dieser Veranstaltung wurde die Tatsache gerückt, dass die IR durch den Beitritt Österreichs zur Europäischen Union (EU) in ihrer Funktion als internes Kontrollorgan keine Kompetenzerweiterung in rechtlichem

---

8 Ihle Christian, Bundesministerium für Finanzen, Wien, Vortrag am 8. Juni 2004.

Sinne erhalten hat, jedoch für eine Überprüfung der ordnungsgemäßen Verwendung der EU-Mittel im internationalen Bereich kontrollpolitisch bedeutsamer geworden ist. Dies entspricht vollkommen der Meinung des Europäischen Rechnungshofes (ERH), der ein hohes Niveau des internen Kontrollsystems in der öffentlichen Verwaltung erwartet.

Einen weiteren Schwerpunkt dieser Veranstaltung bildete die Nachbetrachtung zu einer Querschnittsüberprüfung aller IR des Bundes durch den RH. Die Überprüfung sollte vor allem eine Unterstützung und Stärkung der Revisionseinrichtungen bewirken. Es wurden Revisionsberichte, Revisionsordnungen, Konzepte, Grundlagen der Revisionstätigkeit in den einzelnen Ressorts sowie auch die Unterlagen der Nachprüfungen betreffend die Umsetzung der Empfehlungen der IR geprüft.

Der RH legte dabei besonderes Augenmerk auf
a. die rechtlichen Rahmenbedingungen,
b. die bestmögliche organisatorische Zuordnung der IR in einem Ressort,
c. die vorhandenen personellen Ressourcen und ihre Aus- und Weiterbildung sowie
d. die Existenz einer Koordination der IR.

Dass die IR ein kompetenter Partner und wichtiger Ansprechpartner für den RH darstellt, blieb nicht unerwähnt.[9]

Von großer Bedeutung für den RH war die Thematisierung der risikoorientierten Prüfungsplanung, was anhand von Beispielen für hohes bzw. für geringes Risiko verdeutlicht wurde.

---

9 Berger Helmut, Rechnungshof, Wien, Vortrag am 21. September 2004.

Es wurde aufgezeigt, dass der Zeithorizont, die Art und die Eintrittswahrscheinlichkeit sowie das Schadensausmaß eines Risikos einer Erfassung durch die IR bedürfen. Ganz besonders sollten Förderungsfälle in Risikoklassen aufgelistet werden. Um die Relevanz einer Kritik oder einer Empfehlung der IR für einen Entscheidungsträger sichtbar zu machen, ist die Angabe einer Quantifizierung eines möglichen Schadens bzw. Risikos sinnvoll (z. B. 20 % der Fälle, durchschnittlich fünfmal im Monat, ...% des Budgetansatzes, usw.). Leerformeln wie z. B. „der Vorgang ist unwirtschaftlich" erhalten erst dann Aussagekraft, wenn die Unwirtschaftlichkeit quantitativ bewertet und beziffert wird, u.zw. mit Angabe der zugrunde liegenden Basis für diese Einschätzung[10].

Entsprechend dem Veranstaltungsthema gelang es sowohl dem Experten der Europäischen Kommission (EK) als auch den Experten des RH den Zuhörern die Erfahrungen aus ihren Kontrolltätigkeiten zu vermitteln und damit einen Wissensaustausch zu schaffen, der für zukünftige Prüfvorhaben von besonderer Bedeutung sein wird.

3.1.4 4. Erfahrungsaustausch zum Thema „Die Interne Revision und das Leistungscontrolling – Bedeutung für die Leitung einer Revisionseinrichtung und ein neues Prüffeld"

Zunächst wurde auf Ministerratsvorträge hingewiesen, die die Kosten- und Leistungsrechnung (KLR) als ein wesentliches Instrument des Leistungscontrollings in der Bundesverwaltung darstellen und die forciert werden soll. In einem ersten Schritt

---

10 Kellner Wilhelm, Rechnungshof, Wien, Vortrag am 21. September 2004.

sollen alle Bundesministerien nach einheitlichen Gesichtspunkten eine KLR einführen. Die Berichte der Ressorts sollen zusammengefasst werden und in einem jährlichen Bundesbericht erscheinen. So entsteht eine Wirtschaftlichkeitskontrolle, die gleichzeitig auch eine betriebswirtschaftliche Steuerungs-, Planungs- und Entscheidungshilfe darstellt.[11]

Die Bundes-KLR gewährleistet eine Leistungstransparenz und hilft, Wirtschaftlichkeitsvergleiche zwischen Organisationseinheiten vorzunehmen, den Kostendeckungsgrad von Gebühren und Abgaben und auch die Folgekosten von Rechtsnormen und Investitionen zu ermitteln. Kernelement der Leistungsrechnung ist die Leistungszeitschätzung. Ziel ist die Feststellung, welcher Anteil der Jahresarbeitszeit für welche Leistungen aufgewendet wird. Um unterjährige Entwicklungen sichtbar zu machen, empfiehlt es sich, diese Zeitschätzung einmal pro Quartal im Jahr zu erstellen. Da sich die KLR vielmehr auf eine Leistungsvereinbarung stützt, wird klar vorgegeben, welche Ziele zu verfolgen und welche Leistungen mit welchen Ressourcen zu erbringen sind. Dieser Auftrag muss ressortintern bis zu einer Abteilung heruntergebrochen werden.

Wenn die Kostenrechnung Leistungsdaten liefert, müssen diese durch Leistungskennzahlen dargestellt und im Leistungsbericht kommentiert werden. Dies gestattet den fachverantwortlichen Führungskräften, die Leistungsergebnisse zu evaluieren und einen Grundstein für Leistungsvereinbarungen zu legen. Somit können Leistungsaufträge sachlich und objektiv argumentiert werden.[12]

---

11 Kallinger Michael, Bundeskanzleramt, Wien, Vortrag am 2. Dezember 2004.
12 Pölsler Reinhold, Bundesministerium für auswärtige Angelegenheiten, Wien, Vortrag am 2. Dezember 2004.

Es wurde der Regelkreis des **strategischen Controllings** visualisiert, der mit der Entwicklung von politischen Programmen beginnt und über die Finanzierung bis weiter zur Evaluierung von politischen Programmen führt. Ebenso wurde der Regelkreis des **operativen Controllings** erklärt, der mit der Ziel- und Maßnahmenplanung beginnt, über den Ressourcenplan zur Umsetzung führt und schließlich mit einem Soll-Ist-Vergleich endet. Der Fokus wurde auf die Aufgabenunterschiede der Revisions- und der Controllingeinrichtung gerichtet. Während der Controller zukunftsorientiert und ressortintern prozessabhängig agiert, reagiert der Revisor vorwiegend vergangenheitsorientiert sowie prozessunabhängig, indem er die Ordnungsmäßigkeit prüft, um Abweichungen oder Übereinstimmung festzustellen. Auf Wunsch des Ressortleiters kann die Controllingeinrichtung der IR über besondere Abweichungen berichten. Ebenso können Controller und Revisor Prüfungsschwerpunkte abstimmen. Es wurde nicht unerwähnt gelassen, dass sowohl das Controlling-System als auch der Controller selbst durch die IR überprüft werden kann.[13]

3.1.5 Jahrestagung der Internen Revision 2004 zum Thema „Prüfungsverfahren im deutschsprachigen Raum – Ein Ländervergleich"

Diese Jahrestagung behandelte schwerpunktmäßig die Durchführung von Prüfungsprozessen in den Ländern Deutschland, Schweiz und Österreich, wobei sowohl die Perspektiven von RH-Mitarbeitern als auch von Revisoren aller drei Länder dargestellt wurden. Jeder Vortragende eines prüfenden Organs

---

13 Hübsch Dietmar, Bundesministerium der Landesverteidigung, Wien, Vortrag am 2. Dezember 2004.

erläuterte in seinem Vortragsthema jeweils die Verhältnisse des Herkunftslandes.

Der österreichische Vertreter und Leiter der IR im Bundesministerium für Justiz stellte die Methoden, Strukturen und den Stellenwert einer modernen Verwaltungsrevision vor. Zunächst wurden die Bereiche vorgestellt, in denen sich Prüffelder für die IR ergeben. Um eine umfassende Übersicht zu erhalten, wurden die Rechtsgrundlagen, die Organisation sowie die einzelnen Aufgaben der IR aufgelistet. Wichtig war auch zu erfahren, welche Methoden die IR in diesem Ressort anwendet, um ein effizientes und effektives Berichtswesen zu leiten. Nicht unerwähnt blieb auch das gute Verhältnis zum RH, da die Revisionseinrichtung auch als Ansprechpartner des Justizressorts für RH-Angelegenheiten vorgesehen wurde, was den Vorteil bringt, dass eine erleichterte wechselseitige Information über Problemzonen möglich wird. Überdies werden gewisse Einflussmöglichkeiten auf das Prüfungsprogramm des RH geschaffen und die Umsetzung der RH-Empfehlungen kann effektiver verfolgt werden.

Es wurden zahlreiche Thesen für eine moderne Verwaltungsrevision vorgestellt, die von der Verantwortung für ein flächendeckendes und zuverlässiges ressortinternes Kontrollsystem über die Entwicklung von einer vergangenheitsbezogenen Kontrollinstanz zu einem deutlich zukunftsorientierten Führungsinstrument der Ressortleitung bis hin zu einem Vorbild für einen modernen Verwaltungstypus reichen. Es kam klar zum Ausdruck, dass die IR sich bei der jährlichen Aufgabenplanung in Zukunft primär an einer Risikoanalyse orientieren wird und signifikante Änderungen in den Leistungs- und Erfolgsdaten stärker berücksichtigt werden sollen.[14]

---

14 Bosina Josef, Bundesministerium für Justiz, Wien, Vortrag am 28. Oktober 2004.

Der Schweizer Leiter der Sektion Finanzinspektorat (Interne Revision) des Bundesamtes für Landwirtschaft verwies auf die aktuelle konkrete Vorgehensweise bei der Durchführung von Prüfungen. Zunächst wurde die Struktur des Finanzinspektorates, welches sich aus der Inspektionsstelle Feldkontrolle und dem Finanzinspektorat als interne Revisionsstelle zusammensetzt, aufgezeigt sowie die gesetzlichen Grundlagen vorgestellt, auf die sich die beiden Kontrollorgane bei ihren Prüfungen stützen können. Es wurde ein Prüfungsablauf dargestellt, wie dieser im Bundesamt für Landwirtschaft durchgeführt wird. Ausgehend von einer Auswahl der Revisionsobjekte, die mittels einer Risikoanalyse erfolgt und sowohl mit einer Mehrjahresplanung als auch mit einer Jahresplanung verbunden ist, kann es sich um eine Dienststellenrevision (Revisionen von Organisationseinheiten im Landwirtschaftsamt), um eine externe Revision bei Firmen und um Revisionen in öffentlich-rechtlichen Körperschaften handeln. Im Rahmen der Jahresplanung wird für die einzelnen Revisionsobjekte der Zeitbedarf fixiert. Gleichzeitig werden die einzelnen Revisionen den Mitarbeitern des Finanzinspektorates zugeteilt. Somit kann die Einsatzplanung erstellt werden. Diese dient als Teil des internen Qualitätsmanagements und zum Erstellen eines Soll-Ist-Vergleichs der Arbeitszeit und Termineinhaltung.

Die Grundlage für eine Revision bildet immer ein Auftrag der Amtsleitung, der sich auf das Jahresrevisionsprogramm bezieht. Es werden die einzelnen geplanten Prüfungstermine möglichst früh fixiert, damit die zu prüfenden Dienst- und Außenstellen die Besuchszeiten (die Einschau vor Ort) in ihrer Aufgabenplanung berücksichtigen können. Hilfreich für das Finanzinspektorat sind die bereits vorhandenen Dokumentationsunterlagen, die im Rahmen der Jahresrevisionsplanung erstellt worden sind. Damit verschafft sich das Prüfteam schon im Vorfeld der ersten Besprechung mit dem zu prüfenden Bereich einen ersten Überblick über den Revisionsgegenstand.

Mit einem ersten Vorbereitungstreffen, welches dem gegenseitigen Kennenlernen und der Schaffung einer Basis für ein Pflichtenheft dient, wird
- die Interne Revisionsstelle vorgestellt,
- der Ablauf der Revision erklärt,
- mit der zu prüfenden Fachsektion erläutert, welche Ansprechpartner sowie welche Arbeitszimmer während der Revision zu Verfügung stehen werden und
- festgehalten, welche generellen und auftragsspezifischen Erwartungen an die IR durch die Fachsektion gestellt werden können.

Das erste Vorbereitungstreffen wird mit einer Materialsammlung für die beabsichtigte Revision abgeschlossen, wobei alle gesetzlichen Bestimmungen, alle Veröffentlichungen des Bundesamtes für Landwirtschaft und auch alle Sektionsunterlagen beschafft werden müssen. Um die Materialsammlung zu komplettieren und über das entworfene Pflichtenheft diskutieren zu können, findet ein zweites Vorbereitungsgespräch statt. Liegt ein abschließendes Prüfungsprogramm mit einer Ausgangslage und den Prüfungsgebieten sowie die Genehmigung des Leiters des Finanzinspektorates vor, ist ein Pflichtenheft fertiggestellt. Dann beginnt die detaillierte Ablaufplanung der Besuche von internen und externen Stellen aufgrund des Pflichtenheftes. Es erfolgen die Überprüfungen vor Ort und die umfassende Sichtung der Ergebnisse sowie eine Beurteilung durch das prüfaktive Personal. Bei einer Präsentation der Prüfungsergebnisse, bei der der Leiter des Fachinspektorates und der Leiter der geprüften Dienststelle anwesend sind, können umstrittene Feststellungen diskutiert und gegebenenfalls schon bereinigt werden. Der

Revisionsbericht wird an die geprüfte Stelle, an den Direktor des Bundesamtes und an die Eidgenössische Finanzkontrolle (EFK) übermittelt. In einem Management Letter werden die Revisionsergebnisse kurz zusammengefasst und alle Empfehlungen des Prüfteams angeführt. Dieses Dokument wird nur für amtsinterne Zwecke erstellt. Mit der Schlussbesprechung erfolgen ein formeller Abschluss der Revision sowie die Festlegung des weiteren Vorgehens. Einmal pro Jahr werden die bei der Schlussbesprechung festgelegten Termine für die Umsetzung der Empfehlungen durch das Finanzinspektorat überprüft.

Kurz dargestellt werden alle angewendeten Prüfungsmethoden und Prüfungskriterien sowie der Aufbau des Berichtes, wobei das jeweilige Pflichtenheft die Grundlage bildet. In diesem Zusammenhang wird betont, dass die Beratung und Unterstützung der geprüften Personen durch das Prüfteam im Zuge der Revisionsdurchführung als wichtiger Bestandteil angesehen wird. Die Betrachtung der unmittelbaren finanziellen Risiken steht zwar im Vordergrund, doch sollen die insgesamt gewonnenen Erkenntnisse durch das Mitwirken der IR richtungsweisend für die Zukunft sein. Abschließend wird darauf hingewiesen, dass Wirkungsprüfungen ein zentrales Element der Prüfungstätigkeiten darstellen.[15]

Die Vertreter des RH in Wien boten einen Einblick in die üblichen Prüfungsabläufe und -methoden. So wurden mögliche Prüfungsverfahren, strategische Prüfungsschwerpunkte sowie die inhaltlichen Ziele für eine mittelfristige Prüfungsplanung wie z. B. die Auswirkungen und Nachhaltigkeit der Maßnahmen zur Erreichung eines ausgeglichenen Staats-

---

15 Enggist Rolf, Bundesamt für Landwirtschaft, Bern, Vortrag am 29. Oktober 2004.

haushaltes und die Maßnahmen zur Stärkung des Wirtschaftsstandortes Österreich vorgestellt.

Ebenso werden auch ressourcenbezogene Ziele verfolgt wie z. B. die Erhöhung des Ressourcenanteils für die Prüfungstätigkeit, eine verstärkte Durchführung von Querschnittsprüfungen und die Aufrechterhaltung des Anteils internationaler Prüfungen sowie qualitative Ziele wie z. B. die Optimierung der Prüfungsdauer in der mittelfristigen Prüfungsplanung. Zur Illustration wird das Beispiel eines Prüfungsverfahrens ausgeführt, wobei besonders hingewiesen wird auf die Prüfungsvorbereitung, auf den Umfang der übermittelten Daten des geprüften Bereiches, auf den Untersuchungsgegenstand unter Einsatz eines Stichprobenverfahrens sowie weitere statistische Auswertungen.[16]

Der deutsche Beitrag zum Thema „Die Revisionsfunktion als Teil der staatlichen Corporate Governance in Deutschland" wies darauf hin, dass die Entscheidung der EK für ein kaufmännisches Rechnungswesen und die New Public Management(NPM)-Bewegung zu einer Konvergenz-Entwicklung zwischen dem staatlichen Governance-System und der Corporate Governance einer Kapitalgesellschaft beitragen wird. Die Revisionseinrichtungen werden sich insofern verändern, als bedingt durch knappe Prüfungsressourcen der Einsatz geeigneter Steuerungsinstrumente sowie die Personalauswahl mit hoher Qualifikation helfen wird, die Effizienz und Effektivität der Revisionsfunktion zu erhöhen.[17]

---

16 Kraus Helga und Herics Oskar, Rechnungshof, Wien, Vortrag am 28. Oktober 2004.
17 Bergmoser Ulrich, Booz Allen Hamilton, Berlin, Vortrag am 28. Oktober 2004.

Die Vertreterin der EFK erläuterte zunächst das Verhältnis von Bund und Kantonen in der Schweiz und zeigte auf, dass eine Gemeindeautonomie nach Maßgabe des kantonalen Rechts gewährleistet ist. Sie benannte die wichtigsten Aufsichtsorgane und charakterisierte kurz die EFK, die Finanzinspektorate und die Finanzkommissionen sowie die Finanzdelegation der Eidgenössischen Räte. Gemäß dem Finanzkontrollgesetz 1967 überwacht die EFK die Wirksamkeit der Kontrollen der Fachinspektorate (die Internen Revisionen in der Schweiz, Anmerk.). Auf dieser Grundlage führte die EFK in den Jahren 2002 bis 2003 eine Wirksamkeitsprüfung durch. Im Rahmen der Finanzaufsicht prüft die EFK bei Dienststellen des Bundes, ob die Ausgaben und Einnahmen korrekt dokumentiert sind und ob diese den gesetzlichen Grundlagen entsprechen.

Außerdem wird die Ausgabengebarung auf ihre Wirtschaftlichkeit hin geprüft, d. h.
- ob die Budgetmittel sparsam eingesetzt werden,
- ob die Kosten und Nutzen in einem günstigen Verhältnis stehen und
- ob die finanziellen Aufwendungen die erwartete Wirkung zeigen.

Im Rahmen der Finanzaufsicht führt die EFK auch Sonderprüfungen durch. Es handelt sich um Evaluationen und Wirtschaftlichkeitsprüfungen, Informatik- und Bauprüfungen. Auch Revisionsstellenmandate werden durch die EFK wahrgenommen. Bei diesen Revisionsstellenmandaten prüft die EFK, wie eine Treuhandfirma die formelle und materielle Richtigkeit der Rechnungen bei öffentlichen Anstalten und Stiftungen bewertet hat. Betreffend die Stellung und Organisation der EFK wird auf das Finanzkontrollgesetz 1967 verwiesen. Abschließend wird die zukünftige Entwicklung der EFK skizziert, wonach sich die Prüfungstätigkeit der EFK zu vermehrten Wirtschaftlichkeitsprüfungen verschieben wird.[18]

Diese Tagung lieferte den Teilnehmern umfassende Informationen über die Rechtsgrundlagen in den einzelnen Ländern und die jeweils zuständigen prüfenden Organe, bot einen Vergleich der Prüfungsverfahren und zeigte darüber hinaus Zukunftsperspektiven für Prüfungsabläufe.

3.2 Veranstaltungen im Jahr 2005

3.2.1 1. Erfahrungsaustausch zum Thema „Die Interne Revision und das Vergabeverfahren – Was ein Revisor derzeit wissen sollte"

Bei diesem Treffen wurden sowohl das Vergabewesen als auch die Tätigkeit einer Nachprüfungsbehörde bzw. einer Vergaberechtsschutzbehörde in den Mittelpunkt des Erfahrungsaustausches gestellt. Von Anfang an war klar, dass nur Teile des umfangreichen Bundesvergabegesetzes (BVergG), BGBl. I Nr. 99/2002 behandelt werden können.

Zu Beginn des ersten Vortrags wurden die Grundsätze einer Ausschreibung erläutert, ebenso die Erfordernisse, die sowohl durch den Auftraggeber (AG) als auch durch den Bieter erfüllt werden müssen. Die im Rahmen der Ausschreibung vom AG ge-

---

[18] Wasem Mélanie, Eidgenössische Finanzkontrolle, Bern, Vortrag am 29. Oktober 2004.

wünschten Leistungen sind eindeutig, vollständig und neutral zu beschreiben, d. h. diese Beschreibung hat technische Spezifikationen zu enthalten, damit alle für die Erstellung des Angebots maßgebenden Bedingungen und Umstände erkennbar sind. Durch die Leistungsbeschreibung muss eine Vergleichbarkeit der Angebote der Bieter gewährleistet sein. Weiters wurde der Unterschied zwischen Best- und Billigstbieterprinzip erklärt und darauf hingewiesen, dass der AG demgemäß in den Ausschreibungsunterlagen klar festzulegen hat, ob bei der Leistungserfüllung die hohe Qualität der Ausführung im Vordergrund steht oder ob der niedrigste Preis für die Zuschlagserteilung ausschlaggebend sein soll.

Thematisiert wurden auch Maßnahmen des AG betreffend die Bekanntgabe der Zuschlagsentscheidung, die Form des Vertragsabschlusses, aber auch die Möglichkeit der Anfechtung der Zuschlagsentscheidung des AG durch nicht erfolgreiche Bieter. Abschließend wurde auf Fälle des Widerrufs der Ausschreibung während der Angebotsfrist und nach Ablauf der Angebotsfrist eingegangen.[19]

Gemäß dem Veranstaltungsthema charakterisierte der Vortragende des Bundesvergabeamtes (BVA) die Aufgaben und Tätigkeiten seiner Behörde: Das BVA ist eine Rechtsschutzbehörde, zuständig zur Überprüfung der öffentlichen Auftragsvergaben im Bundesbereich. Vor der neuen Gesetzesregelung, die am 1. September 2002 in Kraft getreten ist, war es ein Kollegialorgan mit richterlichem Einschlag. Nun sind Verwaltungsbeamte mit juristischer Ausbildung tätig. Diese sind weisungsfrei und unabhängig. Die Entscheidungen des BVA können durch den Verwaltungs- und den Verfassungsgerichtshof überprüft werden.

---

19 Mayr Clemens, Bundeskanzleramt, Wien, Vortrag am 3. März 2005.

Das BVA als Rechtsschutzbehörde übernimmt die Rolle einer Nachprüfungsbehörde, die gegebenenfalls Entscheidungen eines AG aufgrund einer Eingabe eines Bieters oder Bewerbers bei einer Auftragsvergabe überprüft. Wesentlich dabei ist, dass das BVA nur dann prüft, wenn ein entsprechender Antrag eines nicht erfolgreichen Bieters vorliegt, der sich benachteiligt fühlt. Klar aufgezeigt wurde die Tatsache, dass die IR und auch eine Vergaberechtschutzbehörde eine begleitende Kontrolle des Vergabeverfahrens durchführen. Ein wesentlicher Unterschied zwischen BVA und IR besteht darin, dass die Nachprüfungsbehörde auch Entscheidungen treffen kann, wenn das Vergabeverfahren mit der Zuschlagsentscheidung des AG bereits abgeschlossen wurde. Die IR prüft die vergebende Stelle des Ressorts und ist hierbei von jeglicher Verantwortung für Entscheidungen entbunden. D.h. im Hinblick auf mögliche haftungsrechtliche Konsequenzen ist es ausgeschlossen, dass sich der AG bei seinen Entscheidungen mit Erfolg auf die Revisionsabteilung bzw. von ihr eingebrachte Vorschläge und Anregungen berufen kann. Die begleitende Kontrolle durch die Revisionsabteilung gewährleistet außerdem, dass eine vollständige Dokumentation in einem Vergabeakt aufscheint, wodurch verhindert werden kann, dass der Senat der Nachprüfungsbehörde einem AG wegen fehlender Aufzeichnungen eine Ordnungsstrafe erteilt.[20]

Bei dieser Veranstaltung wurde für die Teilnehmer aufgezeigt, dass Prüfungen von Vergabeverfahren zu den wichtigsten Aufgaben der IR zählen und auch in Zukunft eine bedeutende Rolle spielen werden. Bedingt durch die oftmalige Anpassung des BVerG an EU-Richtlinien, die die Anwender dazu zwingt,

---

20 Sachs Michael, Bundesvergabeamt, Wien, Vortrag am 3. März 2005.

sich ständig mit neuen Normen auseinanderzusetzen, erhält die Funktion der IR hier eine besondere Bedeutung. Die Einbindung der BVA als Rechtsschutzbehörde im Falle einer Beschwerde eines nicht erfolgreichen Bieters bei einem Vergabeverfahren gewährleistet Rechtssicherheit, indem die Einspruchsmöglichkeit des Bieters zu einer nochmaligen Überprüfung des Verfahrens führt.

Die Vorträge des heutigen Tages ließen die Revisoren zu der Erkenntnis kommen, dass eine gewissenhafte begleitende Kontrolle durch die IR und der vergabespezifische Rechtsschutz einer Nachprüfungsbehörde sich nicht ausschließen. Wenn es der IR gelingt, durch begleitende Kontrolle in einem Ausschreibungsverfahren schon im Vorfeld auf etwaige Mängel auf Seiten des AG hinzuweisen, so bedeutet dies letztlich weniger Arbeit für eine Rechtsschutzbehörde.

3.2.2 2. Erfahrungsaustausch zum Thema „Die EU-Finanzkontrolle"

Die Vortragsthemen befassten sich einerseits mit **Strukturförderungen**, den Vorgaben durch die EK, den Maßnahmen zur Umsetzung sowie der Prüfung der Verwaltungs- und Kontrollsysteme und andererseits mit **Agrarförderungen**, dem zuständigen Fonds zur Finanzierung der gemeinsamen Agrarpolitik der EU und den Aufgaben des Referats EU-Finanzkontrolle im Bundesministerium für Land- und Forstwirtschaft, Umwelt und Wasserwirtschaft.

Im ersten Vortrag wurden grundlegende Fakten bezüglich Österreichs Teilnahme an EU-Fördermaßnahmen in Erinnerung gerufen. Durch den Beitritt Österreichs zur EU im Jahr 1995 ergab sich die Möglichkeit, an den europäischen Programmen der Strukturfonds teilzunehmen und in diesem Zusammenhang auch in Österreich die entsprechenden Möglichkeiten zu nutzen.

Zu den Strukturfonds zählen:
- Der Europäische Fonds für regionale Entwicklung (EFRE)
- Der Europäische Sozialfonds (ESF)
- Der Kohäsionsfonds (KF)

Durch diese Politik sollen die Entwicklungsunterschiede zwischen den Regionen verringert und auf diese Weise der wirtschaftliche und soziale Zusammenhalt gestärkt werden. Die EK stellt den Mitgliedsstaaten Finanzmittel zur Verfügung, über die entsprechende Ausgabennachweise erbracht werden müssen. In den einzelnen Programmperioden – derzeit die Programmperiode 2000–2006 – sind klare Verantwortlichkeiten festgelegt, sodass von jedem Mitgliedsstaat eine Zahlstelle und eine unabhängige Prüfstelle gemeldet werden muss. Alle Mitgliedstaaten haben für jedes operationelle Programm das Verwaltungs- und Kontrollsystem zu beschreiben und der EK zur Genehmigung vorzulegen.

Um die ordnungsgemäße Umsetzung zu gewährleisten, wurden von der EK Handbücher und Anleitungen für die Prüfung der Verwaltungs- und Kontrollsysteme erstellt und eine Mindestprüfquote von 5 % festgeschrieben. Um die Anforderungen an die Kontrollen der Verwaltungsbehörde und der Zahlstelle zu präzisieren, wurden von der EK Best-Practice-Leitfäden erlassen. Weiters gibt es für die unabhängige Prüfstelle ein Prüfhandbuch zu den System- und Ausgabenkontrollen auf der Basis des Prüfhandbuches der EK. Dieses enthält standardisierte Checklisten für System- und Ausgabenkontrollen auf verschiedenen Ebenen, eine Beschreibung einer Risikoanalyse und einer Stichprobenziehung sowie Hinweise für eine standardisierte Berichtsstruktur und Follow-Up-Maßnahmen. Bei der Stichprobenprüfung von Projekten werden die Funktionalität und die Zuverlässigkeit der Systeme überprüft. Anhand von Einzelprojekten werden die Systemangaben der maßnahmenverantwortlichen Stellen kontrolliert. In der Regel erfolgt eine Prüfung vor Ort beim einzelnen Projekt nur anhand der Originalbelege (Rechnungen und Zahlungsnachweise) in Verbindung mit einer physischen Inaugenscheinnahme des Projektes.

Mögliche Prüfungsfeststellungen können sein:
- eine mangelhafte Dokumentation des Projektes
- eine fehlende Abgrenzung zwischen dem Fördervertrag mit einem Werkvertrag
- eine mangelnde Belegprüfung und daher fehlende bzw. mangelhafte Dokumentation
- Privatausgaben, die keine förderfähigen Ausgaben darstellen

Liegen Unregelmäßigkeiten mit EK-Fördermitteln vor, kann es zu einer Streichung oder Kürzung sowie einer Wiedereinziehung der Fördermittel kommen. Die EK kann auch die Zahlungen für die betroffenen Interventionen aussetzen.[21]

Der Fokus wurde auch auf den Europäischen Ausrichtungs- und Garantiefonds für Landwirtschaft gelenkt, ein Fonds zur Finanzierung der gemeinsamen Agrarpolitik der EU. Dabei wurden der Europäische Garantiefonds für die Landwirtschaft und der Europäische Landwirtschaftsfonds für die Entwicklung des ländlichen Raums näher erläutert. Welche Aufgaben das

---

21 Rafalzik Susanna, Bundeskanzleramt, Wien, Vortrag am 7. Juni 2005.

Referat EU-Finanzkontrolle im Bundesministerium für Land- und Forstwirtschaft, Umwelt und Wasserwirtschaft in Wien diesbezüglich zu erfüllen hat, wurde umfassend erklärt.

So wurden u. a. Prüfungen in den Bereichen
- Investitionen in landwirtschaftlichen Betrieben
- Niederlassung von Junglandwirten
- Berufsausbildung
- Verbesserung der Verarbeitung und Vermarktung landwirtschaftlicher Erzeugnisse und
- Vermarktung landwirtschaftlicher Qualitätsprodukte

vorgenommen.
Die Prüfungsgrundlagen werden durch einzelne Verordnungen der EU vorgegeben.[22]

Für die Revisoren wurde durch die detaillierten Ausführungen erkennbar, dass der Prüfungsschwerpunkt bei EK-Fördermitteln in der Ordnungsmäßigkeit stichprobenartig ausgewählter Förderverfahren liegt sowie in der Überprüfung, ob sämtliche Auszahlungen entsprechend dem Vier-Augen-Prinzip freigegeben werden. Hiermit soll sichergestellt werden, dass die Anordnung und die Freigabe der Auszahlung von Fördermitteln durch zwei verschiedene Personen erfolgt.

---

22 Endl Ernst, Bundesministerium für Land- und Forstwirtschaft, Umwelt und Wasserwirtschaft, Wien, Vortrag am 7. Juni 2005.

3.2.3 3. Erfahrungsaustausch zum Thema „Die Reorganisation der Internen Revision im Bundesministerium für Finanzen"

Die sich mit Schnelligkeit ändernden Bedingungen stellen die öffentliche Verwaltung vor neue Situationen ihrer Aufgabenwahrnehmung. Für die Finanzverwaltung war es daher notwendig, die Aufbau- und Ablauforganisation neu zu strukturieren.

Dem Veränderungsprozess lagen drei Ursachen zugrunde:
- eine Verwaltungsreform, die dazu führte, dass sich die Gesamtorganisation an den Prinzipien der wirkungsorientierten Verwaltungsführung ausrichtet und dies mit neuen Führungs-, Steuerungs- und Organisationsmodellen
- die Durchführung einer Querschnittsprüfung aller IR in der Bundesverwaltung durch den RH, so auch im BMF, die dazu führte, dass die Empfehlungen des Prüfteams des RH umgesetzt wurden und
- der Finanzskandal im Finanzamt Innsbruck im Jahr 2002, bei dem sich Finanzbeamte rechtswidrig verhalten hatten. Die Finanzamtsaffäre war Mitte 2002 durch den Untergang des Fußballklubs FC Tirol in der Öffentlichkeit bekannt geworden[23]

Die Reformmaßnahmen der IR des BMF im Rahmen der Verwaltungsreform beinhalteten auch – gemäß den Empfehlungen des RH – eine Positionierung der IR in Ministernähe sowie eine Ausrichtung an den allgemein anerkannten Revisionsstandards. Darüber hinaus ist es der IR gelungen, sich in Bezug auf die Verwaltungsentwicklung strukturell und inhaltlich so zu gestalten, dass sie im Rahmen der Ressortstrategie proaktiv wirken kann.

---

23 Schuh Hannes und Levy Gerhard, Bundesministerium für Finanzen, Wien, Vorträge am 22. September 2005.

3.2.4 4. Erfahrungsaustausch zum Thema „Serviceleistungen im Bund – Interne Revision und ressortübergreifende Projekte"

Durch einen Ministerratsbeschluss im März 2005 wurde ein Auftrag für die Umsetzung einer Reform der Supportleistungen in den Bundesministerien und auch in anderen Bundesstellen erteilt. Durch diesen Auftrag wurden Projekte initiiert, die nachweislich Einsparungen von Budgetmitteln gebracht haben. Beispielhaft wurden fünf Bereiche besonders hervorgehoben, allen voran die Bibliotheken, die durch die Zusammenführung mehrerer Bibliotheken zu einem „Cluster" unter der Federführung eines einzelnen Ressorts eine Effizienzsteigerung erzielen konnten.

Die Maßnahmen sollten dazu beitragen, dass die Ziele
- Einsparungen von Sachaufwand und Personal bei erhöhter Leistungsqualität,
- Vereinfachung und Beschleunigung von Abläufen und Erzielung einer Effizienzsteigerung,
- Spitzenausgleich bei einzelnen nicht oft nachgefragten Leistungen und
- bessere Nutzung der Ressourcen durch Shared Services
erreicht werden können.

Es wurden folgende sechs unterschiedliche Vorgehensmodelle zur Erreichung dieser oben erwähnten Ziele vorgestellt:

- Ausgegliederte Rechtsträger im Eigentum des Bundes, wie z. B. die Buchhaltungsagentur
- Eigene Dienststelle in der Bundesverwaltung, wie z. B. eine Flexibilisierungseinheit
- Auslagerung (Outsourcing), wie z. B. die Bereiche Dienstreisen, Telefonie, Vergabe an ausgegliederte Rechtsträger

- Public Privat Partnership – ein Kooperationsmodell mit einem privaten Unternehmen
- Verwaltungsübereinkommen zur Bildung eines Clusters bzw. eines Shared Services Centers
- Arbeitsgemeinschaften (ARGE) – z. B. drei Ressorts bilden eine ARGE, um gemeinsam eine definierte Leistung auszuschreiben und an einen Auftragnehmer zu vergeben. Beispiele: EDV-Hilfsleistungen, Rechenzentren, Reinigung, Pressedienst

Nach der Präsentation der sechs Vorgehensmodelle zur Budgetrestrukturierung wurde die Frage aufgeworfen, wie denn die Ausgangspunkte für eine zukünftige Kontrolle aussehen könnten. Es wurden verschiedene Varianten von Prüfungen vorgestellt, die von der Prüfung nur durch den RH bis zur Prüfung durch Revisoren der beteiligten Ressorts reichten. In diesem Zusammenhang wurde deutlich, dass noch weitere grundsätzliche Fragen zu klären sein werden, etwa bezüglich der Rahmenbedingungen für die Prüfung durch die IR – wo sollten diese festgelegt sein (in einem Gesetz, in einer Verordnung, in einem Ministerratsbeschluss oder durch Einrichtung von beratenden Organen) und wie könnte bzw. sollte der Ablauf der durchzuführenden Prüfungen sein.[24]

Das Thema der Cluster-Bildung anhand der genannten Beispiele, die Schilderung der verschiedenen Vorgehensmodelle sowie die damit zusammenhängenden – noch ungelösten – Fragen machten deutlich, dass die heutige Veranstaltung sehr geeignet wäre, als Anstoß für eine Diskussion der Revisoren zu dienen, um eine Reform der Supportleistungen in den Bundesministerien erfolgreich umsetzen zu können.

---

24 Kandlhofer Dieter, Bundeskanzleramt, Wien, Vortrag am 13.12.2005.

3.2.5 Jahrestagung der Internen Revision 2005 zum Thema „Herausforderungen an die öffentliche Finanzkontrolle in einem zunehmend komplexen Umfeld – Entwicklungen in den Bundesländern"

Die in diesem Jahr stattfindende Jahrestagung widmete sich dem wichtigen Thema der Finanzkontrolle in den Bundesländern, wobei die Voraussetzungen für eine effiziente Prüfungsdurchführung als auch die derzeitigen Aktivitäten im Bereich der Finanzkontrolle in den Mittelpunkt der einzelnen Vorträge gerückt wurden.

Um eine einheitliche Grundausbildung mit einer anerkannten Abschlussprüfung zu garantieren, gibt es nun eine Initiative der Landesrechnungshöfe (LRH) und der Fachhochschule des Berufsförderungsinstitutes. Demnach ist für Bedienstete der LRH, der Kontrollämter und vergleichbarer Berufsbilder eine homogene Grundausbildung geschaffen worden. Überdies besteht auch der Zugang für Prüfer ohne akademischem Abschluss, so sie die spezifischen Voraussetzungen erfüllen. Eine erfolgreich abgeschlossene Grundausbildung wird mit dem Titel „Akademischer Rechnungshofprüfer" bestätigt. Ein weiteres Angebot für Mitarbeiter der öffentlichen Finanzkontrolle auf nationaler und kommunaler Ebene sowie auch für Akademiker und Maturanten, die nicht RH-Mitarbeiter sind, stellt der gemeinsam von RH und Wirtschaftsuniversität entwickelte Master of Business Administration (MBA) „Public Auditing" dar, der erstmals im Februar 2006 starten wird und der auch für Revisoren ein interessantes Angebot darstellt.

Dabei sollen Ziele wie
a. die Verbindung von wissenschaftlichen Erkenntnissen mit praktischer Anwendung in der Prüfungstätigkeit sowie

b. die Auseinandersetzung mit internationalen Prüfungs- und Rechnungslegungsstandards
erreicht werden.

Um die gewonnenen Erfahrungen durch die Prüfungstätigkeit auch einem größeren Prüferkreis näherzubringen, existieren Arbeitsplattformen zwischen dem ERH und den RH der Mitgliedstaaten der EU sowie auch zwischen dem RH und den LRH in Österreich. Für den RH stellen die vierteljährlichen ERFA ebenfalls eine solche Arbeitsplattform zwischen dem RH und der IR dar und aus diesem Grund nehmen Mitarbeiter des RH gerne an diesen Veranstaltungen teil. Aus Sicht des RH stellen die Tätigkeiten der IR eine wichtige Ergänzung zu jener des RH dar, daher vertritt der RH in Österreich die Auffassung, dass es für die IR – im Vergleich zur derzeit im Bundesministeriumgesetz festgehaltenen Passage – einer stärkeren gesetzlichen Basis bedarf. Es wird eine führungsnahe organisatorische Zuordnung der IR gefordert, möglichst direkt dem Bundesminister unterstellt, und darüber hinaus müssten ausreichende Personalressourcen für die IR bereitgestellt werden.[25]

Historisch gesehen kann Österreich auf eine langjährige Kontrolltradition blicken, Kontrolleinrichtungen gibt es seit dem 15. Jahrhundert. Der erste LRH wurde 1982 in der Steiermark gegründet. In den folgenden Jahren sind in jedem Bundesland, mit Ausnahme von Wien, LRH errichtet worden. Die Entwicklungen der letzten Jahre haben gezeigt, dass es für den Bürger immer weniger wichtig geworden ist, ob die Steuermittel formal ordnungsgemäß verwendet werden,

---

25 Katzmann Franz M., Landesrechnungshof Burgenland und Ginzel Harald, Rechnungshof, Wien, Vorträge am 3. November 2005.

sondern im Vordergrund steht die Forderung, dass sie tatsächlich zweckmäßig und wirtschaftlich eingesetzt werden. Die Finanzkontrolle ist daher immer weniger Garant des vollständigen, absoluten Vollzugs der Vorschriften, sondern sie übernimmt vermehrt die Rolle einer kritische Beobachterin, die die Sinnhaftigkeit und Zweckmäßigkeit der jeweiligen Vorschriften überprüft und im gegebenen Fall darauf hinweist, ob bzw. inwieweit sie dem ursprünglichen Ziel des Verwaltungshandelns entgegenstehen. Umso wichtiger ist daher die Modernisierung der Verwaltung nach den Grundsätzen des NPM. Das bedeutet unter anderem die Erreichung einer kundenwirkungsorientierten Qualität und die Schaffung einer kostenbewussten Dienstleistungsorganisation.[26]

Eine spezielle Prüfform, die in dieser Form nur von den LRH Steiermark und Kärnten angewendet wird, stellt die „Großvorhabensprüfung" dar. Überprüft werden dabei der Anschaffungs- und der Herstellungsvorgang, die ihrerseits in zwei Phasen geteilt sind: Phase eins besteht aus der Prüfung der Planungsvorgänge sowie der Soll-Kosten, vornehmlich bei Bauvorhaben, und Phase zwei umfasst die Durchführungsüberprüfung.[27] Der LRH Steiermark setzt derzeit auf drei Schwerpunkte: zum einen auf Gebarungskontrolle bei Unternehmen, an denen das Land Steiermark mit mindestens 25 % beteiligt ist. Zum anderen auf Projektkontrollen und Projektabwicklungskontrollen, die Bestandteil der bereits erwähnten Großvorhabensprüfung sind. Diese werden sehr oft

---

[26] Brückner Helmut, Landesrechnungshof Oberösterreich, Vortrag am 3. November 2005.

[27] Reithofer Heinrich, Landesrechnungshof Kärnten, Vortrag am 3. November 2005.

im Bereich der Wohnbaugenossenschaften durchgeführt.[28] Die Prüfteams des LRH Vorarlberg arbeiten mit externen Spezialisten (Wirtschaftsprüfer, Unternehmensberater, Ziviltechniker) zusammen, um optimale Prüfungsergebnisse zu erzielen. Hierbei stimmt der LRH sein Prüfungsprogramm mit der IR des Amtes der Landesregierung Vorarlberg ab.[29]

Im Gegensatz zu den Bundesländern gibt es in Wien keinen LRH, da laut Bundesverfassungsgesetz (B-VG) die Bundeshauptstadt gleichzeitig Land und Gemeinde ist. Weiters ist gesetzlich festgelegt, dass es in Österreich in Städten mit mehr als 20.000 Einwohnern ein **Kontrollamt** geben muss, was – von einigen Ausnahmen abgesehen – auch für Wien zutrifft. Um in diesen Einrichtungen die laufende Weiterbildung der Prüfer zu fördern, veranstaltet der Fachausschuss für Kontrollamtsangelegenheiten des Österreichischen Städtebunds zwei Mal jährlich eine Arbeitstagung der Kontrollämter.

Für die Stadt Wien berichtete der Vortragende über die Pflichten und Befugnisse des Kontrollamtes Wien sowie über den Umfang der Gebarungskontrolle. Besonders lehrreich waren die Einblicke in die praktische Durchführung einer Prüfung. Da es in Wien eine etwa 40%ige örtliche Überschneidung in Prüfungsbereichen zwischen dem Kontrollamt und der für die Magistratsdirektion tätigen IR gibt, werden zu Jahresbeginn die Prüfungsprogramme abgesprochen, um Überschneidungen bzw. doppelte Prüfungsdurchführungen desselben Prüffeldes zu vermeiden.[30]

---

28 Andrieu Johannes, Landesrechnungshof Steiermark, Vortrag am 4. November 2005.
29 Schmalhardt Herbert, Landesrechnungshof Vorarlberg, Vortrag am 3. November 2005.
30 List Alois, Kontrollamt Wien, Vortrag am 4. November 2005.

Am Ende dieser Jahrestagung der IR wurde für alle Anwesenden deutlich: so wichtig es ist, auf eine langjährige Prüfungserfahrung zurückzublicken – insbesondere in der jüngeren Vergangenheit, die das heutige Verwaltungsleben bestimmt – so entscheidend für die Bewältigung der zukünftigen Entwicklungen ist der Blick nach vorne, insbesondere was die Aus- und Fortbildung betrifft.

3.3 Veranstaltungen im Jahr 2006

3.3.1 1. Erfahrungsaustausch zum Thema „Die Neuerungen des Bundesvergabegesetzes 2006 – Theorie und Praxis der öffentlichen Auftragsvergabe"

Mit dem im April 2004 veröffentlichten Legislaturpaket der Europäischen Gemeinschaft (EG) wurde das gemeinschaftliche Vergaberecht auf eine neue rechtliche Basis gestellt. Dieses Legislaturpaket besteht aus zwei Richtlinien (Richtlinie 2004/17/EG und Richtlinie 2004/18/EG), die das BVergG 2002 ablösen. Mit dem am 1. Februar 2006 in Kraft getretenen BVergG 2006 sind nun die Regelungen der EG-Vergaberichtlinien unter Wahrung eigenständiger Wesenszüge des österreichischen Rechtssystems in das innerstaatliche Recht umgesetzt worden.

Von den Referenten wurde verdeutlicht, warum eine Neufassung des BVergG notwendig geworden war. Zum einen mussten die von der EU verabschiedeten Vergaberichtlinien bis 31. Jänner 2006 in nationales Recht umgesetzt werden.

Hinzu kam, dass der Europäische Gerichtshof (EuGH) bei einigen Bestimmungen des BVergG 2002 deutliche Mängel feststellte und eine formale Bewertung der Gesetzestexte ergab, dass die Regelungen nur mit großer Mühe lesbar waren und nicht transparent genug erschienen. Das BVergG 2006 ist nicht nur neu strukturiert, sondern weist auch einheitliche terminologische Bezeichnungen gleicher Sachverhalte auf, was die Handhabung und das Verständnis für die Anwender deutlich erleichtert. Es besteht aus sechs Teilen, wobei sich

die §§ 1 und 2 mit dem Regelungsgegenstand und Begriffsbestimmungen,

die §§ 3 bis 162 mit dem Vergabeverfahren für öffentliche AG,

die §§ 163 bis 290 mit dem Vergabeverfahren für Sektorenauftraggeber,

die §§ 291 bis 334 mit dem Rechtsschutz,

die §§ 335 bis 343 mit der außerstaatlichen Kontrolle sowie mit zivilrechtlichen Bestimmungen und

die §§ 344 bis 351 mit den Schlussbestimmungen befassen.

Wesentliche Änderungen wurden in den Bereichen Schwellenwerte, Vergabeverfahren, Fristen, Rechtsschutz und bei den Bestimmungen bezüglich der Kundmachung erzielt. So wurde erreicht, dass – abgesehen von ein paar Ausnahmen – die Regelungen des Oberschwellenbereiches auch grundsätzlich für den Unterschwellenbereich gelten. In Zukunft hat der AG von nicht prioritären Dienstleistungen mehr Spielraum bezüglich der Gestaltung bzw. Verfassung der Ausschreibungsunterlagen, da nur mehr die fundamentalen Grundsätze – wie z. B. die Begriffsbestimmung, der Rechtsschutz, um nur einige zu nennen – zu beachten sind. Bei Dienstleistungsaufträgen, deren Gegenstand sowohl prioritäre als auch nicht prioritäre Dienstleistungen beinhalten, muss das wertmäßige Überwiegen beurteilt werden, um zu entscheiden, welche Regelungen der Richtlinie letztlich anzuwenden sind.

Das BVergG 2006 regelt auch neue Verfahrensarten, so z. B. das Verfahren „Wettbewerblicher Dialog", das „Dynamische Beschaffungssystem" sowie „Rahmenvereinbarungen". Beim Verfahren **„Wettbewerblicher Dialog"** werden aus der Anzahl der Bewerber nach Wertung der Eignungskriterien mindestens drei geeignete Unternehmen ermittelt, die zu einem Dialog mit dem AG zugelassen sind. Auf diese Weise soll eine Lösung erreicht werden, die den Wünschen des AG entspricht. Am Ende der Verhandlungen ersucht der AG die drei Unternehmen, ein endgültiges Angebot vorzulegen. Im Sinne des Bestbieterprinzips wird dem technisch und wirtschaftlich günstigsten Angebot der Zuschlag erteilt.

Ein weiteres neues Verfahren ist das **„Dynamische Beschaffungssystem"**, ein vollelektronisches Vergabeverfahren, bei dem sämtliche Bekanntmachungen und Kontaktaufnahmen zwischen AG und Unternehmen auf elektronischem Weg zu erfolgen haben. Die Unternehmen bieten dem AG zunächst nur unverbindliche Erklärungen zur Leistungserbringung an, die noch keine offiziellen Angebote darstellen. Eine Bindung für ein Unternehmen tritt erst dann ein, wenn der AG zu einer Angebotslegung auffordert.

Im Oberschwellenbereich gibt es nun die Möglichkeit, dass AG eine „Elektronische Auktion" durchführen können. Wenn ein AG die gewünschten Leistungen ausreichend klar definieren kann, dann können in dieser Art des Verfahrens geeignete Bieter ermittelt werden, die zu einer Auktion eingeladen werden. Die elektronische Auktion stellt aber nur einen Teil des Vergabeverfahrens dar, bei dem lediglich das Bestangebot in einem zugrunde liegenden Verfahren ermittelt werden kann.

Zu den neuen Verfahren sind auch die **„Rahmenvereinbarungen"** zu zählen. Eine Rahmenvereinbarung kann nun – nicht wie bisher nur im Unterschwellenbereich – auch im Oberschwellenbereich angewendet werden. Bei diesem Verfahren muss der AG keine Abnahmeverpflichtung eingehen. Dadurch ist für ihn garantiert, dass für die gesamte Laufzeit der Rahmenvereinbarung eine Wettbewerbssituation bestehen bleibt, da bei diesem Verfahren die verschiedenen Bieter untereinander unbekannt bleiben müssen, um zu verhindern, dass (nicht nachweisbare) Preisabsprachen getroffen werden. Die Laufzeit von Rahmenvereinbarungen ist mit drei Jahren gesetzlich geregelt, in Ausnahmefällen kann auch eine Laufzeit von fünf Jahren vereinbart werden.

Weitere Themen, welche das BVergG 2006 regelt, waren Bestimmungen betreffend
- die In-house-Vergabe
- die Direktvergabe
- die Arbeits- und Bietergemeinschaften
- die Subunternehmer
- die Geschützten Werkstätten
- die Alternativangebote
- die Fristen
- die Befugnis, Zuverlässigkeit und Leistungsfähigkeit der Bieter und
- der Rechtsschutz[31]

Für Revisoren, die auch mit Vergabekontrollen sowie Vergaberevisionen befasst sind, brachte diese Veranstaltung letztlich

---

31 Mayr Clemens, Bundeskanzleramt, Wien; Steiner Doris, Finanzprokuratur, Wien; Windisch Martin, Finanzprokuratur, Wien, Vorträge am 23. März 2006.

die Erkenntnis, dass dieses neue Vergabegesetz durch seine verbesserte inhaltliche Strukturierung und die Verwendung von einheitlichen terminologischen Bezeichnungen gleicher Sachverhalte eine Verbesserung der Anwendbarkeit bedeutet, dass jedoch durch die gleichzeitige Erweiterung um eine Reihe von neuen Verfahrensarten die Revisionstätigkeit in Zukunft nicht leichter bzw. einfacher sein wird.

3.3.2 2. Erfahrungsaustausch zum Thema „Die Bundesbeschaffungsgesellschaft mit beschränkter Haftung als Dienstleister der Bundesverwaltung mit ihrer Querschnittsfunktion – Neue Herausforderungen für die Interne Revision"

Im Bundesgesetz über die Errichtung einer Bundesbeschaffungsgesellschaft mit beschränkter Haftung (BBG-Gesetz), BGBl. I Nr. 39/2001, wurde u. a. festgelegt, dass der Unternehmensgegenstand der Gesellschaft die Wahrnehmung von Aufgaben auf dem Gebiet des Beschaffungswesens ist. Durch den zentralen strategischen Einkauf sollen Synergien über Behördengrenzen hinweg genutzt und somit Einsparungspotenziale lukriert werden. Die Einkäufe werden primär für Bundesdienststellen, darüber hinaus auch für andere öffentliche Körperschaften mittels Durchführung von Vergabeverfahren nach BVergG getätigt, sie umfassen sowohl Sachmittel als auch Dienstleistungen. Primäres Ziel ist, der Einkaufsdienstleister für den Bund zu sein, wobei durch Bündelung und Standardisierung der Aufträge optimale Einkaufskonditionen erreicht werden sollen. Die BBG sieht sich als Bindeglied zwischen Kunden und Lieferanten.

Die Beschaffungsvorgänge umfassen sowohl KFZ-Käufe, Möbel-Käufe, Hard- und Software-Käufe, Telefonanlagen-

Käufe, die durch die Vergabe von entgeltlichen Lieferaufträgen entstehen als auch Beratungsleistungen, Schulungen und die Durchführung von Reinigungsarbeiten, die durch die Vergabe von entgeltlichen Dienstleistungsaufträgen initiiert werden.

Die Leistungsbeschaffung kann in zweifacher Weise erfolgen:
- Leistungen können in eigenem Namen und auf eigene Rechnung beschafft werden und danach an andere AG weiterverkauft werden oder
- Aufträge können in fremdem Namen und auf fremde Rechnung vergeben werden bzw. Rahmenvereinbarungen im Namen anderer AG abgeschlossen werden.

Durch eine BBG-Gesetz-Novelle, BGBl. I Nr. 76/2006, die am 21. Juni 2006 kundgemacht wurde, hat sich das Betätigungsfeld der Gesellschaft ausgeweitet. Ab diesem Zeitpunkt können auch ausgegliederte Unternehmen der Länder und Gemeinden sowie auch Sektorenauftraggeber die Dienste der BBG in Anspruch nehmen. Durch Partnerschaften der Gesellschaft mit öffentlichen AG entsteht eine Arbeitsteilung einerseits durch die Zusammenarbeit mit den Ressorts bei der Erstellung eines Leistungsverzeichnisses und andererseits durch die Erhebung und Bündelung des Bedarfs der verschiedenen AG durch die BBG. Durch diese Vorgangsweise entsteht ein Mehrwert für Kunden der BBG, wobei die Kunden im Beschaffungsprozess entlastet werden und Produkte und Dienstleistungen zu bestmöglichen Konditionen erworben werden können.

Der Nutzen für alle österreichischen öffentlichen AG lässt sich klar definieren:

Teilnahme an einem großen Beschaffungsmarkt, ohne ein eigenes Ausschreibungsverfahren durchführen zu müssen (mit dem Ergebnis, eine Verringerung der Verfahrenskosten zu erreichen), standardisierte, regelmäßige Verfahren, kein

Vergaberisiko und optimale Konditionen (Preis und Qualität). Die erzielten Einsparungen für den Bund liegen bei > 10 %.[32]

Die Errichtung eines ausgegliederten Rechtsträgers wie die BBG zur Wahrnehmung von Aufgaben auf dem Gebiet des Beschaffungswesens nahmen die Vortragenden zum Anlass, die Zeit vor der Entstehung der Gesellschaft kritisch zu betrachten – gleichzeitig konnten sie durch ihre detaillierten Ausführungen die Verbesserungen gegenüber der früheren Praxis veranschaulichen.

Gemäß dem Veranstaltungsthema war für die Revisoren zu erkennen, dass diese Neuerungen und die veränderte Gesetzeslage neue Anforderungen und eine Erweiterung des Prüfungsfeldes bringen wird, denn es wird in Zukunft unbedingt zu prüfen sein,
- ob Dienststellen der öffentlichen Verwaltung selbst Vergaben durchführen, ohne die Leistungen der BBG in Anspruch zu nehmen, da dringliche, zwingende Gründe vorliegen und
- ob Dienststellen der öffentlichen Verwaltung selbst Vergaben durchführen, ohne die Leistungen der BBG in Anspruch zu nehmen, da Waren und Dienstleistungen durch einen Dritten im Vergleich zu den Vertragspartnern der BBG günstiger angeboten werden.

Außerdem wird bei jedem Beschaffungsvorgang einer Dienststelle zu prüfen sein, ob bei einem Ausnahmefall eine Begründung an die BBG spätestens vierzehn Tage nach der Vergabe des Auftrages erfolgt ist oder nicht.

---

32 Nemec Andreas, Kraft-Kinz Margot, Wimmer Johannes, alle BundesbeschaffungsGmbH, Wien, Vorträge am 29. Juni 2006.

3.3.3 3. Erfahrungsaustausch zum Thema „Die Prüfung der Behindertengleichstellung"

Zunächst wurde auf das österreichische B-VG verwiesen, in dem es heißt, dass sich die Republik (Bund, Länder und Gemeinden) dazu bekennt, die Gleichbehandlung von behinderten und nicht behinderten Menschen in allen Bereichen des täglichen Lebens zu gewährleisten. Im Jahr 2005 wurde in Österreich ein Behindertengleichstellungspaket beschlossen, welches u. a. ein Bundes-Behindertengleichstellungsgesetz (BGStG), BGBl. I Nr. 82/2005 i.d.g.F. beinhaltet. Dieses Gesetz gilt für die Bundesverwaltung und zwar sowohl für den hoheitlichen als auch für den privatwirtschaftlichen Bereich.

Es folgt eine kurze Erläuterung, welchen Personenkreis dieses Gesetz betrifft und in welcher Weise es die Betroffenen schützen soll. Neben den Menschen mit einer Behinderung zählen auch Angehörige dazu, z. B. Eltern, die ein behindertes Kind betreuen, auch sie sind vor Diskriminierung geschützt. Es werden die Begriffe „unmittelbare Diskriminierung" und „mittelbare Diskriminierung" erklärt. Eine **unmittelbare** Diskriminierung liegt dann vor, wenn jemand auf Grund einer Behinderung in einer vergleichbaren Situation weniger günstig behandelt wird als ein Mensch ohne Behinderung. Eine **mittelbare** Diskriminierung kann eine bauliche Barriere sein, wie z. B. Stufen, die Menschen mit Behinderung benachteiligen. Der Begriff der „Barrierefreiheit" spielt in diesem Zusammenhang eine wichtige Rolle. Eine Definition von Barrierefreiheit besagt, dass barrierefrei gestaltete Lebensbereiche, wie z. B. Gebäude, Verkehrsmittel oder auch das Internet dann barrierefrei sind, wenn sie für Menschen mit Behinderung zugänglich und benutzbar sind, ohne besondere Erschwernis und grundsätzlich ohne fremde Hilfe. Gemäß dem BGStG besteht für den Behinderten ein Rechtsanspruch, d. h. die Rechtsfolge bei Vorhandensein einer Barriere ist der Schadensersatz. Die Vorgangsweise in solch einem Fall ist geregelt: noch bevor eine Klage bei Gericht eingebracht wird, findet ein Schlichtungsverfahren beim Bundesamt für Soziales und Behindertenwesen statt. Es soll die beiden Streitparteien zusammenbringen, um eine Lösung zu finden, die für beide Seiten tragbar ist. Es muss das Ziel sein, einen Ausgleich der Interessensgegensätze zu finden. Es hat sich gezeigt, dass eine Mediation beitragen kann, eine Einigung zu finden. War das Schlichtungsverfahren erfolglos, kann der Weg zum Gericht eingeschlagen werden.[33]

Im Zusammenhang mit dem Tagungsthema wurde auf ein bereits seit Längerem bestehendes Gesetz verwiesen, das die berufliche Ebene von behinderten Menschen betrifft: Das Behinderteneinstellungsgesetz (BEinstG), BGBl. Nr. 22/1970 i.d.g.F. unterstützt die berufliche Eingliederung von Menschen mit Behinderung. Auch hier bedarf es der Erläuterung von einigen Begriffen, so z. B. was unter Beschäftigungspflicht zu verstehen ist und welche Personen zu den begünstigten Behinderten zu zählen sind. Das Diskriminierungsverbot im Zusammenhang mit einem Dienstverhältnis sieht vor, dass niemand unmittelbar und mittelbar auf Grund einer Behinderung diskriminiert werden darf. So liegt beispielsweise eine Diskriminierung vor, wenn eine gewünschte Schulung eines Behinderten grundlos abgelehnt wird. Für den Dienstgeber besteht eine Beschäftigungspflicht von Behinderten. Kommt er dieser Verpflichtung nicht nach, so muss er für jede einzelne Person, die zu beschäftigen wäre,

---

33 Rubisch Max, Bundesministerium für soziale Sicherheit, Generationen und Konsumentenschutz, Wien, Vortrag am 18. September 2006.

monatlich eine Ausgleichstaxe entrichten. Aus den Mitteln des Ausgleichfonds wird Unterstützung in verschiedenster Form für Behinderte gewährt, gleichzeitig sind auch Prämien für Dienstgeber vorgesehen, die in Ausbildung stehende Behinderte beschäftigen. Das Bundesamt für Soziales und Behindertenwesen hat die Einhaltung der Beschäftigungspflicht zu überwachen.[34]

Die Ausführungen rund um die Thematik der Behindertengleichstellung wurden abschließend ergänzt durch den Hinweis, dass die Umsetzung der vollkommenen Barrierefreiheit in Bauwerken und Verkehrsmitteln gemäß einem Etappenplan im Zeitraum von 2006 bis 2016 zu erfolgen hat. Dieser Etappenplan ist derzeit in Arbeit, wird vom Bundesministerium für Wirtschaft und Arbeit koordiniert und alle Ministerien sind aufgerufen, ihre Gebäude auf bauliche Barrieren zu überprüfen und die Umsetzung dieses Etappenplans sicherzustellen. Für die IR bedeutet das im Einzelnen, dass auch sie gefordert ist, im eigenen Haus auf das Vorhandensein der Barrierefreiheit zu achten.

---

34 Hofer Hansjörg, Bundesministerium für Soziale Sicherheit, Generationen und Konsumentenschutz, Wien, Vortrag am 18. September 2006.

3.3.4 4. Erfahrungsaustausch zum Thema „Prüffelder, die den Tätigkeitsbereich von Kommissionen bzw. Senaten mit weisungsunabhängigen Mitgliedern tangieren können"

Bei gewissen Revisionsvorhaben stellt sich für den Revisor bei der Abgrenzung des Prüfobjektes die Frage, ob Prüffelder den Tätigkeitsbereich von Kommissionen und/oder Senaten mit weisungsunabhängigen Mitgliedern tangieren können. Was also tun, wenn die Gefahr besteht, den örtlichen Wirkungsbereich der IR zu überschreiten?

Um einen Überblick über weisungsfreie Behörden zu erhalten wurden zunächst alle in Österreich eingerichteten Kollegialbehörden mit richterlichem Einschlag vorgestellt. Sämtliche Mitglieder einer Kollegialbehörde mit richterlichem Einschlag gemäß Art. 133 Z 4 B-VG sind weisungsfrei gestellt. Gleichzeitig wurde auch auf den Art. 20 Abs. 2 B-VG verwiesen, wonach ein Richter und auch übrige Mitglieder einer Kollegialbehörde in Ausübung ihres Amtes an keine Weisungen gebunden sind. Die Funktion dieser Behörden ist eine Verwaltungskontrolle und keine Verwaltungsführung.

Auf Landesebene existieren auch „Sonstige weisungsfreie Einrichtungen" wie z. B. die Disziplinar- und Leistungsfeststellungskommissionen. Weisungsfreie Behörden haben eine Geschäftsführung, die zumeist in einem Ministerium implementiert ist. Jedem Mitglied dieser weisungsfreien Behörde steht hinsichtlich der von ihm zu besorgenden Aufgaben das Weisungsrecht an die mit der Geschäftsführung betrauten Bediensteten zu.

Es wird aufgezeigt, dass bei Kollegialbehörden mit richterlichem Einschlag oft kritisch hinterfragt werden muss, ob ein notwendiges Arrangement mit der in der Regel vom

Ministerium vorgegebenen Personal- und Sachausstattung der Geschäftsstelle vorliegt oder nicht. Zur Veranschaulichung der Brisanz dieser Thematik wird beispielhaft anhand eines Erkenntnisses des Verfassungsgerichtshofes (VfGH) im Jahr 1999 aufgezeigt, dass hier eine Verfassungswidrigkeit vorlag, da eine Abgrenzung zwischen der Verwaltungsbehörde und einem weisungsfreien Senat nicht geregelt war.

Für die IR wird in solchen Fällen stets zu prüfen sein, ob das Verhältnis zwischen Mitgliedern der weisungsfreien Behörde und Mitarbeitern der Organisationseinheiten des Ressorts geregelt ist.

Mögliche Prüffelder einer IR bei einer Geschäftsführung bzw. eines Hilfsapparates einer weisungsfreien Behörde könnten folgende sein:
- die Ablauforganisation
- der Personaleinsatz
- die Personalführung
- die Ausführung der Aufträge der Mitglieder der weisungsfreien Behörde und das Aufzeigen von Schwachstellen im Sinne der Europäischen Menschenrechtskonvention (EMRK)[35]

Was eine moderne IR unter der Wahrung der Unabhängigkeit der Rechtsprechung leisten kann, wurde durch den Leiter der Revisionsabteilung im Bundesministerium für Justiz vorgestellt. Es wurde ein methodisches Konzept erklärt, wie die Organe der Justizverwaltung in ihren jeweiligen Zuständigkeitsbereichen die personellen und sachlichen Voraussetzungen für den Betrieb der Gerichte und Staatsanwaltschaften unter

---

35 Lehofer Hans Peter und Köhler Martin, beide Verwaltungsgerichtshof, Wien, Vorträge am 12. Dezember 2006.

Beachtung der Grundsätze der Gesetzmäßigkeit, Zweckmäßigkeit und Sparsamkeit zu gewährleisten haben. Alle Organe der Justizverwaltung haben darauf zu achten, dass kein Eingriff in die richterliche Unabhängigkeit erfolgt. Das Gerichtsorganisationsgesetz sieht vor, dass die Justizverwaltung eine IR zur Sicherstellung einer gesetzmäßigen, zweckmäßigen, wirtschaftlichen und sparsamen Vollziehung einzurichten hat, die regelmäßig bei allen Gerichten und Staatsanwaltschaften entsprechende Untersuchungen durchführt.

Bei der Erstattung von Empfehlungen und Vorschlägen durch die IR ist darauf zu achten, dass auch nicht der Anschein einer Einflussnahme auf den Bereich entsteht, der in Gerichtsverfahren der Rechtsprechung vorbehalten ist. Im Allgemeinen hat die Justizverwaltung die Aufgabe, Vorsorge für die persönlichen und sachlichen Erfordernisse der Justiz bzw. für die Aufrechterhaltung und Regelung des Gerichtsbetriebes zu sorgen.

Die IR hat die Aufgabe, die beiden Kernbereiche
- Infrastruktur – dazu zählen Gerichtsorganisation, Budget, Unterbringung, Beschaffung, Ausstattung, Technik, Bücherei, Inventur, Aktenablage und
- Justizmanagement – dazu zählen Öffentlichkeitsarbeit, Planstellenbewirtschaftung, Personaladministration, Aus- und Fortbildung, Schreibdienst, Dienstaufsicht

zu überprüfen.

Eine Auflistung über einen festgelegten Prüfzeitraum hilft der IR, eine wirksame Fokussierung auf zu behandelnde Prüfobjekte zu erhalten.

So werden
- alle vier Jahre Einschauen bei den Staatsanwaltschaften,
- alle fünf Jahre Revisionen der Justizanstalten,

- alle vier bis sieben Jahre Regelrevisionen der Landes- und Bezirksgerichte,
- alle zehn Jahre Regelrevisionen der Oberlandesgerichte und
- Sonderrevisionen und Follow-Up-Prüfungen

durchgeführt.

Ein Handbuch für die Revision der Gerichte regelt, welche Prüffelder relevant sind. Ein internes Prüfsystem im Bundesministerium für Justiz sieht vor, dass
- Richter der Oberlandesgerichte und Landesgerichte in Bezirksgerichten prüfen,
- Richter als leitende Visitatoren gemeinsam die jeweils anderen Oberlandesgerichte einer Prüfung unterziehen und
- Vertreter der Oberstaatsanwaltschaften die Staatsanwaltschaften überprüfen.

Demnach prüfen Mitarbeiter der IR des Bundesministeriums für Justiz ausschließlich Justizanstalten. Eine IR hätte nicht die Möglichkeit, alle Organwalter zu prüfen.[36]

Das Tagungsthema gab insbesondere jenen Revisoren wichtige Impulse, die noch nie Prüfungen in einer Geschäftsführung einer weisungsfreien Behörde durchgeführt haben. Die gesamte Veranstaltung war mit der Frage befasst, ob im Prüfbereich Regelungen existieren, die das Verhältnis zwischen weisungsfreien Behördenmitgliedern und dem von einem Bundesminister zur Verfügung gestellten Personal für eine Geschäftsführung eindeutig festlegen, damit eine direkte Zuordnung möglich ist und somit einer Parteilichkeit gewahrt bleibt und somit auch die Prüffelder für die IR eindeutig festgelegt sind.

---

36 Bosina Josef, Bundesministerium für Justiz, Wien, Vortrag am 12. Dezember 2006.

3.3.5 Jahrestagung der Internen Revision 2006 zum Thema „Korruption – Abweichendes Verhalten eines Individuums"

Ziel dieser Jahrestagung war es, eine Schnittstelle zwischen Experten aus dem europäischen Raum und österreichischen Experten der Korruptionsprävention und Korruptionsbekämpfung herzustellen und damit ein Kommunikationsforum zu bilden, in dem eine Wissensvermittlung stattfinden kann.

Zunächst wurde das Phänomen Korruption aus einer sozialwissenschaftlichen Perspektive betrachtet. Gleichzeitig wurde das Ausmaß von Korruption in einem Vergleich verschiedener Länder aufgezeigt, wobei deutlich wurde, dass Länder mit einer relativ langen Tradition demokratischer Rechtsstaatlichkeit im Korruptionswahrnehmungsindex unter den ersten 20 – als nicht korrupt eingestuften – Staaten aufscheinen.[37]

Unmissverständlich wurde darauf hingewiesen, dass die Hauptverantwortung für die Vorbeugung, Aufdeckung und Untersuchung von Unregelmäßigkeiten bei der für die Verwaltung und Durchführung der EU-Programme zuständigen EK und den Mitgliedstaaten liegt. Daher prüft der ERH, ob die EK und die Mitgliedstaaten ihre diesbezügliche Verantwortung wahrnehmen. Besonderes Augenmerk liegt dabei auf der Beurteilung der Wirksamkeit der von der EK und den Mitgliedstaaten getroffenen Maßnahmen zur Vorbeugung, Aufdeckung und Behebung von Unregelmäßigkeiten. Für eine erfolgreiche Korruptionsbekämpfung wird es jedoch unabdingbar sein, dass eine enge Zusammenarbeit zwischen Wissenschaftlern und Experten für Korruptionsfragen stattfindet.[38]

---

37 Fleck Christian, Universität Graz, Vortrag am 19. Oktober 2006.
38 Weber Hubert, Europäischer Rechnungshof, Vortrag am 19. Oktober 2006.

Nach Meinung eines der Vortragenden – ein Pfarrer und zugleich Universitätsseelsorger – müssten sich für die in Kontrollverfahren involvierten Personen nicht nur fachliche und ablauforganisatorische sondern auch ethische Fragestellungen ergeben. Dies beginnt beim Auftraggeber einer Kontrolle. Er trägt Verantwortung sowohl gegenüber dem Kontrollierten als auch gegenüber dem mit der Kontrolle Beauftragten. Jene Personen, die mit der Kontrolle beauftragt wurden – die Revisoren – tragen auf der einen Seite Verantwortung für ihr eigenes Tun, auf der anderen Seite aber haben sie auch eine Verantwortung gegenüber den zu Kontrollierenden, denn diese sind als Träger von Recht und Würde zu respektieren und sie haben Anspruch auf eine transparente und faire Behandlung. Über allem Handeln sollte der Gedanke stehen: „Die Kontrolle bedarf der Ethik, aber auch die Ethik bedarf der Kontrolle."[39]

Als wegweisende Organisation in Sachen Korruptionsbekämpfung hat Transparency International (TI) Austrian Chapter es sich zum Ziel gesetzt, das Thema Korruption in der öffentlichen Meinung bewusst zu machen. Die verstärkten Bemühungen, in diversen Medien auf Vorkommnisse in Politik und Wirtschaft, auf die Hintergründe und die schädigenden Auswirkungen auf die gesamte Gesellschaft aufmerksam zu machen sollen das Bewusstsein einer breiten Öffentlichkeit sensibilisieren, um so Strukturen zu schaffen, die Korruption verhindern oder verteuern. Um die Ziele der Organisation erfolgreich umsetzen zu können, stellt sich die Frage der Finanzierung: gleich dem Beispiel TI-Deutschland sollte es auch dem TI Austrian Chapter ermöglicht werden, durch Mit-

---

[39] Schüler Helmut, Pfarrer in Probstdorf und Universitätsseelsorger, Vortrag am 19. Oktober 2006.

gliedsbeiträge und Spenden sowie Spenden von Nicht-Mitgliedern dafür zu sorgen, dass eine Koalition gegen Korruption erfolgreich aufrechterhalten werden kann.[40]

Besonders hervorgehoben wurde die Gründung des europäischen Amtes für Betrugsbekämpfung OLAF mit dem Hinweis, dass die Entwicklungen auf dem Gebiet der internationalen Betrugs- und Korruptionsbekämpfung sehr zufriedenstellend verlaufen. Die Empfehlung des Rates zur Annahme der Übereinkommen zum Schutz der finanziellen Interessen der EG und weiterer drei zugehöriger Protokolle – gemeinsam werden sie als PIF-Instrumente bezeichnet („Protection des intérêts financiers") – stelle ein geeignetes Mittel dar, die Interessen der Gemeinschaft wie auch der einzelnen Länder zu schützen.[41]

In Wien sind seit 2004 viele Maßnahmen gesetzt worden, um Korruptionsprävention zu betreiben. Ergebnis zahlreicher Diskussionen mit externen Experten, der Durchführung interner Workshops sowie Bemühungen einer Arbeitsgruppe war die Ausarbeitung eines Risikotests, mit dem sich heute Dienststellen der Stadt Wien selbst einschätzen können, ob ihr Bereich korruptionsgefährdet ist oder nicht. Darüber hinaus hat die Stadt Wien im Jänner 2005 allen Mitarbeitern ein Handbuch zur Korruptionsprävention zur Verfügung gestellt und gleichzeitig ein zunächst internes Antikorruptionstelefon für Mitarbeiter installiert, das nun seit dem Jahr 2006 auch den Bürgern zur Verfügung steht, sodass jeder über

---

40 Geiblinger Eva, Transparency International Austrian Chapter, Vortrag am 19. Oktober 2006.
41 Brüner Franz-Hermann, Amt für Betrugsbekämpfung OLAF, Brüssel, Vortrag am 19. Oktober 2006.

die Rechtsmittel und über das ethisch richtige Verhalten zur Vorbeugung gegen Korruption Auskunft erhalten kann.[42]

Österreich erhielt bei der 75. Generalversammlung von Interpol den Zuschlag für die Errichtung einer Anti-Korruptionsakademie (IACA). Für eine interdisziplinäre Ausbildung sind hauptsächlich Personen der Polizei und der Justiz vorgesehen. Im Zuge der EU-Ratspräsidentschaft Österreichs wurde das Buch „The Corruption Monster – Ethik, Politik und Korruption" herausgegeben, welches eine interessante Sammlung authentischer Beiträge von Autoren aus Europa, den USA und auch aus Österreich beinhaltet.[43]

Den Abschluss der Jahrestagung bildete eine Podiumsdiskussion zum Thema „Lässt sich Korruption tatsächlich verhindern?", an der der Generaldirektor des OLAF, ein leitender Staatsanwalt, ein beeideter und gerichtlich zertifizierter Sachverständiger für angewandte Kriminologie und Kriminalistik, der Leiter des Büros für Interne Angelegenheiten im Bundesministerium für Inneres, ein Sektionschef des RH Wien und der Chefredakteur der Wiener Zeitung teilnahmen. Man war sich einig, dass Korruptionsprävention nur in einem funktionierenden Rechtsstaat gelingen kann. Eine Erhöhung des Entdeckungsrisikos muss Ziel einer konsequenten Handhabung aller zur Verfügung stehenden Mittel sein. Übereinstimmung herrschte ebenso unter den Experten darüber, dass die Veröffentlichung der Schäden durch Korruption sowie eine starke IR zwei weitere wichtige Maßnahmen zur Verminderung und Hintanhaltung von Korruption darstellen.

---

42 Jauernig Paul, Interne Revision der Wiener Magistratsdirektion, Vortrag am 19. Oktober 2006.
43 Kreutner Martin, Büro für Interne Angelegenheiten im Bundesministerium für Inneres, Wien, Vortrag am 20. Oktober 2006.

3.4 Veranstaltungen im Jahr 2007

3.4.1 1. Erfahrungsaustausch zum Thema „Die Prüfung der Datensicherheit"

Einen besonderen Schwerpunkt bildete bei dieser Veranstaltung die Sicherheit von Informationstechnologie(IT)-Infrastrukturen in der öffentlichen Verwaltung. Es geht sowohl um den Schutz der bereits vorhandenen Daten als auch um die Sicherheit bei der Datenübertragung. Es wurden die getroffenen Schutzmaßnahmen vorgestellt und gleichzeitig die Gründe und Ursachen für Sicherheitslücken aufgezeigt, die alle Maßnahmen zur Datensicherheit rechtfertigen. Die Dringlichkeit der Thematik wird offensichtlich, wenn man sich vor Augen hält, dass Sicherheit kein gleichbleibender Zustand ist und die heute ergriffenen Maßnahmen zur Gewährleistung der Sicherheit schon morgen überholt sein können. Dafür verantwortlich sind sowohl Veränderungen innerhalb der Verwaltung als auch externe Veränderungen, die sich durch die Entwicklung neuer Informationstechniken ergeben. Somit besteht die Notwendigkeit, die Datensicherheit permanent auf einem hohen Niveau zu halten.

Nach diesen einleitenden grundsätzlichen Überlegungen wurden die einzelnen Aspekte detaillierter beleuchtet, es wurde der Begriff „Informations- und Kommunikationstechnik" (IKT) erklärt und Mittel und Systeme aufgezeigt, die die Sicherheit der IKT gewährleisten sollen.

Dazu gehören entsprechende Absicherungsmaßnahmen im technischen, personellen, materiellen, organisatorischen und infrastrukturellen Bereich. Bedrohungen der IKT-Sicherheit wären beispielsweise Lauschangriffe sowie Missbrauch im Internet, wobei Angriffsziel jene Werte sind, die für das

Funktionieren und die Glaubwürdigkeit der öffentlichen Verwaltung absolut notwendig sind: Vertraulichkeit, Verfügbarkeit sowie die Integrität von Systemen und Daten. Um den Teilnehmern der Veranstaltung das Gefahrenpotenzial drastisch vor Augen zu führen, wurden die Mittel und Methoden von Schadens- und Sabotageprogrammen, die Methoden zur Störung oder Unterbrechung des Betriebes sowie Spionageprogramme visualisiert. Aber nicht nur auf die technischen Möglichkeiten sollte das Augenmerk gerichtet werden, ganz wesentlich ist dabei die Frage nach den Motiven der Angreifer bzw. Täter, wobei zwischen staatlichen Angreifern, nicht staatlichen Angreifern und Terroristen unterschieden wird.

Als Grundlage für entsprechende Sicherheitsmaßnahmen wird auf das Datenschutzgesetz (DSG), BGBl. I Nr. 165/1999, § 14 Abs. 1 verwiesen. Für alle Organisationseinheiten eines Auftraggebers oder Dienstleiters, die Daten verwenden, sind Maßnahmen zur Gewährleistung der Datensicherheit zu treffen. Dabei ist je nach Art der verwendeten Daten und nach Umfang und Zweck der Verwendung sowie unter Bedachtnahme auf den Stand der technischen Möglichkeiten und auf die wirtschaftliche Vertretbarkeit sicherzustellen, dass die Daten
- vor zufälliger oder unrechtmäßiger Zerstörung und vor Verlust geschützt sind,
- dass ihre Verwendung ordnungsgemäß erfolgt und
- dass die Daten Unbefugten nicht zugänglich sind.

Gemäß dem Datenschutzgesetz ist vom IKT-Management für entsprechende personelle, infrastrukturelle, organisatorische und technische Absicherungsmaßnahmen zu sorgen. Demnach muss für das Personal das Need-to-know-Prinzip herrschen, der Entscheidungsträger einer Organisationseinheit hat für eine entsprechende Instruktion bzw. Ausbildung des Personals zu sorgen. Für die Infrastruktur müssen alle möglichen Maßnahmen ergriffen werden, um vor Brand, Wasser, Blitz und Erdbeben zu schützen, ebenso muss auf die Energieversorgung (insbesondere in einem Notfall) und auf eine geeignete Klimatisierung zu achten sein. Zu den organisatorischen Absicherungsmaßnahmen zählen das Berechtigungsmanagement, Zutrittsregelungen, die Sicherheitsorganisation, Vorschriften und Kennzeichnung sowie die Protokollierung und Dokumentation. Der Zugriffsschutz gespeicherter Daten sowie eine Verschlüsselung der Übertragung von Daten sind Maßnahmen für eine effektive technische Absicherung.[44]

Die einzelnen Aspekte dieser Veranstaltung und die Ausführlichkeit der Darstellung von Gefahren, aber auch die aufgezeigten Maßnahmen zur Gewährleistung der IKT-Sicherheit sollten den Teilnehmern Denkanstöße und Anregung liefern für mögliche Prüfungsplanungen.

Hilfreich in diesem Zusammenhang wäre eine entsprechende Checkliste zur Überprüfung des aktuellen Status von Absicherungsmaßnahmen. Das gezeigte Beispiel einer solchen Checkliste zur Überprüfung angewandter bzw. vernachlässigter Absicherungsmaßnahmen brachte für die Revisoren die Erkenntnis, dass für die Durchführung einer Revision im IKT-Bereich im personellen und organisatorischen Bereich kein Spezialwissen der Revisoren erforderlich ist. Im infrastrukturellen und technischen Bereich jedoch müssen Revisoren für die Prüfung von ausreichenden Absicherungsmaßnahmen über einschlägige IKT-Kenntnisse verfügen. Möglicherweise wird die Unterstützung durch IKT-Spezialisten erforderlich sein,

---

44 Posch Reinhard und Ledinger Roland, beide Bundeskanzleramt, Wien; Unger Walter J., Bundesministerium für Landesverteidigung, Wien, Vorträge am 6. März 2007.

wenn eine Beurteilung der technischen Umsetzung erfolgen soll und wenn Penetrationstests und IKT-Sicherheitsaudits durchgeführt werden müssen.

3.4.2 2. Erfahrungsaustausch zum Thema „Warum Kenntnisse über Coaching und Mediation auch für einen Revisor wichtig sein können"

Einleitendes Thema dieser Veranstaltung waren Aspekte des Konfliktmanagements, anschließend wurden die Grundsätze und Einsatzmöglichkeiten des Coachings dargestellt.

Anhand eines Beispiels wurde verdeutlicht, wann sich die Frage nach der Notwendigkeit des Einsatzes von Mediation stellen könnte: bei der Ist-Analyse einer Organisationseinheit stellt der Revisor fest, dass zwar Zielvereinbarungen zwischen Vorgesetzten und Mitarbeitern für eine Leistungsperiode vereinbart wurden, jedoch im zwischenmenschlichen Bereich Widerstände bzw. Gründe des Nichtzustandekommens eines Zielerreichungsgrades vorliegen.

Ist nun der prüfende Revisor bei einer Revision in der Lage festzustellen, ob der Vorgesetzte gecoacht werden muss oder aber liegt ein Konflikt vor, der den Einsatz eines Mediators nötig macht?

Im Falle eines Konfliktes muss der Revisor die Hintergründe analysieren unter Berücksichtigung des Faktums, dass es über Konflikte im Allgemeinen drei populäre Irrtümer gibt:

- Wenn alle sachlich bleiben, können keine Konflikte entstehen!
- Konflikte lassen sich durch Entscheidungen lösen!
- Konflikte lassen sich an Personen festmachen!

In einem Konflikt sind – lt. Festlegung von Glasl[45] – neun
Eskalationsstufen zu beobachten:

1. Stufe: Verhärtung
Meinungen und Standpunkte verhärten sich, es haben sich
noch keine starren Lager gebildet.

2. Stufe: Polarisation
Diese Stufe ist von Debatten und Polemiken gekennzeichnet.
Polarisation im Denken, Fühlen und Handeln, langatmige
Debatten und taktische Verhaltensweisen prägen diese Phase
zwischen den Konfliktparteien.

3. Stufe: Taten statt Worte
Es findet kein wirkliches Gespräch mehr statt. Keine Partei
will nachgeben. Die gegnerische Seite soll – unter Ausübung
von starkem Druck – die eigene Meinung übernehmen.

4. Stufe: Images und Koalitionen
Der Gegner wird zum Feind. Durch die Gegnerschaft spalten
sich die Lager.

5. Stufe: Gesichtsverlust
Der Gegner wird öffentlich bloßgestellt und diffamiert, sodass
der direkte Kontakt unmöglich wird.

6. Stufe: Drohstrategien
Von beiden Seiten werden Drohungen ausgesprochen, die
Gefahr von Gewalttätigkeit gegenüber dem Gegner nimmt
zu.

---

45 Glasl Friedrich ist ein österreichischer Ökonom und Konfliktforscher.

7. Stufe: Begrenzte Vernichtungsschläge
Dem Gegner bzw. Feind wird Schaden zugefügt. Es existiert keine realistische Situationseinschätzung bezüglich des Gegners.

8. Stufe: Zersplitterung
Es besteht das Ziel, den Gegner zu vernichten, das feindliche System zu zerbrechen.

9. Stufe: Gemeinsam in den Abgrund
Der Gegner wird vernichtet. Verschiedene Handlungen werden gesetzt, auch wenn als Folge eine Selbstvernichtung eintritt.

Für eine konstruktive Lösung eines Konflikts gibt es Strategien, um eine für alle Parteien vorteilhafte Deeskalation zu erreichen. Entscheidend für die Vorgangsweise ist dabei, auf welcher der oben genannten Stufen sich die beiden Gegner befinden. Zwischen der Stufe 1 „Verhärtung" und der Stufe 3 „Taten statt Worte" genügt die Einbeziehung eines neutralen Moderators, um den Konflikt zu lösen. Für Gegner, die sich zwischen Stufe 2 „Polarisation" und Stufe 6 „Drohstrategien" befinden, ist es ratsam, wenn ein Mediator sich der Konfliktparteien annimmt, da er über Kenntnisse geeigneter Kommunikationstechniken, des Umsetzens von subjektiven Positionen in Gesamtinteressen sowie über das Finden von Lösungen für beide Parteien verfügt. Ab der Stufe 6 „Drohstrategien" bis Stufe 9 „Gemeinsam in den Abgrund" sind Gerichtsverfahren sowie ein Machteingriff notwendig.

Es stellt sich die Frage nach der Mediation. Es handelt sich dabei um eine Art von Konfliktmanagement, bei der alle Konfliktparteien gemeinsam unter der Gesprächsleitung von Mediatoren eine für sie passende Lösung entwickeln.

Die Grundhaltung von Mediatoren sind
- Wertschätzung
- balancierte Parteilichkeit
- Neutralität zwischen den Parteien
- Einfühlung
- Offenheit gegenüber jeglichem Ergebnis
- Verschwiegenheit

Zu den wichtigsten Schritten in der Mediation zählen die subjektive Darstellung des Konflikts, die Konflikterhellung und die -vertiefung, das Erarbeiten von Lösungsoptionen, die Entscheidung für Lösungen, die Umsetzung und das Nachfolgetreffen. Die Einsatzmöglichkeiten der Mediation innerhalb von Organisationen bestehen auf verschiedenen Ebenen: bei Konflikten zwischen zwei Mitarbeitern, zwischen einem Vorgesetzten und einem seiner Mitarbeiter, bei Konflikten einer gesamten Abteilungsbelegschaft mit einem einzelnen Mitarbeiter (beispielsweise beim Verdacht von Mobbing) und schließlich bei Konflikten zwischen zwei Abteilungen.

Der Nutzen einer Mediation liegt darin, dass
- die Kommunikation in einem geschützten Rahmen stattfindet,
- die Teilnehmer das Zuhören und andere Sichtweisen kennenlernen,
- die Teilnehmer neue, konstruktive Formen des Umgangs miteinander lernen und diese danach dauerhaft anwenden können und
- nach der Konfliktlösung wieder volle Konzentration auf die Arbeit möglich gemacht wird.[46]

---

[46] Wurz Barbara, Obfrau des Österreichischen Netzwerks Mediation, Vortrag am 26. Juni 2007.

Der zweite Teil der Veranstaltung widmete sich dem Thema Coaching. Zunächst werden zwei Begriffe für Coaching vorgestellt. Im Leistungssport bezeichnet man Coaching als Tätigkeit von Personen, die Sportler in persönlich-psychologischer und leistungsorientierter Hinsicht unterstützen, angestrebte Ziele selbst zu erreichen. Sonja Radatz[47] sieht in Coaching eine „Problemlösungsmethode, in welcher der Coach durch passende Fragen, Zusammenfassungen des Gesagten und durch die Einhaltung eines bestimmten Ablaufes den Coachee zu eigenständigen Lösungen für seine Fragestellungen hinführt." Das Coaching ist zeitlich begrenzt, beruht auf dem Prinzip der Freiwilligkeit, fordert hohes Verantwortungsbewusstsein des Coaches sowie Engagement und Mitarbeit des Coachee. Der Einsatz von Coaching erfolgt in der Regel erst dann, wenn ein Mitarbeiter oder sein Vorgesetzter ein „Problem" wahrnehmen, das aus ihrer Sicht nicht so einfach lösbar ist.

Ein Coach wird von einem einzelnen Menschen oder von einem Team in Anspruch genommen, wenn
- Lernprozesse erfolgen sollen,
- eine Identitätsfindung gewünscht wird,
- Fragen der Leistungsbewältigung beantwortet werden sollen,
- Veränderungsprozesse eingeleitet werden sollen und
- Zielfindungsprozesse definiert werden sollen.

Dabei soll der Coach nicht in der Rolle des Experten oder Beraters auftreten oder inhaltliche Ratschläge erteilen. Auch kann er selbst für die Lösung keine Verantwortung übernehmen, da er mit seiner Tätigkeit nur für die richtige, professionelle Prozessgestaltung zu sorgen hat. Ziel des Coachings ist eine

---

47 Radatz Sonja, Institut für Relationale Beratung und Weiterbildung, Wien.

planvolle Intervention, um dem Coachee den Zugang zu seinen eigenen Ressourcen und Lösungspotenzialen zu ermöglichen, um nachhaltige und authentische Lösungen zu ermöglichen. Bei den Möglichkeiten der Durchführung des Coachings wird unterschieden zwischen dem Prozess des Einzelcoachings und Teamcoachings.

Im **Einzelcoachingprozess** ergeben sich fünf Phasen, bestehend aus

Contacting
das Kennenlernen, das Positionieren und die empathische Annäherung an den Coachee

Contracting
die Vereinbarungen über den technischen Ablauf, über die Kosten sowie über die Rahmenbedingungen

Clearing
Mitteilung der Anliegen sowie die Mitteilung bisheriger Lösungsversuche – Klärung der Frage nach eventuellen weiteren Betroffenen und Erörterung der zur Verfügung stehenden Ressourcen

Lösungsarbeit
Erkenntnisprozess mit der Fragenbeantwortung, welche Wahlmöglichkeiten gibt es in Bezug auf Anliegen

Ökocheck und Futurepace
Fragen a) wie reagiert die Umwelt auf geänderte Einstellungen und Verhaltensweisen des Coachee und b) wird bei einem Blick in die Zukunft, bei dem eine Problemsituation imaginiert wird, die gefundene Lösung als wirkungsvoll und richtig eingeschätzt

Das **Teamcoaching** unterteilt sich in folgende Phasen:
- Vorbereitung
- Orientierung
- Zieldefinition
- Klärung des Ist-Zustandes
- Lösungsfindung
- Projektplanung
- Abschluss[48]

Die Ausführungen bezüglich Konfliktmanagement mittels Mediation und Coaching gaben wertvolle Hilfestellungen für die Revisoren bei zukünftigen Revisionen im Personalbereich, um bei den notwendigen Ist-Analysen zu präziseren Ergebnissen zu gelangen. Auf diese Weise kann sichergestellt werden, dass der Empfänger eines Revisionsberichtes durch das Revisionsteam geeignete Empfehlungen erhält, die letztlich dazu führen sollen, Führungsmängel zu beseitigen und eine Leistungssteigerung der Mitarbeiter zu initiieren.

3.4.3 3. Erfahrungsaustausch zum Thema „Das Prüfungsverfahren unter der Berücksichtigung des Datenschutzes"

Es besteht kein Zweifel, dass der Schutz personenbezogener Daten durch die IR zu wahren ist. Insofern ist die Sorge der geprüften Organisationseinheiten, dass Daten, die bei ihnen selbst aufgrund der Amtsverschwiegenheit oder Pflicht zur Wahrung des Datenschutzes geschützt sind, weitergegeben werden könnten, unbegründet. Dennoch gibt es Situationen,

---

48 Jezek Erich, Wirtschaftsprüfer, diplomierter Mediator und Coach, Vortrag am 26. Juni 2007.

in denen die Revisionsabteilungen als Teil einer Dienststelle gegenüber Stellen wie z. B. die Volksanwaltschaft, das Bundesamt zur Korruptionsprävention und Korruptionsbekämpfung, Untersuchungsausschüsse des Nationalrates – um nur einige zu nennen – sich nicht auf spezielle Geheimhaltungsrechte berufen können.

Zunächst wurden Begriffe des DSG, BGBl. I Nr. 165/1999 anhand von Beispielen von Datenanwendungen im öffentlichen Bereich erläutert. Es wurde darauf hingewiesen, dass die Verwendung von Daten gewissen Grundsätzen unterliegt, die schutzwürdigen Geheimhaltungsinteressen der Betroffenen dürfen nicht verletzt werden. Das Gesetz sieht vor, dass Daten nur übermittelt werden dürfen, wenn der Empfänger dem Übermittelnden seine ausreichende gesetzliche Zuständigkeit oder rechtliche Befugnis – soweit diese nicht außer Zweifel steht – im Hinblick auf den Übermittlungszweck glaubhaft gemacht hat. Organisationseinheiten, die persönliche Daten verwenden, müssen Maßnahmen zur Gewährleistung der Datensicherheit treffen, die garantieren, dass die Daten vor zufälliger oder unrechtmäßiger Zerstörung und vor Verlust geschützt sind, dass ihre Verwendung ordnungsgemäß erfolgt und dass die Daten Unbefugten nicht zugänglich sind.

Die Überprüfung der getroffenen Sicherheitsmaßnahmen einer Organisationseinheit bezüglich ihrer Effektivität bzw. Mängel wird in Zukunft die verstärkte Aufmerksamkeit der Revisoren erfordern. Abschließend wurde auf den Rechtsschutz verwiesen und die Kontrollbefugnisse der Datenschutzkommission vorgestellt.[49]

---

49 Souhrada-Kirchmayer Eva, Bundeskanzleramt, Wien, Vortrag am 18. September 2007.

Aus der Sicht des RH wurden die Prüfungsverfahren und der Datenschutz insofern dargestellt, als die einzelnen Prüfungsprozesse bis zur Berichterstattung sowie der Nachbetreuung aufgezeigt wurden. Anhand eines realen Prüfungsverfahrens wurde auf das Grundrecht des Datenschutzes aufmerksam gemacht, wobei betont wurde, dass ein hoheitlich handelnder Staat eine gesetzliche Ermächtigung braucht, um in das Grundrecht eingreifen zu können.

Gesetzliche Ermächtigungen sind z. B.:
- das fünfte Hauptstück des B-VG „Rechnungs- und Gebarungskontrolle"
- das RH-Gesetz
- das DSG
- Art. 8 Abs. 2 EMRK

Die gesetzlich verankerten Berichtspflichten des RH beinhalten, dass er in seine Berichte alles das aufzunehmen hat, was erforderlich ist, damit sich die Adressaten (Nationalrat, Landtage) ein hinreichendes Bild über die
- Rechtmäßigkeit,
- Wirtschaftlichkeit,
- Sparsamkeit und
- Zweckmäßigkeit

der Gebarung machen können. Hierbei sind alle Organe des RH zur Wahrung von Geschäfts- und Betriebsgeheimnissen der geprüften Organisationen verpflichtet.

Ein Beispiel über eine Ermittlung des RH betreffend das Bezügebegrenzungsgesetz, bei der die Erhebungen und die Berichterstattung der im Durchschnitt erzielten Einkommen bei einigen Rechtsträgern in den Mittelpunkt gestellt wurden, zeigte, dass der Datenschutz nicht verletzt wurde, da eine Bekanntmachung namentlich angeführter Einzelpersonen mit ihren aus den öffentlichen Kassen zugeflossenen Beträgen nicht erfolgt ist.[50]

Die Darstellung der aktuellen Lage im Bereich der Prüfungsverfahren unter der Berücksichtigung des Datenschutzes zeigte die Sorge der geprüften Organisationseinheiten bezüglich der Weitergabe ihrer Daten im Zuge der Revisionsdurchführungen, ließ jedoch auch erkennen, dass geprüfte Organisationseinheiten, die tatsächlich Schwachstellen aufweisen, sich auf den Datenschutz beziehen und dadurch eine Zusammenarbeit mit einem Prüforgan erschweren können. Aber auch jene Organisationen, die gesetzmäßig, effizient und effektiv die Verwaltungsaufgaben erfüllen, sind oft gegen die Weitergabe von Daten und äußern diverse Bedenken. Eindeutig wurde aufgezeigt, dass das DSG für das Datengeheimnis festlegt, dass Mitarbeiter Daten nur auf Grund einer ausführlichen Anordnung des Dienstgebers übermitteln dürfen.

3.4.4 4. Erfahrungsaustausch zum Thema „Bedeutung der Kommunikationsprozesse in Prüfungsverfahren – Inwieweit hat sich die Interne Revision auch mit Gruppenverhalten, insbesondere mit Mobbing zu befassen?"

Verfügt der Revisor über genügend Kenntnisse, um eine gute Kommunikationsbasis mit den zu prüfenden Personen zu schaffen? Konnten alle bisherigen Revisionen ohne Verständigungsmängel und Fehler bei der Informationsweitergabe durchgeführt werden? Diese und weitere Fragen galt es bei dieser Veranstaltung zu beantworten.

---

50 Aschermayr Josef, Rechnungshof, Wien, Vortrag am 18. September 2007.

Erfahrungsgemäß kann die Rolle des Prüfers bei den Geprüften Skepsis hervorrufen. Im Zuge der Vorbereitungen auf die Revision sollte die Prüfung des eigenen Kenntnisstandes bezüglich der Geprüften in den unterschiedlichen Fachbereichen erfolgen, um Vorurteile zu vermeiden. Die Bewusstmachung der eigenen Rollenanforderung seitens des Revisors im Vorfeld der Prüfungshandlungen und daraus resultierend ein stimmiges und authentisches Auftreten ist erforderlich, damit beide Seiten einander auf Augenhöhe gegenüberstehen.

Große Bedeutung kommt während der Revisionshandlungen vor Ort auch der Kontrolle der Körpersprache zu. Sowohl die Mimik, Gestik als auch die Körperhaltung sind bei der zwischenmenschlichen Begegnung – nicht nur in Prüfungssituationen – zwischen Sender und Empfänger von Botschaften unbewusst wirksam.

Mit dem Zitat von Konrad Lorenz *„Gedacht ist nicht gesagt. Gesagt ist nicht gehört. Gehört ist nicht verstanden. Verstanden ist nicht einverstanden. Einverstanden ist nicht angewendet"* wurde dieser erste Vortrag zusammengefasst und der Hoffnung Ausdruck gegeben, dass dieser bei allen Prüfungstätigkeiten Leitfaden sein wird."[51]

Ein weiterer Aspekt des Themas war die Bedeutung von Kenntnissen über die Grundlagen der Gruppenpsychologie, insbesondere der Gruppendynamik und das soziale Lernen in diesem Kontext. Innerhalb einer sozialen Gruppe von Rollenträgern, die alle gerne eine optimale Leistung erbringen wollen, wird die Qualität der Arbeitsergebnisse

---

51 Tschirf-Kainberger Andrea, Trainerin und Coach der Kommunikation und Gesprächsführung, Wien, Vortrag am 11. Dezember 2007.

maßgeblich von den Strukturen und Beziehungen innerhalb dieser Gruppe beeinflusst. Diesem Faktum Rechnung zu tragen gilt es ganz besonders im Falle von notwendigen „Verschlankungen" von Organisationen und den damit einhergehenden Umstrukturierungen von Organisationseinheiten. Hier ist dringend eine Antwort auf die Frage zu finden, wie rasch sich die Gruppenmitglieder an die neue Umgebung gewöhnen können, um ein gemeinsames Ziel wirkungsorientiert zu erreichen. Darum ist es für den Revisor bei Analysen von Arbeitsprozessen wichtig zu erkennen, welche formellen und informellen Gruppen es gibt, in welchen sozialen Beziehungen die einzelnen Personen zueinander stehen und ob bzw. in welcher Weise diese Beziehungen erwidert werden. Nach Meinung des Vortragenden sollte jenen Führungskräften, die Probleme aufgrund eines zu starken emotionalen Widerstandes von Gruppenmitgliedern hätten, auf Empfehlung der IR ein Coach zur Findung von Lösungsmöglichkeiten zur Verfügung gestellt werden.[52]

In diesem Zusammenhang befasste sich die Veranstaltung auch mit dem Thema Mobbing, das nicht als eine Entwicklung der letzten Jahre angesehen werden darf, sondern als Erscheinung, die es schon immer gegeben hat. Heute sind die Revisoren im Zuge ihrer Tätigkeit in zunehmendem Maße mit diesem Phänomen konfrontiert, wobei die Analyse und Beurteilung im jeweiligen Fall psychologisches Feingefühl erfordert. Es zeigt sich allerdings, dass man nicht in jedem Fall einer Auseinandersetzung aufgrund von Meinungsverschiedenheiten zwischen Mitarbeitern oder Vorgesetzten und Mitarbeitern von Mobbing sprechen kann. Bei genauerer

---

52 Wilkens Paul, Arbeits- und Organisationspsychologe, Wien, Vortrag am 11. Dezember 2007.

Analyse der Situation erweist sich der Mobbingverdacht bzw. -vorwurf oft als nicht zutreffend, gleichzeitig zeigt sich, dass es vielen Vorgesetzten an Führungskompetenz im Umgang mit den Mitarbeitern fehlt. Die Vorgesetzten sind zwar sachlich kompetent, es fehlt jedoch oft die soziale Kompetenz. Hier anzusetzen und entsprechende Qualifizierung anzustreben ist dringend nötig. Allerdings bietet der Besuch eines Managementseminars noch keine Garantie, dass die gelernten Fähigkeiten bezüglich der Menschenführung in der Organisation umgesetzt werden können. Als grundsätzlicher Anspruch wäre hier zu fordern: soziale Kompetenz muss verinnerlicht sein und sollte bei Personalentscheidungen als wesentliche Qualifikation beim Auswahlverfahren eingefordert werden.[53]

Alle Ausführungen bei dieser Veranstaltung betreffend die Kommunikationsprozesse – sowohl zwischen Revisoren und Geprüften als auch zwischen den Mitarbeitern einer Organisationseinheit untereinander bzw. mit den Vorgesetzten – und die damit verbundenen erforderlichen Kenntnisse eines Revisors im Bereich der Psychologie sollen die IR darin bestärken, entsprechende Empfehlungen an den Auftraggeber einer Revision zu richten, wenn festgestellt werden muss, dass Kenntnisse über zwischenmenschliche Kommunikation und Führung von Gruppen durch die Führungskräfte nicht „gelebt" werden und deshalb keine optimalen Leistungsergebnisse für den Dienstgeber erbracht werden.

---

53 Gubitzer Christine, Gewerkschaft öffentlicher Dienst, Wien und Konflikt- und Mobbingberaterin, Vortrag am 11. Dezember 2007.

3.4.5 Jahrestagung der Internen Revision 2007 zum Thema „Die Interne Revision als Wächter der Einhaltung der Vergabevorschriften"

Seit vielen Jahren war den Revisoren bewusst, dass es eine ihrer vielen Aufgaben sein muss, für die Gewährleistung der Einhaltung des Vergaberechts zu sorgen. Daher war es dem Veranstalter ein Anliegen, dass mit dieser Jahrestagung der Aspekt der Vergabekontrolle durch die IR in den Mittelpunkt systematischer Befassung und Analyse gestellt wird.

Die Vergabe von Aufträgen über Leistungen öffentlicher AG regelte in Österreich durch Jahrzehnte im Wesentlichen die ÖNORM A 2050, Ausgabe März 1957. Für den Bundesbereich wurde diese ÖNORM mittels Ministerratsbeschluss für verbindlich erklärt. In den Ländern wurden von den Landesregierungen eigene „Vergebungsvorschriften" beschlossen. Grundlage dieser Vergebungsvorschriften war ebenfalls die ÖNORM A 2050.

Ein kurzer historischer Rückblick bis zur ÖNORM A 2050, Ausgabe März 1957 zeigt auf, dass die ersten bekannten Vergabebestimmungen jene der Römer sind. In Österreich sind Vergaberegelungen seit 1781 nachgewiesen. Durch das Gesamtministerium betreffend die Vergabe staatlicher Lieferungen und Arbeiten wurde im Jahr 1909 die kaiserliche Submissionsverordnung beschlossen. Im März 1930 wurden weitere ÖNORMEN für Bauleistungen und Vertragsbestimmungen in Kraft gesetzt. Weitere ÖNORMEN wurden im Jahr 1948 erstellt, bis die eingangs erwähnte ÖNORM A 2050 im Jahr 1957 folgte.

Mit dem Beitritt Österreichs zum Europäischen Wirtschaftsraum 1993 und 1995 zur EU hat sich die Vergabesituation in Österreich grundlegend geändert. Wegen der Umsetzungsverpflichtung der Vergaberichtlinien der EU war klar, dass Vergabeverfahren nur mittels Vergabegesetz in Österreich möglich sind. Das Vergabewesen, das in der Vergangenheit im Wesentlichen einheitlich durch die ÖNORM A 2050, Ausgabe März 1957 geregelt war, wurde nun nur mehr für wenige Experten durchschaubar. Wiederholt gab es Novellierungen des BVergG, bis das BVergG 2006 verfassungskonform wurde.[54]

Um Fehler bei der Vorbereitung der Vergabe und Leistungsbeschreibung sowie häufige Mängel von der Ausschreibungsphase bis zur Angebotsabgabe zu vermeiden, sollten aufgrund der zunehmenden Verkomplizierung des Vergaberechts bei einer höheren Auftragssumme nur jene Personen damit befasst sein, die die erforderliche Sachkunde besitzen, die Vorbereitung einer Ausschreibung auch mängelfrei durchzuführen. Es liegt daher bei den Dienstvorgesetzten, nur jene Mitarbeiter für Vergabefälle einzusetzen, die auch in der Lage sind, allein und federführend ein Vergabeverfahren durchzuführen.

Es gibt eine Reihe von Mängeln, die häufig anzutreffen sind. Ein grundlegender Mangel ist die oft fehlende Dokumentation eines Vergabefalls, u. zw. von der Einleitung bis zum Ende der Leistungserbringung – im Zeitalter von E-Mail und Telefax nur schwer verständlich. Zur Vermeidung von Fehlern bei Ausschreibungsverfahren bzw. bei zweistufigen Vergabeverfahren als auch bei der Bewertung von Bewerbungsunter-

---

54 Pfeiler Peter, Von der ÖNROM A 2050 bis zum Bundesvergabegesetz, In: Kandlhofer, D./Seyfried, K. (Hrsg.): Interne Revision und Vergaberecht, Verlag LexisNexis, 2008, S. 1–9. Vortrag am 18. Oktober 2007.

lagen ist ein Vier- oder Mehr-Augenprinzip zu empfehlen. Die „schwerste Sünde" im Vergaberecht stellt die fehlende Ausschreibungsbekanntmachung dar, obwohl Bekanntmachungen erfolgen hätten müssen.

In der Praxis kommt es häufig vor, dass wirtschaftliche und/oder technische Kriterien, die aus formalen Gründen als Eignungskriterien zu qualifizieren sind, als Zuschlagskriterien herangezogen werden. Diese Vorgangsweise ist nicht unwirtschaftlich, sie ist aber formal falsch.

Ein weiterer gravierender Mangel betrifft die Erteilung von Auskünften an die Bieter während der Angebotsfrist. Da nicht jede Auskunft für die Erstellung eines Angebotes relevant sein muss, für den AG jedoch die Gefahr besteht, eine Wettbewerbsverzerrung durch Auskünfte herbeizuführen, sind von der ausschreibenden Stelle Überlegungen anzustellen, ob sie gegebenenfalls alle – potenziellen – Bieter davon in Kenntnis setzen bzw. sogar die erteilte Auskunft so bekannt machen muss wie die Ausschreibung selbst.[55]

Durch eine Novelle zum BVergG 2006 wurde dem AG die Möglichkeit eingeräumt, dass die Angebotseröffnung nicht unmittelbar nach Ablauf der Angebotsfrist festzusetzen sein muss. Obwohl es bei offenen und bei nicht offenen Verfahren so vorgesehen ist, dass unmittelbar nach Ablauf der Angebotsfrist die Angebotseröffnung zu erfolgen hat, kann es für einen AG aus organisatorischen Gründen oder aufgrund von Zweckmäßigkeitsüberlegungen angebracht sein,

---

55 Pachner Franz, Fehler bei der Vorbereitung der Vergabe und Leistungsbeschreibung sowie häufige Mängel von der Ausschreibungsphase bis zur Angebotsabgabe. In: Kandlhofer, D./Seyfried, K. (Hrsg.): Interne Revision und Vergaberecht, Verlag LexisNexis, 2008, S. 11–14. Vortrag am 18. Oktober 2007.

mehrere Verfahren „parallel" durchzuführen. In derartigen Situationen soll durch zeitlich abfolgende Angebotseröffnungen die Möglichkeit eröffnet werden, dass Bieter, die möglicherweise mehrere Angebote für verschiedene Ausschreibungen abgegeben haben, an allen Angebotseröffnungen teilnehmen können. Es wird erklärt, wer an einer Angebotseröffnung teilnehmen darf und welche Personen von einer Teilnahme ausgeschlossen sind. Es ist gesetzlich geregelt, welche Angaben bei der Öffnung der Angebote zu verlesen sind sowie welche Angaben den Bietern nicht zur Kenntnis gebracht werden dürfen. Wann der AG zur Ausscheidung eines Angebotes verpflichtet ist, wird im BVergG beispielhaft aufgezählt. Erklärt wird, wie ein Bieter wegen einer Rechtswidrigkeit während des Vergabeverfahrens eine Nachprüfung bei der Vergabekontrollbehörde beantragen kann.

Abschließend werden Beispiele für unbehebbare und behebbare Mängel aufgezeigt, wobei auch der Fall einer materiellen Verbesserung der Wettbewerbsstellung eines Bieters erklärt wird.[56]

Es werden die Bedingungen erläutert, die gegeben sein müssen, damit ein AG eine freie Wahl des Zuschlagsprinzips (Best- oder Billigstbieterprinzip) hat. Es wird sowohl auf die Pflichten zur Gleichbehandlung der Bieter hingewiesen, die eine Verpflichtung zur Transparenz für die Wahl, für die Bekanntmachung und Anwendung der Zuschlagskriterien beinhaltet, als auch auf die Leitlinien, die für die Bestbieterermittlung zu beachten sind.

---

56 Schramm Johannes, Angebotseröffnung und Angebotsprüfung – Mängel und Probleme der Abgrenzung. In: Kandlhofer, D./Seyfried, K. (Hrsg.): Interne Revision und Vergaberecht, Verlag LexisNexis, 2008, S. 15–26. Vortrag am 18. Oktober 2007.

Das Bundesvergaberecht kannte schon seit jeher den Widerruf des Vergabeverfahrens vor und nach Ablauf des Vergabeverfahrens und die Differenzierung nach Gründen, in denen die Ausschreibung widerrufen werden muss oder widerrufen werden kann. Im BVergG 2006 wurde jedoch die aus Rechtsschutzgründen gebotene Bekämpfbarkeit des Widerrufes neu gestaltet. Die Widerrufsgründe nach Ablauf der Angebotsfrist werden aufgezeigt.

Es wird der rechtmäßige Widerruf erläutert und anhand von Beispielen gezeigt, ob ein AG nach Erklärung des Widerrufes der Ausschreibung Schadensersatzansprüche von Bietern zu befürchten hat oder nicht. Dass eine Widerrufserklärung des AG auch rechtswidrig sein kann, wird damit erklärt, dass die vergebende Stelle rechtswidrig die Widerrufsentscheidung nicht bekannt gemacht hat.[57]

Öffentliche Beschaffungen sind Bereiche, in der die öffentliche Hand – im Rahmen der Privatwirtschaftsverwaltung – tätig wird. Um Vorteile bei einem Beschaffungsvorgang zu erzielen, wurde die BBG gegründet. Darüber hinaus erwies es sich als Vorteil, dass die BBG über Personal verfügt, welches durch die vielen Vergabefälle im Laufe der Zeit Expertenwissen im Vergaberecht sammeln konnte. Dadurch wurden viele vergebende Stellen in Ministerien und staatsnahen Betrieben, die bisher mit Vergabeverfahren zu tun hatten, entlastet. In diesem Zusammenhang erfolgt ein Hinweis an die Revisoren, bei einer Prüfung stets die Frage zu stellen, wa-

---

57 Aicher Josef, Bestbieterermittlung und Widerruf – Kriterien der Entscheidungsfindung. In: Kandlhofer, D./Seyfried, K. (Hrsg.): Interne Revision und Vergaberecht, Verlag LexisNexis, 2008, S. 27–39. Vortrag am 18. Oktober 2007.

rum Beschaffungen nicht über die BBG durchgeführt wurden und welche Gründe dafür ausschlaggebend waren oder aber, warum die BBG für eine Beschaffung beauftragt wurde.

Durch diesen Vortrag werden die Gemeinsamkeiten und die Unterschiede zwischen einer Vergaberechtsschutzbehörde und einer IR aufgezeigt, wobei deutlich hervorgehoben wird, dass der vergaberechtliche Rechtsschutz die begleitende Kontrolle einer öffentlichen Beschaffung nach marktwirtschaftlichen Gesichtspunkten ist und dass sich die Prüftätigkeit der IR und der vergabespezifische Rechtsschutz nicht behindern oder gegenseitig ausschließen, sondern sogar fördern und Anhaltspunkte geben, die befruchtend sein können.[58]

Die Gebarungsüberprüfung ist der strategisch bedeutsamste Leistungsbereich des RH, den er mittelfristig auf thematische Schwerpunkte ausrichtet und kurzfristig im Rahmen eines jährlichen Prüfungsprogramms umsetzt. Im Bereich der Länder stellen Vereinbarungen sicher, dass theoretisch mögliche Doppelprüfungen, die sich aus den teilweise gleich gelagerten Prüfungszuständigkeiten von RH, Kontrollamt der Stadt Wien und LRH ergeben könnten, praktisch ausgeschlossen sind und die Kontrolleinrichtungen gemäß ihrer verfassungsrechtlichen Bestimmung nach ihren jeweiligen Stärken tätig werden und einander ergänzen. So zeichnen sich LRH und Kontrollämter durch ihre Nähe zur überprüften Stelle und ihre Vertrautheit mit örtlichen Gegebenheiten und Problemstellungen aus. Der RH bringt demgegenüber

---

58 Sachs Michael, Die Auswirkungen der Tätigkeit der Revision auf die Vergaberechtsschutzbehörden. In: Kandlhofer, D./Seyfried, K. (Hrsg.): Interne Revision und Vergaberecht, Verlag LexisNexis, 2008, S. 41–48. Vortrag am 19. Oktober 2007.

seine internationale Erfahrung, seine bundesweiten Prüfkompetenzen und vergleichbare Prüfungen ein, die wegen der Verbundenheit der Finanzwirtschaft von Bund, Ländern und Gemeinden bzw. Gemeindeverbänden unverzichtbar sind, wie wachsende Ausgaben und gemischte Finanzierungen im Gesundheits- und Sozialbereich illustrieren. Der RH stimmt sich aber nicht nur mit dem ERH (im europäischen und internationalen Kontext), mit dem Kontrollamt der Stadt Wien und den LRH ab, sondern pflegt traditionell gute Kontakte mit den Einrichtungen der IR, die er als fachkundige Partner und „Insider" schätzt.[59]

Am Ende der Jahrestagung sahen sich die anwesenden Revisoren bestätigt, dass sie eine wertvolle und unverzichtbare Ergänzung im Gesamtgefüge von Kontrollmaßnahmen zur Gewährleistung des Vergaberechts darstellen.

---

59 Goldeband Edith/Eckel Gottfried, Die strategische Ausrichtung des Rechnungshofes als Bundesländer-Organ und die öffentlichen Auftragsvergaben in der Prüfungspraxis. In: Kandlhofer, D./Seyfried, K. (Hrsg.): Interne Revision und Vergaberecht, Verlag LexisNexis, 2008, S. 61-76. Vortrag am 19. Oktober 2007.

3.5 Veranstaltungen im Jahr 2008

3.5.1 1. Erfahrungsaustausch zum Thema „Interne Revision an österreichischen Universitäten"

Einleitend wurde auf die aktuelle Situation bzw. den Status der österreichischen Universitäten verwiesen: durch das Universitätsgesetz 2002 (UG), BGBl. I Nr. 120/2002 sind die österreichischen Universitäten ausgegliedert worden und sind eigenständige Rechtsträger, die nach den Grundsätzen der Wirtschaftlichkeit, Sparsamkeit und Zweckmäßigkeit zu handeln haben. Verantwortlich für deren Umsetzung ist das Rektorat, das die Gebarung der Universität nach diesen Grundsätzen zu gestalten und den Haushalt der Universität mit entsprechender Sorgfalt zu führen hat. Der Vizerektor ist zuständig für das Finanzmanagement und Controlling, einschließlich einer KLR, ebenso ist er verantwortlich für das Berichtswesen.[60]

Wie eine IR in einer Universität implementiert wird und ihre Funktionsfähigkeit erlangt, wurde mit Hilfe einer Roadmap illustriert. Während des Jahres 2006 verschaffte sich der Leiter dieser IR zunächst einen Überblick über die gesamte Organisation, vertiefte sich in individuelle Themen, erstellte dann eine Prüflandkarte mit dem Ziel, eine risikoorientierte Analyse der Universität zu erhalten. Um eine rechtliche Grundlage für die weitere Vorgangsweise zu schaffen wurde eine Revisionsordnung entworfen, die im Dezember 2006 ge-

---

60 Jankowitsch Paul, Technische Universität, Wien, Vortrag am 11. März 2008.

nehmigt und veröffentlicht wurde. Dann wurden die einzelnen Revisionsprozesse festgelegt. Ein Revisionsplan wurde erstellt, wobei Prüfthemen für das Jahr 2007 aus der Prüflandkarte ausgewählt wurden. Für die reale Umsetzung der vorgesehenen Prüfungen war es im Vorfeld wichtig, die personelle Kapazität der IR zu erfassen. Noch vor Ablauf des Jahres 2006 wurden zu diesem Zweck die Personendaten der zukünftigen Prüfer bezüglich der gewünschten Qualifikation und deren Eintrittsdatum erhoben.

Noch im gleichen Jahr wurde der „Arbeitskreis Universitäten" gemeinsam mit einer anderen Universität initiiert, um drei bis vier Mal im Jahr einen Erfahrungsaustausch zu pflegen.[61]

Bei diesem ERFA wurde verdeutlicht, dass die IR eine lernende Organisation sein muss, die sich über das Stadium des Aufbaus hinaus ständig weiterbildet, denn nur auf diese Weise kann eine kontinuierliche Qualitätsentwicklung der Revisoren stattfinden.

3.5.2 2. Erfahrungsaustausch zum Thema „Prüfung und Bewertung von Prozessen – Projektmanagement und Evaluation"

Veränderungen bei Prozessabläufen in der öffentlichen Verwaltung kamen – wie die vergangenen Jahre gezeigt haben – vorwiegend im Rahmen der Umsetzung von Projekten zum Tragen. Das Interesse der IR gilt daher jenen Veränderungen, die durch die Entscheidungsträger einer Organisation bewusst

---

[61] Künzel Markus, Medizinische Universität, Wien, Vortrag am 11. März 2008.

angeordnet und umgesetzt werden müssen, wie z. B. die Beseitigung von Mängeln in der Ablauforganisation. Dass dafür Kenntnisse des Projektmanagements (PM) erforderlich sind, ist offensichtlich. Natürlich müssen die umgesetzten Veränderungen auch bewertet werden. Wie wichtig Kenntnisse über PM und über die Durchführung einer Evaluation für einen Revisor sein können, wurde bei dieser Veranstaltung aufgezeigt.

Unter PM versteht man alle Handlungen, welche zur Planung und Steuerung von großen Vorhaben notwendig sind. Zahlreiche Studien belegen, dass es von außerordentlichem Vorteil für die erfolgreiche Umsetzung eines Projektes ist, wenn zu Beginn das Augenmerk verstärkt auf das PM gelegt wird, da andernfalls bei einer Strategie „ohne Führung" der Koordinationsaufwand drastisch ansteigt und somit auch die Wahrscheinlichkeit eines vollständigen Scheiterns des Vorhabens.

Es werden die Planungsbereiche des PM von der Zieldefinition, den Arbeitspaketen über die Terminfestlegung und Organisation bis zu den geplanten Ressourcen und Projektkosten erläutert. Diese komplexen Einzelfaktoren zeigen die Notwendigkeit auf, dass die PM-Methoden erlernt werden müssen, da ohne spezielles Wissen der Projekterfolg trotz hoher Fachkenntnis gefährdet werden kann. Bei der Einführung von PM in einer Organisation sind jedoch immer wieder Probleme feststellbar, da oft die Bereitschaft zur Kontrolle bzw. Transparenz innerhalb des eigenen Wirkungsbereichs nicht gegeben ist. Erschwerend kommt hinzu, dass viele Menschen nicht gerne allzu weit vorausplanen wollen.[62]

---

[62] Freiter Michael, Bundeskanzleramt, Wien, Vortrag am 3. Juni 2008.

Es wird betont, dass eine nachhaltige Qualitätssteigerung nur im Rahmen eines systematischen Qualitätsmanagements erreichbar ist, in dem wissenschaftliche Evaluationen einen umfassenden Bestandteil darstellen. Unter Evaluation wird übereinstimmend die systematische Analyse und empirische Untersuchung von Konzepten, Bedingungen, Prozessen und Wirkungen zielgerichteter Aktivitäten verstanden. Dabei werden sowohl die Effektivität (Grad der Zielerreichung) als auch die Effizienz (Verhältnis von Kosten und Nutzen) bewertet.

Der Vergleich zwischen Selbst- oder Fremdevaluation zeigt auf, dass zwar bei einer Selbstevaluation in einer Organisation sowohl bei Führungskräften als auch bei Mitarbeitern eine höhere Akzeptanz besteht, jedoch nicht übersehen werden darf, dass die methodischen Kenntnisse oft nicht vorhanden sind. Eine Fremdevaluation hat den Vorteil, dass die externen unabhängigen Fachleute über sehr gute methodische Kenntnisse verfügen und dafür sorgen, dass Evaluationsprojekte national und international auf vergleichbarem Niveau durchgeführt werden. Dadurch wird verhindert, dass ein „Wildwuchs" an unqualifizierten Evaluationen um sich greift.

Um ein Evaluationsprojekt nach den geltenden Standards erfolgreich durchführen zu können, sollten folgende Voraussetzungen erfüllt sein:
- Festlegung erreichbarer Ziele
- Kenntnisse über die Vorgangsweise zur Erreichung der Ziele
- Kriterien zur Bewertung der Zielerreichung
- Vorhandensein finanzieller und personeller Ressourcen
- Akzeptanz der Evaluation durch die zu evaluierenden Personen,
- Akzeptanz der Evaluierungsergebnisse durch den Entscheidungsträger bzw. Auftraggeber der Evaluation[63]

---

63 Spiel Christiane, Universität Wien, Vortrag am 3. Juni 2008.

Die aufgezeigten Aspekte des PM für eine nachhaltige Qualitätssteigerung innerhalb einer Organisation und den Erfolg bei der Umsetzung von Projekten sowie die Notwendigkeit, durch laufende Evaluationen die erreichten „Standards" sicherzustellen machten für die Teilnehmer dieser Veranstaltung deutlich, dass Kenntnisse auf dem Gebiet des PM und auf dem Gebiet der Evaluation entweder im Eigenstudium oder durch externe Schulungsmaßnahmen erworben werden müssen, um dem Ruf der IR als entwicklungsorientierte Organisationseinheit gerecht zu werden.

3.5.3 3. Erfahrungsaustausch zum Thema „Aktuelle Prüfungen des Rechnungshofes zur Internen Revision – Erkenntnisse über die Ausbildung zum MBA „Public-Auditing" sowie zum akademischen Rechnungsprüfer"

Diese Veranstaltung war geprägt von drei Themenbereichen, die die Erkenntnisse des RH im Rahmen eines Follow-Up einer im Jahr 2002 durchgeführten Querschnittsprüfung der Einrichtungen der IR – beispielsweise zur grundsätzlichen Frage der Positionierung der IR – sowie zu den Entwicklungen im Bereich der Ausbildung aufzeigen sollte. Für die Teilnehmer der Tagung bot sich die Gelegenheit zu erfahren, welches aktuelle Gesamtbild sich für den RH ergibt.

Zu Beginn der Veranstaltung wurde seitens des RH von der Durchführung einer Querschnittsprüfung der Revisionseinrichtungen in allen zwölf Ministerien im Jahr 2002 sowie den Ergebnissen des Follow-Up im Jahr 2007 betreffend die Umsetzung von Empfehlungen berichtet. Die Nachprüfung wurde in drei ausgewählten Ressorts ausgeführt, wobei der Schwerpunkt auf der Umsetzung der Empfehlungen in den Bereichen „organisatorische Stellung", „Ressourcenausstattung" und „Aufgabenwahrnehmung" lag. Die Prüfungshandlungen fanden zwischen Juli und September 2007 statt, die Berichterstattung erfolgte im April 2008.

Im Endbericht der Querschnittsprüfung im Jahr 2002 wurde unter anderem die Empfehlung des RH festgehalten, dass die IR eine führungsnahe Einrichtung sein sollte, die nach Möglichkeit unmittelbar dem Ressortleiter unterstellt sein soll. Die Nachprüfung ergab jedoch, dass es nur ein Ressort gab, bei dem die IR direkt dem Bundesminister unterstellt war. Außerdem wurde festgestellt, dass die Fachaufsicht mehrheitlich von einem Bundesminister ausgeübt wurde, während die Dienstaufsicht bei einer Sektionsleitung lag.

Was die anderen Empfehlungen des RH betrifft, so waren sie aus der Sicht des RH großteils umgesetzt worden. Die Empfehlung nach Aufstockung der Personalressourcen wurde in allen Ressorts umgesetzt.

Um eine Gesamtübersicht über die Prüfungsaktivitäten des RH zu präsentieren wurde ferner
- über die Prüfung der Einheiten der IR in den Bundesländern und Gemeinden,
- über die Feststellungen des RH im Bundesbereich bzw. bei ausgegliederten Unternehmen des Bundes und
- über das Prüfungsprojekt IR in ausgegliederten Organisationseinheiten des Bundes

berichtet.[64]

---

64 Berger Helmut, Rechnungshof, Wien, Vortrag am 23. September 2008.

Der Themenbereich der Ausbildung gliederte sich in zwei Teilbereiche:
- die Ausbildung zum MBA „Public Auditing" für Mitarbeiter der öffentlichen Finanzkontrolle
- die einheitliche Grundausbildung für Bedienstete der LRH, der Kontrollämter und vergleichbarer Berufsbilder

Die dazu vorliegenden Erkenntnisse des RH wurden im Detail erläutert, nachdem einleitend die Entwicklungen der Ausbildungsstandards für RH-Prüfer beginnend vor dem Jahr 2000 bis zur Gegenwart skizziert wurden. Bezüglich der einheitlichen Grundausbildung für Bedienstete der LRH gab es den Wunsch nach Etablierung eines Lehrgangs mit universitärem Charakter, der „Landes-Rechnungshofakademie", dessen Entwicklung aufgezeigt wurde.

Außerdem wurde auch die Möglichkeit geboten, von einer Absolventin der Ausbildung zum MBA „Public Auditing" Näheres über den Ablauf der Ausbildung und die Zukunftsaussichten eines potenziellen Teilnehmers zu erfahren.

Der Vortrag „Entscheidungswege zu einer fundierten Prüferausbildung" befasste sich zunächst mit dem Aufzeigen der Ausbildung eines RH-Bediensteten noch vor dem Jahr 2000, die aus einer zentralen Grundausbildung, einer RH-internen modulhaften Ausbildung und vertiefenden Weiterbildungsmaßnahmen bestand. Diese Ausgangslage war für die Entscheidungsträger des RH nicht zufriedenstellend. Es sollte eine zertifizierte Prüferausbildung auf der Grundlage nationaler und internationaler Standards als Kombination von wissenschaftlichem Input und Prüfungserfahrung erreicht werden. Im August 2004 wurde daher eine Projektgruppe mit dem Ziel gegründet, Entscheidungsgrundlagen für eine zertifizierte Ausbildung der Prüfer im RH aufzubereiten.

Im Jänner 2005 präsentierte die Projektgruppe einen Entwurf zur Reform der Ausbildung, der vorsah, dass
- es einen Post-Graduate Lehrgang mit akademischem Studienabschluss geben muss,
- die Organisation durch und in Kooperation mit einer Universität erfolgt,
- dieser Lehrgang verbindlich für alle Prüfer des RH als Ersatz für die Grundausbildung zu gelten hat,
- die Inhalte durch den RH selbst festgelegt werden,
- die Bereitstellung von Lehrpersonal durch den RH erfolgt und
- das Angebot des Lehrganges auch für externe Studierende zu gelten hat.

Als Kooperationspartner wurde die „Executive Academy" der Wirtschaftsuniversität Wien ausgewählt. Die Ausbildung zum MBA „Public Auditing" erfolgt berufsbegleitend, dauert vier Semester und nur Personen mit Universitäts- oder Fachhochschulabschluss besitzen die Zulassungsvoraussetzung. Die Ausbildung zum MBA startete im Februar 2006 mit 25 Studenten, davon waren 15 Teilnehmer aus dem RH und 10 Teilnehmer aus der IR und von LRH. Der erste MBA wurde mit der Graduierungsfeier am 1. Februar 2008 erfolgreich abgeschlossen.

Gleichzeitig stellte sich auch die Frage nach einer umfassenden Reform der Ausbildung im Sinne einer einheitlichen Grundausbildung im Bereich der LRH, Kontrollämter und vergleichbarer Berufsbilder. Ende 2003 gab es erste Überlegungen des Direktors des Burgenländischen LRH, gemeinsam mit dem Berufsförderungsinstitut Burgenland einen Lehrgang universitären Charakters mit der Bezeichnung „Landes-Rechnungshofakademie" ins Leben zu rufen. Im Frühjahr 2004 begannen die Vorbesprechungen mit anderen Leitern von Landeskontrolleinrichtungen über die inhaltliche Ausrichtung dieses Lehrganges. Im November 2004 nahmen insgesamt 14 Personen an dieser Ausbildung teil, wobei die Graduierungsfeier im März 2006 stattfand.[65]

Zur Abrundung der Ausführungen der RH-Experten und zur Verdeutlichung der Anforderungen an die Studierenden in der Praxis berichtete eine Absolventin der Ausbildung zum MBA, welche Lehrinhalte dieser Post-Graduate Lehrgang vorsah:
- Finanzwirtschaft/Rechnungswesen
- Ökonomie des öffentlichen Sektors
- Management- und Organisationslehre
- Recht

Neben den theoretischen Studien gab es die Verpflichtung zur Absolvierung eines Praktikums entweder im RH oder in einer anderen Kontrolleinrichtung, um die erworbenen wissenschaftlichen Kenntnisse mit der Prüfungstätigkeit zu verbinden und die Arbeitsweise einer öffentlichen Verwaltungskontrolle praktisch kennenzulernen. Alle Studenten des Pflichtpraktikums lernten die Aufbau- und Ablauforganisation anderer Organisationen kennen und durch die gemeinsamen praktischen Aktivitäten mit anderen Prüfern sollte somit ein ressortübergreifender Erfahrungsaustausch garantiert werden. Mit der Erstellung einer Master Thesis war die Voraussetzung für den positiven Abschluss eines MBA-Lehrganges gegeben.[66]

Die einzelnen Vorträge der Veranstaltung lieferten den Teilnehmern eine Gesamtübersicht über die aktuellen Prüfungs-

---

65 Kellner Wilhelm, Rechnungshof, Wien, Vortrag am 23. September 2008.
66 Finz Alexandra, Bundesministerium für Land- und Forstwirtschaft, Umwelt und Wasserwirtschaft, Wien, Vortrag am 23. September 2008.

aktivitäten des RH und brachten den Revisoren die Sichtweise des RH sowohl bezüglich der Erwartungen an die IR als auch bezüglich der notwendigen Ausbildungsstandards der Prüfer – sei es im Auftrag des RH, der Kontrollämter und der LRH – näher.

Speziell die beiden letzten Vorträge lieferten den Revisoren konkrete Informationen über die Ausbildungsmöglichkeiten für Mitarbeiter der öffentlichen Verwaltungskontrolle.

3.5.4 4. Erfahrungsaustausch zum Thema „Gender Mainstreaming – Was können die Internen Revisionen in der Bundesverwaltung in Hinkunft tun, um einen nützlichen Beitrag zu leisten?"

Das Thema „Gender Mainstreaming" (GM) wurde in den Mittelpunkt dieser Veranstaltung gestellt, um die Erwartungen an die Revisoren bei der Durchführung einer Revision im Bereich Gleichstellung von Frauen und Männern zu verdeutlichen.

GM bedeutet kurz gefasst die Integration von Gleichstellungsgesichtspunkten in alle Politik- und Arbeitsbereiche mit dem Ziel, Veränderungen in Richtung verbesserte Gleichstellung von Frauen und Männern zu erreichen. GM beruht auf internationalen und nationalen Verpflichtungen und rechtlichen Grundlagen, wobei Gleichstellung als Ziel nicht nur juristische Gleichstellung und die Herstellung von Chancengleichheit bedeutet, sondern es steht das tatsächliche Ergebnis in der Praxis im Mittelpunkt.

Aufgrund der ab dem Jahr 2009 geplanten Verankerung der Grundsätze von GM in der Budgetpolitik Österreichs wird die Einbeziehung der GM-Aspekte in die Revisionstätigkeiten zukünftig auch zum Aufgabenbereich der IR gehören.

Die IR kann hinsichtlich der Ermittlung des Ist-Zustandes in Sachen GM an unterschiedlichen Stellen ansetzen. Dabei sind folgende Punkte hervorzuheben:
- Durchsicht der Dokumentationen
- Integration von Gleichstellungsgesichtspunkten in der Haushaltsführung (Gender Budgeting (GB))
- Berücksichtigung von GM in der Legistik
- Wirkungsmessung
- Prozesse und Abläufe

Aus GM-Perspektive wäre es wünschenswert, wenn in den Dokumentationen jeweils klar dargestellt wird, wie die gleichstellungspolitischen Zielsetzungen aussehen. Hilfreich wäre eine differenzierte Darstellung der Zielgruppen nach unterschiedlichen Bedürfnissen und Situationen von Frauen und Männern, um bei der Gestaltung von Maßnahmen entsprechend darauf eingehen zu können und die Unterschiede zu berücksichtigen. Bei der korrekten Beurteilung der Umsetzung von Maßnahmen kommt der Leistungs- und Wirkungsorientierung eine – im Verwaltungshandeln immer größer werdende – Bedeutung zu. In diesem Zusammenhang steht auch die Verwendung von aussagekräftigen Kennzahlen und Indikatoren. Hier stellt sich aus der GM-Perspektive die Frage, ob die verwendeten Indikatoren die Gleichstellungsperspektive abbilden. [67]

Der Gedanke, den Normsetzungsprozess am Ziel der Geschlechtergleichstellung zu messen und sich dazu des GM zu bedienen, beruht sowohl auf gemeinschaftlichen als auch nationalen gesetzlichen Grundlagen (Vertrag von Amsterdam, 1999; EU-

---

[67] Klatzer Elisabeth, Bundeskanzleramt, Wien, Vortrag am 25. November 2008.

Grundrechte-Charta, 2000; B-VG). Da die GM-Relevanz nicht immer auf den ersten Blick wahrgenommen werden kann, liegt es nahe, prinzipiell bei allen Normen eine Gleichstellungsprüfung durchzuführen.

Die IR wird sich mit der Frage auseinanderzusetzen haben, in welchem Ausmaß eine derartige Gleichstellungsprüfung in Zukunft die Revisionstätigkeit beeinflussen wird und welche Ansatzpunkte für eine Überprüfung gegeben sind. Wichtig dabei ist die Überprüfung, ob die vorgegebenen Normen in der Praxis die gewünschten Gleichstellungsziele erreichen oder ob sie zu einer geschlechterspezifischen Schieflage führen.[68]

Neben der Umsetzung des GM aufgrund der vorgegebenen nationalen und internationalen gesetzlichen Grundlagen soll der Gleichheitsgedanke auch im Rahmen des GB Anwendung finden. Der Grundgedanke beim GB ist, die Auswirkungen des Verwaltungshandelns und der Budgetpolitik – insbesondere der Aufbringung und Verteilung öffentlicher Mittel – auf die reale Lebenssituation von Frauen und Männern zu analysieren und gegebenenfalls korrigierende Maßnahmen zu ergreifen. Die Ernsthaftigkeit dieser Überlegungen zeigt sich in der Tatsache, dass für das Budget ab dem Jahr 2009 festgelegt wurde, nicht nur nachhaltig geordnete öffentliche Finanzen und ein gesamtwirtschaftliches Gleichgewicht anzustreben, sondern auch die tatsächliche Gleichstellung von Frauen und Männern.

In diesem Zusammenhang ist zu betonen, dass es sich bei GB nicht um ein eigenes Budget handelt, sondern die Grund-

---

68 Souhrada-Kirchmayer Eva, Bundeskanzleramt, Wien, Vortrag am 25. November 2008.

sätze der Gleichbehandlung in die Phasen der Haushaltsführung Planung, Erstellung, Realisierung und Kontrolle zu integrieren sind. Zur Umsetzung des GM – wie angekündigt – sind die nächsten wichtigen Schritte die Erstellung der Budgets 2009 und 2010 auf Bundes-, Landes- und Gemeindeebene. Die Beurteilung und Umsetzung der erforderlichen Maßnahmen des Bundes liegt bei allen Organen der Haushaltsführung sowie beim Nationalrat als Bundeshaushalts- und Finanz(rahmen)gesetzgeber.

Zur Erreichung der haushaltspolitischen Zielsetzung der Gleichstellung von Frauen und Männern wird die Bekanntgabe einzelner Projekte nicht mehr ausreichen. Budget-, Fach- sowie Genderexperten werden gemeinsame Gleichstellungsstrategien entwickeln müssen, für die die erforderlichen finanziellen Mittel aufzubringen sein werden.[69]

Das Thema dieser Veranstaltung – GM nicht nur als juristische sondern in Zukunft auch als finanzpolitische Frage – machte für die Revisoren deutlich, dass mit der Überprüfung der GM-Umsetzung ab dem Jahr 2009 eine Erweiterung des Prüffeldes gegeben sein würde.

Für die Organisationseinheiten bedeutet dies in Zukunft, dass entsprechende Dokumentationen zu führen sind.

---

69 Fritz Elfriede, Bundesministerium für Finanzen, Wien, Vortrag am 25. November 2008.

3.5.5 Jahrestagung der Internen Revision 2008 zum Thema „Schwerpunkte bei der Prüfung eines Personalmanagementsystems"

Das für diese Jahrestagung gewählte Thema sollte allen Teilnehmern bewusst machen, dass auch der Personalbereich ständigen Entwicklungen und Veränderungen unterliegt, wobei sowohl innere als auch äußere Einflüsse eine Rolle spielen können, sodass das Personalmanagement gezwungen ist, entsprechend darauf zu reagieren. Es sollte aufgezeigt werden, welche Aspekte die IR zu berücksichtigen hat, um Prüfungsverfahren im Bereich der Personalverwaltung zu planen und auch erfolgreich durchzuführen.

Als Ausgangspunkt für die weiteren Ausführungen betreffend Personalmanagement im heutigen Sinne werden die Entwicklungslinien des Personalwesens von den Anfängen („Lohnbüro") bis heute („Strategisches Personalmanagement") nachgezeichnet und die damit verbundenen Anforderungen an eine moderne Personalverwaltung dargestellt.

Die Entscheidung, das Personalwesen einer umfassenden Revision zu unterziehen, liegt in den Händen des Entscheidungsträgers einer Organisation. Er legt fest, welche Aspekte dabei Berücksichtigung finden sollen wie Personalplanung, Personalstrategien und –ziele, Human Resources(HR)-Maßnahmen, Handlungsprogramme und die dafür notwendigen Budgets.

Ob die IR vom Personalmanagement als unvermeidliches Übel oder auch als Hilfe betrachtet wird, hängt nicht unwesentlich davon ab, ob es ihr gelingt, deutlich zu machen, dass ihre Tätigkeit einen Beitrag zur Erreichung der Organisationsziele darstellt und die Überprüfung von Richtlinien und Vorgaben nicht um ihrer selbst willen betrieben wird.

Durch eine quantitative und qualitative Analyse und Dokumentation des Personalmanagements kann die IR dem Management dabei helfen, seine Aktivitäten und Ergebnisse gegenüber strategischen Entscheidungsträgern sichtbar zu machen und seinen Beitrag zum Organisationserfolg zu verdeutlichen. Neben diesen Audits kann die IR ihre Methodenkompetenz auch dazu nutzen, Informationen für Entscheidungen bereitzustellen und Verbesserungsvorschläge anzubieten bzw. Empfehlungen abzugeben – sei es als administrativer Experte, als Anwalt der Mitarbeiter, als Change Agent oder als strategischer Partner.[70]

Bei der Einführung eines neuen Führungs- und Steuerungsmodells im BKA wurden keine revolutionären oder experimentellen Neuerungen vorgenommen, sondern vielmehr setzte man auf anerkannte Konzepte. Ziel war, ein klares und einheitliches Bild über Aufgaben der Führungskräfte zu schaffen, Spielregeln in der Zusammenarbeit zwischen Politik und Verwaltung festzulegen, die Führungsinstrumente zu modernisieren und stabile Planungs- und Steuerungsprozesse mit dem Schwerpunkt auf einer dezentralen Planung und Steuerung aufzubauen.

Bei der Umsetzung dieser Konzepte nimmt die IR eine wichtige Rolle ein, Überprüfungen werden insbesondere bzgl. Führungsmodell und Controlling und im Personal- und Budgetmanagement vorgenommen. Zudem finden gezielte und spezielle Organisations- und Aufgabenanalysen statt. Einen zentralen Teil der Analyse stellen die Leistungen

---

70 Elšik Wolfgang, Vom Lohnbüro zum strategischen Personalmanagement, In: Kandlhofer, D./Seyfried, K. (Hrsg.): Interne Revision und Personalmanagement, Verlag LexisNexis, 2009, S. 1–12. Vortrag am 16. Oktober 2008.

und die daraus resultierenden Produkte, Kennzahlen und Wirkungen dar. Regelmäßige Follow-Up-Prüfungen sollen der Umsetzung starken Nachdruck verleihen.[71]

Einleitend zu seinen Ausführungen zu den „praktischen" Seiten und Notwendigkeiten einer Personalverwaltung stellt einer der Vortragenden die rhetorische Frage „Warum Personalmanagement?"

Die Notwendigkeit von Personalmanagement lässt sich unter verschiedenen Gesichtspunkten begründen: unter finanziellen Gesichtspunkten – den Arbeitnehmerentgelten als Input – und hinsichtlich der quantitativen und qualitativen Leistung als Output. Die Leistungen der Verwaltung – wie jeder anderen Organisation auch – werden maßgeblich beeinflusst von der menschlichen Arbeitskraft, d. h. von der Leistungsfähigkeit der einzelnen Mitarbeiter. Daher ist die Gestaltung der zu vergebenden Stellen und Aufgaben (Jobdesign), die Auswahl, Qualifikation und der eignungsgerechte Einsatz der Mitarbeiter sowie deren Motivation für die Performance einer Organisation entscheidend. Aufgabe und Ziel des Personalmanagements ist es dabei, in den Bereichen Personalauswahl, Karriereplanung und Weiterbildung für die optimale Entwicklung des in der Organisation verfügbaren Produktionsfaktors „Arbeitskraft" zu sorgen.

Die absolute Grundvoraussetzung für die steuernde Tätigkeit des Personalmanagements ist Information. Bevor der abstrakte Begriff „Information" zum Werkzeug des

---

71 Kandlhofer Dieter, Führen und Steuern im Bundeskanzleramt. In: Kandlhofer, D./Seyfried, K. (Hrsg.): Interne Revision und Personalmanagement, Verlag LexisNexis, 2009, S. 29–51. Vortrag am 16. Oktober 2008.

Personalmanagers werden kann, bedarf es der Auswahl und entsprechenden Aufbereitung. Eine komplexe Realität muss auf ihre wesentlichen Einflussgrößen reduziert werden. Eine Output-bezogene Anzahlstatistik liefert Informationen darüber, wo Personalmangel oder Überhang herrscht. Ein Teilgebiet der Anzahlstatistik ist die Analyse der Altersstruktur der Mitarbeiter. Des Weiteren werden die Begriffe Zeitwirtschaft, Zeitguthaben, Überstunden, Fehlzeiten, Aus- und Weiterbildung, Budgetcontrolling, Mitarbeiterbefragung und ihre Bedeutung erläutert.

Am Ende des Vortrages wird die Frage geklärt, welche Managementebene welche Kennzahlen benötigt. Als Antwort wird auf die Grundregel verwiesen, dass jede Ebene jene Kennzahlen benötigt, deren Entwicklung sie durch ihre Entscheidungskompetenz beeinflussen kann.[72]

Der im Juli 2001 gegründete Interne Audit-Dienst (IAS) ist eine Generaldirektion der EK in Brüssel. Er liefert unabhängige Stellungnahmen zur Qualität der Verwaltung und der internen Kontrollsysteme der EK und gibt Empfehlungen ab, um sicherzustellen, dass die EK ihre Ziele effizient verwirklichen kann. Gemäß einem externen Gutachten wurde dem IAS im Juli 2008 bescheinigt, dass er die international gültigen Standards des Institute of Internal Audit (IAA) einhält. Nach diesen gültigen Standards unternimmt der IAS im Bereich Personalwesen eine fundierte Risikoanalyse, die in einen mit den dezentralen Internen Auditstellen der Generaldirektionen koordinierten mehrjährigen Prüfungs-

---

[72] Bachmayer Emmerich/Neuberger Peter, Kennzahlenanalyse als Steuerungsinstrument für das Personalmanagement. In: Kandlhofer, D./Seyfried, K. (Hrsg.): Interne Revision und Personalmanagement, Verlag LexisNexis, 2009, S. 53–61. Vortrag am 16. Oktober 2008.

plan mündet. Dabei beschränkt sich der IAS keineswegs auf rein finanzielle Aspekte, sondern führt auch Prüfungen im Bereich Organisation, Informatik und bei anderen Prozessen durch. Darunter fiel in der Vergangenheit auch eine Vielzahl von Prüfungen, die dem Bereich Personalwesen zugeordnet werden können.

Folgende Risikobereiche sind in diesem Zusammenhang relevant:
- Personalauswahl und –entwicklung
- Strategische Personalplanung
- Besoldung etc.
- Ethische Fragen, Arbeitsbeziehungen
- Leistungsmessung, Motivation, Arbeitsbedingungen

Folgende Prüfungsthemen wurden dabei spezifisch ausgesucht, um die obigen Risikobereiche abzudecken:
- Strategische Planung
- Personalauswahl und –einstellung
- EPSO(Europäisches Amt für Personalauswahl)-Auswahlverfahren
- Mobilität, Gleichstellung, geografische Verteilung
- Fortbildung
- Dienstreisen
- Kontrollen im Bereich Altersbezüge

Für 2009 sind Prüfungen in folgenden Bereichen geplant:
- Ethik
- Handhabung vertraulicher Informationen
- Informatikanwendungen im Personalbereich

Unter anderem sah sich der IAS dabei an, wie der Planungsprozess für Personalauswahlverfahren verbessert werden könnte und wie die Handhabung der Auswahlgremien und der Reservelisten, auf denen erfolgreiche Kandidaten aufgelistet werden, effizient gestaltet werden kann.

Was zahlreiche Studien in Privatunternehmen herausgefunden haben, gilt auch für den öffentlichen Dienst: der Erfolg einer Organisation steht und fällt mit dem Humankapital, also den in der Organisation tätigen Personen, die eine zentrale Ressource darstellen. Die richtige Auswahl, Aus- und Weiterbildung und der Einsatz der richtigen Personen am richtigen Platz, kurz: ein strategisches, integriertes Personalmanagement ist daher ein mit höchster Priorität zu verfolgendes Ziel.

Die Aufdeckung der damit verbundenen Risiken, die eingehende Untersuchung einzelner Aspekte einschließlich der Formulierung von Verbesserungsvorschlägen ist deshalb auch ein wichtiger Aufgabenbereich des internen Prüfers.[73]

Diese Jahrestagung brachte aufgrund der verschiedenen Aspekte der einzelnen Vortragsthemen und der detaillierten Argumentation der Vortragenden die klare Erkenntnis, dass das Thema „Schwerpunkte bei der Prüfung des Personalmanagementsystems" nicht nur für die Revisoren von großer Bedeutung ist sondern dass in der alltäglichen Praxis Kenntnisse im Personalmanagement unerlässlich sind.

---

73 Deffaa Walter, Interne Prüfungen im Bereich Personalwesen – Prüfungsverfahren des IAS. In: Kandlhofer, D./Seyfried, K. (Hrsg.): Interne Revision und Personalmanagement, Verlag LexisNexis, 2009, S. 131–135. Vortrag am 17. Oktober 2008.

3.6 Veranstaltungen im Jahr 2009

3.6.1 1. Erfahrungsaustausch zum Thema „Warum Kenntnisse über Ziel- und Zeitmanagement sowie Stressmanagement auch für Revisorinnen und Revisoren wichtig sein können"

Dieses ERFA sollte den Revisoren Gelegenheit geben zu einer intensiven Auseinandersetzung mit der Frage nach dem Umgang mit der zur Verfügung stehenden Arbeitszeit, nicht nur im eigenen Tätigkeitsbereich sondern auch als Hilfe für das Aussprechen von Empfehlungen nach Durchführung einer Schwachstellenanalyse. Dann nämlich, wenn festgestellt wurde, dass die Arbeitszeit für viele Nebenaufgaben, nicht jedoch für Kernaufgaben verwendet wurde.

Um einen Überblick über die Zeiteinheiten zu erhalten, die in unserem Leben den Alltag gliedern und die den verschiedensten Tätigkeiten gewidmet sind, wurde aufgezeigt, wie viele Monate und Jahre wir beispielsweise im Schlaf verbringen, für die Erwerbsarbeit aufwenden oder für die Freizeitgestaltung in Anspruch nehmen. Darüber hinaus hält bzw. muss der Mensch diverse Kontakte sowohl im Arbeits- als auch im Privatleben halten und ist daher gezwungen, für eine geeignete Arbeits- und Terminplanung zu sorgen. Diese Zeitplanung wird je nach Persönlichkeit individuell erfolgen und dementsprechend effizient umgesetzt werden. Als Instrument zum Erkennen individueller Verhaltensweisen wird das DISG-Profil vorgestellt. Das Wort DISG bedeutet: „D" steht für Dominant, „I" steht für Initiativ, „S" steht für Stetig und „G" steht für Gewissenhaft.

Mit diesem Persönlichkeits-Profil ist es möglich, den eigenen Zeit-Typ festzustellen:

Dominante Zeitmanager
- sind zielorientiert,
- analysieren schnell,
- erkennen das Wesentliche,
- sind ungeduldig,
- dominieren in Diskussionen,
- brauchen immer neue Herausforderungen,
- erledigen Dinge oft nebenbei,
- unterschätzen die Länge der benötigten Zeit.

Die initiativen Zeitmanager
- sind spontan,
- interessieren sich für neue Aufgaben,
- wechseln gerne die Prioritäten und Aufgaben,
- sind optische Planer,
- mögen die Routine nicht,
- verspäten sich,
- lehnen ungern ab.

Die stetigen Zeitmanager
- sind langsam, beständig, gründlich,
- hassen Zeit- und Termindruck,
- setzen Prioritäten,
- brauchen Zeit, um Dinge in Ruhe zu überdenken,
- sind gut organisiert,
- sind gute Zuhörer,
- sind pünktlich bei Sitzungen.

Die gewissenhaften Zeitmanager
- sind genau und korrekt,
- planen genau,
- lieben die Ordnung,
- halten sich an Vorschriften,
- können nicht „Nein" sagen,
- setzen Prioritäten.

Mit dem DISG-Profil als Hilfsinstrument kann der Leiter einer Organisationseinheit sowie der Prüfer bei der Durchführung einer Revision feststellen, warum manche Personen
- mehr Arbeitszeit für Arbeitsprozesse verwenden, um ein gutes Arbeitsresultat zu erreichen,
- einen Arbeitsstil bevorzugen, der immens zeitaufwendig ist,
- Arbeiten verrichten, bei der die eigene Motivation fehlt,
- zu wenig Kenntnisse erkennen lassen, um mit ihrer Arbeitsleistung in einer vorgegebenen Zeitspanne das vorgegebene Ziel zu erreichen.

Es wird auf die sog. Zeitfallen verwiesen. Dazu zählen
- die „Aufschieberitis" (Krankheit des Aufschiebens),
- die unrealistische Planung,
- das nicht „Nein" sagen können,
- Störungen,
- eigene Unordnung.

Um Ziele der Aufgabenplanung zeitgerecht zu erreichen ist es unbedingt notwendig, einen Überblick über die anstehenden Aufgaben zu erhalten, den Zeitbedarf einzuschätzen und sich die Frage zu stellen, wieviel an verplanbarer Zeit noch bleibt. Um sich eine Übersicht für eine berufliche und auch private Planung zu verschaffen, ist es ratsam, sich einen Jahresplan schriftlich zu erstellen, der die Ziele und die kontinuierlich anfallenden Aufgaben aufzeigt. Dieser Jahresplan hat den Vorteil, die vorgegebene zeitliche Belastung der feststehenden und immer wieder durchzuführenden Aufgaben aufzuzeigen. Darüber hinaus empfiehlt sich – um die monatlichen Aufgaben konkreter aufzuzeigen – eine Monatsplanung, und im Weiteren eine detaillierte Wochen- sowie Tagesplanung, wobei für die gesamte Planung des Zeitbedarfs auch die zu erledigenden Aufgaben und ihre Prioritäten feststehen müssen.

Zusammengefasst sind folgende Regeln für die Zeitplanung zu beachten:
- „wichtig" und „dringend" zu unterscheiden
- realistisch zu planen
- eine Pufferzeit für nicht geplante Arbeiten zu berücksichtigen
- Prioritäten zu setzen
- die eigene persönliche Leistungskurve zu berücksichtigen
- strukturiert, geplant und flexibel vorzugehen
- Unerledigtes nicht allzu lange aufzuschieben
- 90-Minuten-Intervalle zu berücksichtigen
- Zeitpläne und Prioritäten mit anderen Personen abzustimmen[74]

Im Zusammenhang mit der Thematik der Veranstaltung soll zunächst der Begriff „Stress" näher beleuchtet werden. Verschiedene Faktoren können bewirken, dass ein Mensch in Stress gerät, d.h. als Stressverursacher (Stressoren) gelten u.a.
- Leistungsverursacher
- zuviel Arbeit
- soziale Konflikte
- Zeitdruck
- Störungen

Darüber hinaus setzt sich der Mensch jedoch auch selbst unter Stress, indem er
- ungeduldig agiert
- am Perfektionismus festhält
- Kontrollambitionen besitzt
- als Einzelkämpfer auftritt
- sich selbst überfordert

---

[74] Tschirf-Kainberger Andrea, Trainerin und Coach der Kommunikation und Gesprächsführung, Wien, Vortrag 10. März 2009.

Eine Stressreaktion bedeutet eine anhaltende Belastung und führt langfristig zu Erschöpfung bis hin zu schwerwiegenden Erkrankungen. Physische Reaktionen wie erhöhter Blutdruck und somit erhöhte Herzfrequenz sowie Schlafstörungen und vieles mehr sind als Folge von lang anhaltendem Stress seit Langem bekannt.

Auf der emotionalen Ebene bewirkt Stress
- Anspannung
- Angst
- Depression
- Ärger
- Aggression
- Hilflosigkeit
- Gereiztheit

In der Folge setzt sich ein Mechanismus in Gang, der negative Denkspiralen auslöst, Denkblockaden und Konzentrationsstörungen verursacht, eine eingeschränkte Wahrnehmung bewirkt und zu Tagträumen verleitet – kurz: die Gedanken drehen sich im Kreis. Dies führt zu Leistungsschwankungen, höherer Fehlerhäufigkeit, erhöhtem Unfallrisiko, Medikamenten- und Drogenkonsum, verändertem Ess- und Freizeitverhalten, zu Konflikten oder Rückzug und schließlich zu einer Zunahme von Fehlzeiten.

Grundsätzlich ist zu sagen, dass Stress prinzipiell notwendig ist, weil er alle Energien im Körper bündelt und der Mensch kurzfristig leistungsfähiger wird. Ist man jedoch einer sehr hohen Belastung längerfristig bzw. ständig ausgesetzt und achtet man nicht auf genügend Ruhepausen, kommt es zu chronischen Stressfolgen auf vier Ebenen:

- körperlich (z. B. Herzklopfen, Verdauungsbeschwerden, Schlafstörungen …)
- gedanklich (z. B. kreisende Gedanken, Leere im Kopf …)
- emotional (z. B. Nervosität, Gereiztheit, Unzufriedenheit …)
- im Verhalten (z. B. aggressives Verhalten gegenüber anderen, private Kontakte „schleifen" lassen …)

Gegenstrategien, den Stress – so er sich nicht vermeiden lässt – wenigstens zu vermindern, gibt es mehrere. Seien das Entspannungstechniken, Kognitionstraining, Problemlösungstraining oder Genusstraining (Training nach Prof. Kaluza[75]). Techniken, die sich im Einzelnen wie folgt darstellen:

Stressmindernd wirkt die Anwendung von bekanntermaßen wirksamen Entspannungstechniken, folgende Arten von Entspannungstraining gibt es:
- Progressive Muskelentspannung nach Jacobson
- Autogenes Training nach Schulz
- Hatha-Yoga
- Atemschule und Meditation
- Fantasie- und Körperreisen
- Entspannungstraining mit Biofeedback

Um den beruflichen Anforderungen gerecht zu werden bzw. im Privatleben zufriedenstellende Beziehungen zu führen, ist es hilfreich, sich die eigenen inneren Antreiber vor Augen zu halten. Auf den ersten Blick erscheinen diese vorteilhaft:

---

75 Kaluza G., Stressbewältigung. Trainingsmanual zur psychologischen Gesundheitsförderung, Springer Verlag, 2015.

- **Sei perfekt**
  Vorteil: es hilft bei Aktivitäten, die Sorgfältigkeit und Genauigkeit verlangen
- **Sei beliebt, mach es allen recht**
  Vorteil: soziale Kompetenz
- **Sei vorsichtig**
  Vorteil: Streben nach Kontrolle, mindert die Fehleranfälligkeit
- **Sei stark**
  Vorteil: Zuweisung von verantwortungsvollen Tätigkeiten

Auf den zweiten Blick führen innere Antreiber zu vermehrtem Stresserleben, was letztendlich sehr belastend sein kann. Daher sollten beim Kognitionstraining folgende Lernaufgaben und eigene innere Anti-Antreiber-Sätze entwickelt werden:

- **Sei perfekt**
  Lernaufgabe: Die Möglichkeit, fehlbar zu sein:
  „Perfektion nur dort, wo sie notwendig ist."
- **Sei beliebt**
  Lernaufgabe: An der Selbstbehauptung arbeiten und eigene Grenzen und Interessen zu vertreten:
  „Ich möchte nur von denen geliebt werden, die mir wichtig sind."
- **Sei vorsichtig**
  Lernaufgabe: Mut zum Risiko, sich auf andere verlassen, Flexibilität:
  „Das Leben ist kein Wunschkonzert."
- **Sei stark**
  Lernaufgabe: Sich anderen anvertrauen, Unterstützung suchen und auch annehmen:
  „Es ist eine Stärke, Schwäche zu zeigen."

Eine dritte Form den Stress zu managen, stellt das Problemlösungstraining dar, u.zw. in folgenden Schritten:

Schritt 1: Dem Stress auf die Spur kommen (Situationsanalyse)
Schritt 2: Ideen zur Bewältigung sammeln
Schritt 3: Den eigenen Weg finden
Schritt 4: Konkrete Schritte planen
Schritt 5: Im Alltag handeln
Schritt 6: Bilanz ziehen

Der Ausgangspunkt für eine gründliche Analyse der Situation besteht aus drei Fragen:
- Welche Bedürfnisse und Ziele werden vernachlässigt und führen zu Frustrationen?
- Welche Vorstellungen sind unrealistisch und kontraproduktiv?
- Welche Umweltbedingungen sind die ausschlaggebenden und erzeugen Stress?

Wendet man selbst eine Situationsanalyse an, durchläuft man folgende drei Phasen:

1. Feststellung der Situation
- Wann tritt Stress auf?
- Wo geschieht das?
- Wer ist daran beteiligt?
- Was wird getan oder gesagt?

2. Feststellung der Bewertungen
- Wie bewerte ich die Situation?
- Wie bewerte ich mich in dieser Situation?
- Wie bewerte ich das Verhalten anderer?

3. Feststellung der Reaktion
- Wie reagiere ich in der Situation?
- Was spüre ich körperlich?
- Was fühle ich?
- Was tue oder sage ich?

Die vierte und letzte Form des Stressmanagements ist das Genusstraining.

Folgende Regeln sollten angewendet werden:
- Gönne dir Genuss
- Nimm dir Zeit zum Genießen
- Genieße bewusst
- Schule deine Sinne für Genuss
- Genieße auf deine eigene Art
- Genieße lieber weniger, aber richtig
- Planen schafft Vorfreude
- Genieße die kleinen Dinge des Alltags

Dieser Vortrag schließt mit der Erkenntnis, dass es für den stressbelasteten Menschen möglich ist, trotz dieser (Fehl-)Belastung bzw. diesem Stress gesund zu bleiben, wenn einige Verhaltensregeln im Alltag beachtet werden und im Einzelfall die angebotenen Maßnahmen zur Entlastung angenommen und umgesetzt werden.[76]

Dieser Erfahrungs- und Meinungsaustausch sowie die Diskussion über die Stresssituationen und die wirkungsvollen Maßnahmen zur Bekämpfung stellten für die Revisoren einen besonderen Schwerpunkt im Rahmen des ERFA dar. Im Anschluss an die Vorträge wurden in einem Workshop neueste Erkenntnisse und Maßnahmen der Stressbewältigung in Rollenspielen geprobt und auf diese Art die Anwendung der verschiedenen Techniken vermittelt.

---

76 Fritsche Jürgen, Bereichsleiter der Arbeitspsychologie im Arbeits- und Sozialmedizinischen Zentrum Mödling sowie Arbeitspsychologe im Bundeskanzleramt und Bundesministerium für europäische und internationale Angelegenheiten, Wien, Vortrag am 10. März 2009.

Die Veranstaltung hat aufgezeigt, wie wichtig Kenntnisse über Ziel-, Zeit- und Stressmanagement sowohl für den Eigenbedarf in einer IR als auch für das raschere Erkennen von Schwachstellen in den zu prüfenden Organisationseinheiten sein können. Insbesondere die 1. Stufe der Stressanalyse, die sogenannte Analyse der Stressoren bzw. „Einflussfaktoren von außen" auf die Organisationseinheiten soll den Analyseblick des Revisors schärfen.

3.6.2 2. Erfahrungsaustausch zum Thema „Die Deliktrevision – Schwerpunkte aus der Sicht des Büros für Interne Angelegenheiten im Bundesministerium für Inneres"

Bei dieser Veranstaltung sollten die Aspekte der anlassbezogenen Prüfung bei dolosen Handlungen, die Ermittlungsarbeit und Aufdeckungsprüfung bei Verdachtsfällen im Sinne des Strafgesetzbuches im Mittelpunkt stehen. Die Vortragenden befassten sich jedoch nicht in erster Linie mit der Aufdeckung von Fehlhandlungen im Falle eines Verdachts sondern erweiterten den Themenbereich um den Gedanken der Prävention, d. h. insbesondere der Korruptionsprävention.

Da Korruption bereits bei der Jahrestagung im Jahr 2006 Thema der Veranstaltung war und Korruptionsprävention im Speziellen beim 4. ERFA im Jahr 2012 detailliert dargestellt wird, sind an dieser Stelle keine näheren Ausführungen zu finden. Dessen ungeachtet zeigen die einzelnen Vorträge die Wichtigkeit und Notwendigkeit von ausreichenden Personalressourcen der IR sowie von entsprechenden Kenntnissen für eine geeignete Bekämpfungsstrategie in einer Organisation, um Deliktsrevisionen effizient und effektiv durchführen zu können und das Augenmerk verstärkt auf die Korruptionsprävention zu richten.

3.6.3 3. Erfahrungsaustausch zum Thema „Erfolgreiche Konfliktbewältigung"

Konflikte zwischen einzelnen Personen oder auch einzelnen Gruppen innerhalb einer Organisation sind eine allgegenwärtige Realität, wodurch möglicherweise verschiedene Prozesse in Gang gesetzt werden. Einerseits können daraus Kreativität und Innovationen erwachsen, andererseits werden schonungslos Schwachstellen innerhalb der Organisation aufgezeigt. Auf der persönlichen Ebene können ungelöste Konflikte, die unterdrückt und nicht offen angesprochen werden zu Kommunikationsmängeln führen und in der Folge sogar zu einer Gefährdung der Organisationsziele.

Diese Veranstaltung sollte aufzeigen, was einen Konflikt ausmacht, welche Begriffe in diesem Zusammenhang von Bedeutung sind, welche Konfliktfelder und -typen es gibt und wie Konfliktmanagement wirksam werden kann. Das Phänomen „Konfliktverhalten von Menschen" sollte aus verschiedenen Blickwinkeln betrachtet werden.

Zunächst wurde das menschliche Konfliktverhalten anhand eines Vergleichs mit der Tierwelt beschrieben, d.h. das Verhalten von drei Tieren (Löwe, Hase und Fuchs) wurde symbolisch für das menschliche Verhalten in Konfliktsituationen gewählt: der Löwe als aggressiver Kämpfer, der Hase, der sich tot stellt und der Fuchs, der flüchtet. Diese Verhaltensmuster – die einem instinktiven Konfliktverhalten entsprechen – finden sich auch bei vielen Menschen wieder. Aufgrund dieses instinktiven Aspekts ergeben sich aus der Geschichte der Konfliktbewältigung drei einfache Verhaltensmuster:
- Flucht
- Vernichtung,
- Unterwerfung bzw. Unterordnung

Es folgt die Definition, was unter Konflikt verstanden wird: wenn Differenzen im Wahrnehmen, Vorstellen, Denken und/oder Differenzen im Wollen vorhanden sind, wobei die Verhaltensweisen des Aktors A von Aktor B als Beeinträchtigung erlebt werden. Die Entstehung bzw. Entwicklung eines Konflikts verläuft in verschiedenen Phasen, in diesem Zusammenhang werden die neun Eskalationsstufen zur Unmenschlichkeit (Glasl, 1997; siehe Punkt 3.4.2) vorgestellt. Wie es zu einer Eskalation eines Konfliktes kommen kann, wird an einem Beispiel „Konflikt im Vorgesetzten" versus „Konflikt im Mitarbeiter" aufgezeigt.

Weitere Konfliktsituationen werden angesprochen, wenn beispielsweise sachliche oder persönliche Differenzen zwischen Personen vorliegen, die durch „Selbsthilfe" bereinigt werden können oder aber im Gegensatz dazu, wenn es einen Konflikt über den Konflikt sowie einen Konflikt über die Konfliktlösung gibt – hier wird professionelle Hilfe benötigt. Es haben sich Grundmodelle der Konfliktbewältigung gebildet, die darin bestehen, dass
– eine Delegation des Konflikts an eine dritte Instanz stattfindet,
– ein Kompromiss zwischen den Konfliktpartnern gefunden wird.

Abgerundet werden die Erläuterungen durch einige Beispiele von gewaltfreier Kommunikation nach Marshall Rosenberg.[77]

Abschließend werden besonders beeindruckende Beispiele angeführt wie „Selbstmitteilung" und „Einfühlsames Zuhören" und die Aufeinanderfolge der einzelnen Phasen wie

---

77 Rosenberg Marshall B., amerikanischer Psychologe.

Wahrnehmung, Bedürfnisse, Emotionen und Verhalten anschaulich beschrieben.[78]

Im anschließenden Workshop wurden die gehörten theoretischen Ausführungen unter Anleitung von geschulten Trainern vertieft und erweitert. Ein wichtiger Punkt dabei war die Beachtung des folgenden Grundsatzes: wenn Konflikte zwischen Individuen vorliegen und angesprochen werden, sollte dies ohne Vorwürfe geschehen, d. h. man sollte sich so mitteilen, dass die „andere Seite" es auch annehmen kann. Sehr hilfreich dabei ist, das eigene Anliegen in klaren Bitten zu äußern, u.zw. in drei Schritten, wie das folgende Beispiel zeigt:

1. Schritt   Lösungsbitte:
             Bitte räume jetzt deinen Schreibtisch auf!

2. Schritt   Kontaktbitte I:
             Wie ist das für dich, wenn du das von mir hörst?

3. Schritt   Kontaktbitte II:
             Was hast du jetzt gehört?
             Was hast du jetzt verstanden?

Besonders darauf hingewiesen wird, dass Widerstand und Gegenangriff vermieden werden müssen. Bewertungen des Gegenübers, Äußerungen von eigenen Gedanken/Gefühlen über die andere Person und daraus folgende Analysen, Schuldzuweisungen und vage, abstrakte Äußerungen sind unbedingt zu vermeiden:

---

[78] Schawarz Robert, Trainer und Partner bei Coverdale Managementberatungs und -trainings GmbH, Wien, Vortrag am 15. September 2009.

- Bewertungen = Du bist ...
- Gedanken, Analysen = Ich habe das Gefühl, dass du ...
- Schuldzuweisungen = weil du ...
- vage, abstrakte Äußerungen = versteh' mich doch ...

Im Rahmen dieses Workshops wurden Kleingruppen gebildet und in Rollenspielen war für die Revisoren sozusagen am eigenen Leib erfahrbar, wie mit Konflikten umzugehen ist. Beispielsweise sollte mit Hilfe des Erlernten geübt werden, den Forderungen einer Gruppe entgegenzutreten und mit der entsprechenden Strategie diese Forderungen zu neutralisieren, um eine Eskalation der Konflikte zu vermeiden.[79]

3.6.4 4. Erfahrungsaustausch zum Thema „Die Haushaltsrechtsreform – Die Verwaltung im Umbruch, Auswirkungen auf die Interne Revision"

Diese Veranstaltung befasste sich mit der Haushaltsrechtsreform (HHRR), deren Durchführung sich in 2 Etappen gliedert: die 1. Etappe mit Beginn am 1.1.2009 und die 2. Etappe mit Beginn am 1.1.2013. Durch die Einführung des neuen Bundeshaushaltsrechts erwartet sich die Bundesregierung eine verbesserte Haushaltsplanung und -steuerung sowie eine Steigerung der Effektivität und Effizienz der Budgetmittelverwendung.

Für diese Reform ist auch eine Weiterentwicklung der Bundesverwaltung nötig, damit sie ihre Aufgaben zweckmäßig und wirtschaftlich erfüllen kann. Wie schon bisher ist

---

[79] Schawarz Robert, Lendl Peter, Coverdale Managementberatungs und -trainings GmbH, Wien, Leitung des Workshops am 15. September 2009.

eine ständige Revision der Haushaltsführung erforderlich – mit zukünftig neuen Prüfungsfeldern für die IR.

Die 1. Etappe der HHRR ist gekennzeichnet durch Budgetdisziplin und eine verbesserte Planbarkeit, vorgegeben sind ein verbindlicher Finanzrahmen und ein zu erstellender Strategiebericht. Es gibt eine klare Verpflichtung zu mittelfristiger Ausgabendisziplin, dafür jedoch mehr Flexibilität und eine erhöhte Planungssicherheit für alle Ressorts, weil
- Rücklagen aus nicht getätigten Ausgaben gebildet werden können,
- auch Mehreinnahmen innerhalb eines Jahres Rücklagen gleichgestellt werden,
- über die gebildeten Rücklagen eine freie Verwendbarkeit besteht.

Die 2. Etappe der HHRR ab 1.1.2013 wird durch folgende Kernelemente geprägt sein:
- durch eine neue Budgetstruktur durch „**Globalbudgets**"
- durch ein neues **Veranschlagungs- und Rechnungssystem**
- durch eine **wirkungsorientierte Haushaltsführung**
- durch eine **ergebnisorientierte Steuerung der Dienststellen**

Die neue Budgetstruktur sieht analog zur 1. Etappe ein Gesamtbudget mit insgesamt 5 Rubriken vor – mit weiteren Untergliederungen (die Ressorts):

1. Recht und Sicherheit; 2. Arbeit, Soziales, Gesundheit und Familie; 3. Bildung, Forschung, Kunst und Kultur; 4. Wirtschaft, Infrastruktur und Umwelt; 5. Kassa und Zinsen.

Hinzu kommt ein **Globalbudget**, hochaggregiert. In der Regel gibt es bis zu fünf Globalbudgets je Untergliederung. Es wird Detailbudgets geben, die Dienststellenbudgets abbilden bzw. einen transparenten Ausweis in Budgetunterlagen darstellen, unterstützt durch eine bundeseinheitliche Kosten- und Leistungsrechnung.

Die Zielsetzung des neuen **Veranschlagungs- und Rechnungssystems** besteht in einer
- verbesserten Steuerung sowohl der Liquidität des Bundes als auch des Ressourcenverbrauchs
- Erhöhung der Transparenz und der Aussagekraft der Rechnungsabschlüsse des Bundes
- Erhöhung der Vergleichbarkeit der Rechnungsinformationen
- Sicherstellung eines laufenden Controllings mit der Verfügbarkeit von tagesaktuellen steuerungsrelevanten Informationen
- systematischen Verknüpfung sämtlicher Elemente des Veranschlagungs- und Rechnungssystems und somit einer Verhinderung von „Parallelwelten"
- Verhinderung einer Überbürokratisierung

Durch die **wirkungsorientierte Haushaltsführung** wird erreicht, dass
- Aussagen über die Zurverfügungstellung der Ressourcen getroffen werden können und welche Wirkungen und Leistungen mit diesen Ressourcen zu erzielen sind
- eine Messung mit Kennzahlen oder Meilensteinen erfolgt
- ein Schaufenster für Ressortleistungen geschaffen wird
- eine unabhängige Evaluierung der Wirkungs- und Leistungserfüllung durch den RH durchgeführt werden kann
- das Aufgreifen der Wirkungs- und Leistungsorientierung durch politische Repräsentanten garantiert werden kann

Eine **ergebnisorientierte Steuerung von Dienststellen** ist notwendig, um die „Wirkungsorientierung auf die Straße zu bringen". Die Dienststellen bekommen einen globalen Ressourcenrahmen sowie Leistungsziele vorgegeben und sind für deren Einhaltung verantwortlich. Auf der Dienststellenebene findet daher eine mehrjährige Ressourcen-, Ziel- und Leistungsplanung statt. Dafür werden rollierende vierjährige Ressourcen-, Ziel- und Leistungspläne erstellt. Es gibt Anreiz- und Sanktionsmechanismen. Wenn eine Dienststelle beispielsweise erfolgreich wirtschaftet, soll es für sie von Vorteil sein, d. h. gebildete Rücklagen stehen zu ihrer freien Verfügung und stellen somit einen Anreiz für zukünftiges Handeln dar, die Zielerfüllung wird somit wirksam unterstützt.

Die für die anwesenden Revisoren wichtigste Frage, welche Auswirkungen das neue Haushaltsrecht (HHR) auf die Tätigkeit der IR haben wird, wurde folgendermaßen erklärt, u.zw. dass
- das neue HHR **neue Prüffelder** wie
   a) die lang- und mittelfristige Planung
   b) die Umsetzung der wirkungsorientierten Haushaltsführung in den Ressorts und
   c) die Prüfung der Zielerreichung
   bringen wird,

- das neue HHR **die Informationsquellen**, wie
   a) die Ergebnis-, Finanzierungs- und Vermögensrechnung
   b) die integrierte KLR und
   c) die Angaben zur Wirkungsorientierung
   verbessern wird,

- **die IR eine Servicefunktion** im Vorfeld bei der Umsetzung der HHRR durch ihr Angebot von Know-how innehaben wird.

Aufgrund dieser Auswirkungen auf die IR stellt sich die Frage, was die IR zu dieser HHRR beitragen können. Folgende Beiträge wurden aufgezeigt:
- Bereitstellung von betriebswirtschaftlichem und fachlichem Know-how bei der Umsetzung und Implementierung der HHRR

- Unterstützung bei der Implementierung der Instrumente des Veranschlagungs- und Rechnungsbetriebs durch Erkenntnisse aus bisherigen Prüfungen
- Prüfung der Datenqualität in den Vorsystemen des Haushaltswesens (z. B. Anlagenbuchführung, Materialbuchführung)
- Unterstützung bei der Erstellung der Eröffnungsbilanz
- Begleitung des Parallelbetriebes

Der neue Grundsatz der Haushaltsführung, die Wirkungsorientierung, wurde dabei ganz besonders betont und die Aspekte im Einzelnen hervorgehoben.[80]

Ein wichtiger Punkt im Zusammenhang mit allen Neuerungen war die Frage, welche Messgrößen bzw. Zielwerte für die IR als Prüfungskriterien herangezogen werden können. Auf folgende Messgrößen bzw. Zielwerte wurde verwiesen:
- Budgetdokumente zeigen integrativ Ressourcen und Ergebnisse (Wirkungen, Maßnahmen, Leistungen) für Untergliederungen, Global- und Detailbudgets
- Verantwortlichkeit für die Angaben zur Wirkungsorientierung beim haushaltsleitenden Organ
- Anforderungen an die Angaben zur Wirkungsorientierung: Relevanz, inhaltliche Konsistenz, Verständlichkeit, Nachvollziehbarkeit, Vergleichbarkeit und Überprüfbarkeit
- Ressourcen-, Ziel- und Leistungspläne sind ressortinterne integrative Steuerungsdokumente für die Dienststellen und leiten sich aus den Budgetdokumenten ab, es handelt sich also um ein zentrales Dokument für die Prüfungen von Dienststellen[81]

---

80 Die neuen Grundsätze der Haushaltsführung ab 2013 sind die Wirkungsorientierung inkl. Gender Budgeting, die Effizienz, die Transparenz und die getreue Darstellung der finanziellen Lage.
81 Seiwald Johann, Bundeskanzleramt, Wien, Vortrag am 24. November 2009.

3.6.5 Jahrestagung der Internen Revision 2009 zum Thema „Prüfung des Förderungswesens"

Das für diese Jahrestagung ausgewählte Thema sollte Anlass sein, die gewonnenen Erkenntnisse der Prüfer des RH und sonstiger Experten zu präsentieren und so allen Teilnehmern für ihre Arbeitspraxis zur Verfügung zu stellen.

Aus der Sicht des RH muss die Transparenz im Förderungswesen erhöht werden, weil sie neben Good Governance Hauptaufgabe der externen öffentlichen Finanzkontrolle ist. Oberstes Ziel ist es, das Vertrauen der Öffentlichkeit in staatliche Institutionen und damit in die Demokratie an sich zu stärken. Das Förderungswesen bildet für den RH einen wesentlichen Prüfungsgegenstand, weil nur eine transparente und nachvollziehbare Vergabe von Förderungen die Gewähr dafür bietet, dass die in diesem Bereich eingesetzten beträchtlichen öffentlichen Mittel zweckentsprechend, effizient und wirkungsorientiert verwendet werden. Der RH kann dazu insbesondere mit dem im Rahmen seiner langjährigen Prüfungstätigkeit gesammelten Wissen und seinen Erfahrungen im Bereich des Förderungswesens beitragen. Zu den jüngsten Berichten, die der RH zu dieser Thematik vorgelegt hat, zählen unter anderem Beiträge zur Sportförderung, zur Frauenförderung, zur Verwendung von Mitteln aus dem Katastrophenfonds oder zur Forschungsförderung. Kernaussagen zum Förderungswesen hat der RH auf seiner Homepage veröffentlicht. Daraus können insbesondere die nachfolgenden wesentlichen Problemstellungen des österreichischen Förderungswesens abgeleitet werden:

Institutionelle Vielfalt und Unüberschaubarkeit der Förderungslandschaft

Vielfach wird die Förderungszuständigkeit für einen bestimmten Sachverhalt von mehreren Ressorts – jeweils unter anderen Gesichtspunkten – wahrgenommen. Inhaltlich nicht abgestimmte Maßnahmen und Vorgangsweisen beeinträchtigen die Effizienz des öffentlichen Mitteleinsatzes und erhöhen den Verwaltungseinsatz. Es fehlt eine entsprechende Koordination bezüglich der tatsächlichen Zuständigkeit, die mittels einer zentralen Datenbank erfassbar wäre.

Koordinierung und Abstimmung

Bei Förderungen mit mehreren Finanzierungspartnern gibt es oftmals keine akkordierte Vorgangsweise wie z. B. einheitliche Gesamtkosten, abgestimmte Auszahlungszeitpunkte, eine gemeinsame Abrechnung. **Das Vorhaben zur Einrichtung einer gesamtösterreichischen, zentral geführten Förderdatenbank blieb bisher ohne Ergebnis.**

Objektivität und Nachvollziehbarkeit von Förderungsentscheidungen

In einzelnen Förderungsbereichen fehlen konkrete Vorgaben über förderbare Maßnahmen und die dafür relevanten Entscheidungskriterien. Eine klare Trennung von Förderungsgeber und Förderungsnehmer ist unabdingbar, um die Objektivität von Entscheidungen nicht zu beeinträchtigen bzw. auch nur den Anschein einer Befangenheit zu vermeiden.

Ausrichtung und Steuerung

Grundlegendes Problem: das Fehlen von konkreten Vorgaben durch Gesetze oder Entscheidungsträger. Da Förderungsziele zumeist nicht anhand von messbaren und überprüfbaren Indikatoren quantifiziert sind, können Art und Ausmaß der Zielerreichung nur schwer festgestellt werden.

Förderungsverfahren und Förderungsverträge
In vielen Fällen wird in den Förderungsvereinbarungen der Förderungsgegenstand nur selten allgemein definiert oder es wird keine konkrete Zweckwidmung der Förderung festgelegt. Auch die Verantwortlichkeiten der Finanzierungspartner bei gemeinschaftlichen Förderungen sind nicht in jedem Fall ausreichend präzise umschrieben.

Förderungsentscheidung
Die Förderungsgeber verfügen zum Zeitpunkt der Förderungsentscheidung teilweise nicht über die erforderlichen Entscheidungsgrundlagen, weil relevante Unterlagen wie z. B. aussagekräftige Projektunterlagen, Finanzierungspläne, Rechnungsabschlüsse der Förderungsnehmer nicht eingefordert werden. Trotz vorhandener Bestrebungen, verstärkt Projektförderungen zu gewähren, werden wesentliche Förderungsanteile insbesondere im Sozial- und Kulturbereich nach wie vor als Basisförderungen oder mit einer zu unbestimmten Definition des Förderungszwecks vergeben.

Kontrolle und Evaluierung
Das Prinzip der Trennung von Vergabe und Abrechnung bzw. Kontrolle der Förderungsmittel ist nicht durchgängig umgesetzt. Der RH hat bei einzelnen Förderungsmaßnahmen festgestellt, dass Abrechnungen nur unzureichend oder verspätet überprüft werden oder dass Auszahlungen geleistet werden, obwohl frühere Förderungen noch nicht abgerechnet oder kontrolliert sind. Durchgängige Evaluierungen, die auf messbaren Zielen und Wirkungen anhand vorab definierter Evaluierungskriterien beruhen, fehlen in weiten Bereichen, weshalb nur eingeschränkte Aussagen über die Effektivität der Förderungsmaßnahmen möglich sind.

Verwaltungsaufwand
Der Förderungssumme nicht angemessene Unterlagen-, Dokumentations- und Abrechnungserfordernisse führen zu einem überhöhten Administrationsaufwand beim Förderungsnehmer. Da der Verwaltungsaufwand eines Förderungsgebers unzureichend erfasst wird und daher Vergleichswerte fehlen, kann aber auch kein Benchmarking mit anderen Förderstellen durchgeführt werden. Kostengünstigere Alternativen der Förderungsabwicklung werden somit nicht in Betracht gezogen.

Wirkungsorientierung und Nachhaltigkeit
Die Wirkungsorientierung ist bei Förderungen noch zu wenig ausgeprägt. Hinzu kommt, dass bei Förderungen oft kurzfristige Effekte im Vordergrund stehen und Nachhaltigkeitsaspekte noch nicht ausreichend berücksichtigt werden.[82]

Wie in den Beiträgen vielfach aufgezeigt wurde, macht die Vielfalt der Förderungsregime – mit einer großen Zahl von Förderungsgebern auf der einen Seite und einer ebenso großen Schar an Förderungswerbern auf der anderen Seite – es notwendig, dass die IR laufend die anfallenden Förderungsverfahren unter die Lupe nimmt. Zusätzlich erschwert werden – nicht nur die Förderungsabwicklungen für die vergebenden Stellen – sondern auch Förderungsrevisionen dadurch, dass der Aufbau einer gesamtösterreichischen, zentral geführten Förderdatenbank bis heute verabsäumt wurde.

Zum Abschluss der Jahrestagung 2009 kann resümiert werden, dass Prüfungen des Förderungswesens daher stets auch ein Schwerpunkt bei Jahresrevisionsplanungen sein müssen.

---

82 Moser Josef, Transparenz im Förderungswesen – Probleme der Förderungsverwaltung aus der Sicht des Rechnungshofs. In: Kandlhofer, D./ Seyfried, K. (Hrsg.): Interne Revision und Förderungswesen, Verlag LexisNexis, 2010, S. 191–197. Vortrag am 15. Oktober 2009.

3.7 Veranstaltungen im Jahr 2010

3.7.1 1. Erfahrungsaustausch zum Thema „Facility Management, Bundesbedienstetenschutz und Abfallwirtschaft – Prüfung der Einhaltung gesetzlicher Regelungen"

Dieses ERFA sollte sich mit drei verschiedenen Themenbereichen wie Facility Management (FM), Bundesbedienstetenschutz und Abfallwirtschaft auseinandersetzen und aufzeigen, dass die Einhaltung gesetzlicher Regelungen auch in diesen – unterschiedlichen – Bereichen von größter Bedeutung ist. Die Überprüfung der einzelnen Fachbereiche stellt jeweils eigene Anforderungen an die IR, die in diesem ERFA herausgearbeitet werden sollten.

Ausgangspunkt für die Befassung mit den verschiedenen Aspekten zu diesen Themen war die Tatsache, dass Missstände in diesen Bereichen vielfältige Auswirkungen sowohl in finanzieller als auch in menschlicher und umweltschädigender Hinsicht haben können. Beispielsweise stellen Mängel im FM eine große Belastung der immer knapper werdenden Budgetmittel dar, Mängel im Bereich des Bundesbedienstetenschutzes gefährden die Sicherheit der Mitarbeiter und eine mangelhafte Abfallwirtschaft belastet die Umwelt und führt auf diese Weise ebenfalls wieder zu weiteren finanziellen Belastungen. Ziel dieses ERFA war es, in allen drei Prüfungsbereichen für eine geplante Revision relevante Prüfungsfelder darzustellen und die Anforderungen an eine IR aufzuzeigen.

Um die Bedeutung von FM hervorzuheben wurde zunächst auf Beispiele hingewiesen, wonach

- der Anteil der Buchwerte von Grundstücken und Gebäuden 40 % der Bilanzsumme entspricht,
- zwischen 10 % und 18 % der jährlichen Ausgaben mit Gebäuden verbunden sind,
- selbst in produzierenden Unternehmen Immobilien (IM) den zweitgrößten Kostenfaktor nach den Personalkosten darstellen.

Daher stellen FM und IM-Prozesse einen Bestandteil des Risikomanagements und des internen Kontrollsystems der meisten Organisationen dar, wobei anzumerken ist, dass immer mehr Organisationen eine eigene FM-Abteilung haben. Andererseits zeigt sich eine Tendenz, verschiedene Bereiche des FM auszulagern, da es eine Vielzahl an externen Dienstleistern gibt. Davon betroffen ist allen voran der Bereich „Technische Wartung und Instandhaltung", gefolgt von „Reinigung", „Sicherheit inklusive Zutrittskontrolle" und „Portiere" sowie „Winterdienst und Außenbereich", wie anhand eines Stabdiagramms eindrucksvoll illustriert wird.

Die Vorteile von FM liegen bei der Kostensteuerung und -senkung, der Kostentransparenz und der Garantie der Datenverfügbarkeit und -qualität, um nur einige Beispiele zu nennen.

Für die IR gilt es, folgende Prüfungsaktivitäten durchzuführen:
- relevante Anlagen und Einrichtungen periodisch zu überprüfen und die Dokumentation upzudaten (Risiko: unentdeckte Objekte und Informationsmängel)
- periodische Betrachtung der Anforderungen des Kerngeschäftes durchzuführen (Risiko: Ausfall der Infrastruktur)
- mit Hilfe relevanter Normen und der praktischen Erfahrung von Experten die Wartungs- und Inspektionsintervalle an den Lebenszyklusdaten zu prüfen (Risiko: Versäumnis, die Wartung der Anlagen und Einrichtungen rechtzeitig zu veranlassen, inklusive der Berücksichtigung

der erforderlichen Zeit für die Beschaffung eventuell notwendiger Ersatzteile)
- Prüfung relevanter Normen und Abgleich der Dokumentation (Risiko: zu hohe oder zu niedrige Wartungsfrequenz)
- die Aufgabenverteilung der zuständigen Personen zu prüfen (Risiko: wenn die Wirtschaftlichkeitsbetrachtung und die Plausibilität nicht von verschiedenen Personen durchgeführt wird)
- Prüfung der Verfügbarkeit von Mitarbeitern, die imstande sind, die Leistung und den Materialverbrauch zu überprüfen. Sind Mängel festzustellen, dann müssen Empfehlungen für eine Auswahl und Schulung der Mitarbeiter erfolgen.
- nach Feststellung einer möglichen lückenhaften Dokumentation über Leistung sowie Material müssen durch die IR Standards für die Dokumentation definiert werden[83]

Der zweite Themenbereich der Veranstaltung befasste sich mit dem Bundesbedienstetenschutz und dessen gesetzlichen Grundlagen. Das Bundesbedienstetenschutzgesetz (B-BSG), BGBl. I Nr. 70/1999 gilt für die Beschäftigung von Bediensteten in Dienststellen des Bundes und bestimmt die allgemeinen Pflichten des Dienstgebers. In den weiteren Ausführungen dazu wird darauf hingewiesen, dass die ersten sieben Abschnitte mit dem Arbeitnehmerschutzgesetz (AschG) identisch sind und es folgt eine Darstellung des Geltungsbereiches.

Die §§ 20 bis 28 enthalten allgemeine Bestimmungen für Amtsgebäude bezüglich Schutz vor Lärm und vor Strahlung, Bestimmungen betreffend elektrische Anlagen, Sicherheitsbeleuchtung, Lagerungen, Fluchtwege, Notausgänge und Behindertengerechtigkeit. Weiters werden die Beleuchtung, Sichtverbindung, Raumklima, Grundfläche und Höhe von

---

[83] Redlein Alexander, Technische Universität, Wien, Vortrag am 9. März 2010.

Arbeitsräumen in den Bestimmungen geregelt. Die umfangreichen Pflichten des Dienstgebers reichen von der Vorsorge für Sicherheits- und Gesundheitsschutz der Bediensteten bis zu Maßnahmen zur Minimierung der Gefährdung, wie im Vortrag erläutert wird.

Schließlich wird über die Tätigkeit eines Arbeitsinspektorates berichtet sowie die einzelnen Phasen einer Besichtigung einer Bundesdienststelle aufgezeigt. Eine Begehung erfolgt anhand des Fluchtwegeplanes, wobei eine Sicherheitsfachkraft, ein Arbeitsmediziner, die Personalvertretung und eventuell der Gebäudeverwalter sowie der Brandschutzbeauftragte an dieser Begehung teilnehmen.

Die Aufgabe der IR wäre hier die Prüfung von Unterlagen, die die getroffenen Schutzmaßnahmen dokumentieren. So könnten z. B. der Fluchtwegeplan, das Brandschutzkonzept, Expertisen der Sicherheitsfachkraft und des Arbeitsmediziners überprüft werden, um etwaige Mängel in der Dokumentation festzustellen. Eine zusätzliche Besichtigung der Arbeitsräume und der Fluchtwege soll Aufschluss über die effektive Umsetzung der vorgelegten Konzepte geben. Darüber hinaus wäre es auch Teil einer Revision, die Zeiträume zwischen der Erfassung von Mängeln im Bereich des Beschäftigtenschutzes und deren Beseitigung zu prüfen. Werden die erforderlichen Maßnahmen zum Schutz der Bediensteten durch den Dienstgeber nicht ergriffen, muss eine IR in der Lage sein, die Mängel aufzuzeigen.[84]

Der dritte Bereich des Veranstaltungsthemas betraf die Abfallwirtschaft und die hier maßgeblichen Definitionen und

---

[84] Denk Walter, Arbeitsinspektorat für den 1. Aufsichtsbezirk (Wien), Vortrag am 9. März 2010.

Gesetze. Die wesentlichen Inhalte des Abfallwirtschaftsgesetzes (AWG), BGBl. I Nr. 102/2002 werden umfassend dargestellt. So zeigt der §1 Abs. 3 AWG auf, was im öffentlichen Interesse steht. Grundlage für die Umsetzung der gesetzlichen Regelungen ist die genaue Definition bzw. Kategorisierung der Gefährlichkeit der einzelnen Abfallprodukte: Gefährliche Abfälle sind alle Abfälle, die in der Verzeichnisverordnung festgelegt sind. Die Zuordnung eines Abfalls hat zu jener Abfallart zu erfolgen, die den Abfall in seiner Gesamtheit am besten beschreibt. Hierbei sind die Herkunft sowie sämtliche stoffliche Eigenschaften des Abfalls einschließlich möglicher gefahrenrelevanter Eigenschaften zu berücksichtigen.

In diesem Zusammenhang werden die Ziele der Abfallwirtschaft aufgezeigt, wobei das Ziel „Es dürfen nur solche Abfälle zurückbleiben, die keine Gefährdung für nachfolgende Generationen darstellen" besonders inhaltlich behandelt wird.

Die Vorteile eines ausgearbeiteten Abfallwirtschaftskonzeptes werden ausführlich dargestellt. Hilfreich bei der Umsetzung ist die Tatsache, dass es in Betrieben mit mehr als 100 Arbeitnehmern sog. Abfallbeauftragte gibt, deren Bestellung bei der Bezirksverwaltungsbehörde zu melden ist.

Aufschlussreich waren die praxisnahen Beispiele für korrekte Abfallentsorgung im Alltag jedes Einzelnen je nach Art des Abfalls ebenso wie die Anleitungen, wie das Sammeln und Sortieren von Müll (z.B. Toner für Drucker sowie sonstiges EDV-Zubehör) organisiert werden muss, damit im Sinne des AWG gehandelt wird.

Die anschließende Diskussion führte zu der Erkenntnis, dass die Prüfung der Abfallwirtschaft bei einer Einschau vor Ort sowohl in der Zentralstelle als auch in nachgeordneten Dienststellen durchaus sinnvoll erscheint.[85]

---

85 Wilfinger Hardwig, SVD Büromanagement GmbH., Wien, Vortrag am 9. März 2010.

3.7.2 2. Erfahrungsaustausch zum Thema „Benchmarking – Die neue Herausforderung"

Um eine Prozessoptimierung zu erreichen, wird das Instrument Benchmarking sowohl in der Privatwirtschaft als auch immer häufiger in der öffentlichen Verwaltung eingesetzt. Vor diesem Hintergrund war es ein wichtiger Schritt, dass bei diesem ERFA der Aspekt der Steigerung der Leistungsfähigkeit der eigenen Organisation in den Mittelpunkt einer systematischen Befassung gestellt wird.

Benchmarking ist ein strukturierter und wechselseitiger Prozess des Vergleichs von genau definierten Produkten, Leistungen und Prozessen, um daraus anhand von Bestwerten (Benchmarks) und Prozessinformationen mögliche Optimierungspotenziale aufzudecken und daraus konkrete Verbesserungsmaßnahmen für die eigene Organisation abzuleiten.

Benchmarking bedeutet, zuerst eine Bestimmung der eigenen Position durchzuführen und danach einen strukturierten Erfahrungsaustausch nach festgelegten Spielregeln mit den Vergleichspartnern anzustreben.

Ziel von Benchmarking ist die Steigerung der Leistungsfähigkeit, wobei folgende Schritte notwendig sind, um Verbesserungspotenziale und die Maßnahmenfindung zu identifizieren:
- Definieren der Leistungsbereiche
- Definieren der Schlüsselfaktoren, Ableiten der Kennzahlen
- Sammeln der erforderlichen Grundlagen
- Auswerten des Datenmaterials
- Integrieren der Prozessebenen
- Durchführen einer vertiefenden Kennzahlenanalyse

Entscheidender Erfolgsfaktor für die Ergebnisqualität eines Benchmarkingprojektes ist eine prozessuale und akkordierte Vorgehensweise, die von der Definition der Leistungsbereiche bis zur vertiefenden Analyse der Kennzahlen reichen muss. Das Grundprinzip lautet: voneinander und miteinander lernen!

Dass sich Benchmarking auf die unterschiedlichsten Objekte beziehen kann, wird mit einigen Beispielen demonstriert. So wurden in den Bereichen Personalverwaltung, Posteingang/-ausgang, Aus- und Weiterbildung Benchmarkingprojekte initiiert.

Es wird über die Arbeitsgruppe „Verwaltungsreform" berichtet, die im Themenfeld „Effizienz der Verwaltung" ein Reformprojekt zu den Supportleistungen mit dem Titel „Benchmarking Forum" festgelegt hat. Ziel dieses Projektes ist einerseits, alle Gebietskörperschaften in dieses Forum einzubinden und andererseits, in den Benchmarks einzelne vergleichbare Verwaltungsleistungen zu erfassen. Um aufzuzeigen, welche Vergleichsbereiche es gibt, werden folgende möglichen Bereiche dargestellt:

Produktvergleich
- Funktionalität
- Kosten
- Qualität

Strukturvergleich
- Gesamtorganisation
- Geschäftsfelder
- Bereiche

Prozessvergleich
- Abläufe
- Kosten
- Qualität
- Durchlaufzeiten

Ressourcenvergleich
- Personal
- Finanzen
- IT-Struktur
- Unternehmenskultur
- immaterielle Ressourcen

Zusammenfassend wird auf folgende klare Regeln des Benchmarking verwiesen:
- die Ergebnisse bleiben im Haus und werden nicht für einseitige PR verwendet
- die Suche nach Verbesserungen steht im Vordergrund
- Benchmarking soll nicht nur einmalig, sondern regelmäßig durchgeführt werden
- Benchmarkingpartner sind einzubinden
- Benchmarking-Kennzahlen-Vergleiche sollen nicht eindimensional erfolgen, sondern auf mehreren Dimensionen beruhen

Für die öffentliche Verwaltung besteht der Nutzen darin, dass
- die Ergebnisse und die Qualität verbessert werden,
- das Prozessverständnis gestärkt wird,
- wirtschaftlich gehandelt wird,
- die Mitarbeiterorientierung und das Leistungsbewusstsein gestärkt wird,
- die Arbeit mit Kennzahlen, die Zielorientierung und die Vernetzung gefördert werden.

Abschließend werden nochmals die Vorteile der Anwendung des Benchmarking besonders hervorgehoben und betont, worin der Gewinn für eine Organisation besteht: durch die Auseinandersetzung mit den einzelnen Bereichen und deren Kennzahlen erhält man eine Standortbestimmung der eigenen Organisation, eine umfassende Dokumentation der Leistungen ermöglicht eine Definition von Vergleichszahlen, die für einen übersichtlichen Vergleich mit den Vergleichspartnern geeignet sind. Dieser Prozess bildet die Grundlage für künftige Kennzahlenvergleiche und liefert damit im Bereich der öffentlichen Verwaltung auch wichtige Daten für die Politik. Nicht zuletzt profitiert die Organisation selbst am meisten, indem sie die durch das Benchmarking gewonnenen inhaltlichen Anregungen für die Arbeit im eigenen Bereich nützen und selbst einen Beitrag für Reformen liefern kann.

Um Benchmarking für alle zugänglich zu machen, wird auf die Wiki-Plattform verwiesen, die einen Benchmarkingleitfaden für Anwender bereithält und darüber hinaus für Benutzer eine „Diskussionsseite" anbietet.[86]

Nach der Definition und den grundsätzlichen Ausführungen zum Begriff „Benchmarking" folgt die Betrachtung in Bezug auf die IR. Benchmarking ist relevant für die IR
a. als Gegenstand der Prüfung
b. als Instrument der Prüfung
c. als Instrument der eigenen Organisationseinheit IR

Benchmarking **als Gegenstand der Prüfung** erfordert den Auftrag „Prüfen Sie Benchmarking(-prozesse) in Ihrer Organisation."

Dabei bieten sich folgende Prüfungsthemen an:
- Wie viele und welche Benchmarkings gibt es (aktuell) in der Organisation?
- Sind die Ziele klar definiert?
- Sind die Verfahren geeignet, die Unterschiede zu Vergleichspartnern und die Ursachen hinreichend offen zu legen und Verbesserungsmöglichkeiten aufzuzeigen?

---

86 Biwald Peter, KDZ-Zentrum für Verwaltungsforschung, Wien, Vortrag am 22. Juni 2010.

- Wie effizient werden die Prozessschritte (Vorbereitung, Vergleich, Umsetzung, Follow-Up) umgesetzt?
- Wie werden die Learnings aus den bisherigen Benchmarks genutzt und mit welchem Ergebnis?

Wird Benchmarking **als Instrument der Prüfung** eingesetzt, kann dies durch folgende Anwendungen erfolgen:
- Vergleich mehrerer Dienststellen
- simultane Prüfungen von Dienststellen verschiedener Bereiche (z. B. im Bundesministerium für Finanzen, Wien, im Bereich Steuern und Bereich Zoll)
- Befragung spezieller Kunden einer geprüften Dienststelle (z. B. Risikoprofile der österreichischen Kontrollbank bei Bundeshaftungen)
- sequenzielle Prüfung in einem ausgegliederten Unternehmen (Rechtsträger) und in der eigenen Dienststelle
- verbundene Prüfungen durch Revisionen von zwei oder mehreren Ressorts

Zusammenfassend lässt sich sagen, Benchmarking ist **Gegenstand einer Prüfung,** wenn die IR die Effizienz und Effektivität des gesamten Benchmarking-Prozesses bzw. aller derartigen Prozesse einer Verwaltung untersucht und als **Instrument der Prüfung** ist es dann anzusehen, wenn die IR wesentliche Teile des Benchmarkings anwendet. Darüber hinaus ist es ein Instrument der IR-Organisationsentwicklung, da Benchmarking ein wesentliches Element der Qualitätssicherung und -entwicklung ist und deshalb eine Vielzahl möglicher Ansätze bietet.[87]

---

[87] Schuh Hannes, Bundesministerium für Finanzen, Wien, Vortrag am 22. Juni 2010.

3.7.3 3. Erfahrungsaustausch zum Thema „Die Finanzmarktaufsicht und ihre zukünftige Ausrichtung – Die Rolle der Internen Revision in einem ausgegliederten Rechtsträger und die Empfehlungen der Finanzmarktaufsicht zur Internen Revision für den Finanzplatz Österreich"

Die Finanzmarktaufsicht (FMA) ist die unabhängige, weisungsfreie und integrierte Aufsichtsbehörde für den Finanzplatz Österreich und als Anstalt öffentlichen Rechts eingerichtet. Sie nahm am 1. April 2002 den operativen Betrieb auf. Ihr obliegt die Aufsicht über Kreditinstitute, Versicherungsunternehmen, Pensionskassen, Mitarbeitervorsorgekassen, Investmentfonds, Wertpapierdienstleistungsunternehmen, börsennotierte Gesellschaften sowie über die IR von Beaufsichtigten.

Zunächst werden die Aufgaben der FMA vorgestellt, die sich auf die Aufsicht von Kreditinstituten und Versicherungsunternehmen sowie Kassen bis hin zu den IR von Beaufsichtigten beziehen. Auch die Struktur (der organisatorische Aufbau) dieser alleinigen Behörde für den österreichischen Finanzplatz wird erläutert, wobei sowohl die operative Aufsicht als auch die Aufsichtsentwicklung und das In-House Consulting erklärt werden. Die FMA ist nicht weisungsgebunden, hat jedoch dem Finanzausschuss des Nationalrates und dem Bundesminister für Finanzen zu berichten (Jahresbericht der FMA).

Ab dem Jahr 2008 existiert eine Bankenaufsicht „neu". Die Analyse- und Prüfungskompetenz liegt nunmehr bei der Österreichischen Nationalbank. Als aktuelle und künftige Herausforderung gilt die Intensivierung der Aufsicht in Form von Vor-Ort-Prüfungen, wobei der Bekämpfung von unerlaubtem Geschäftsbetrieb großes Augenmerk geschenkt wird. So wurden in den Jahren 2007 bis 2009 eine Reihe von Verwaltungsstrafverfahren sowie Ermittlungsverfahren eingeleitet.[88]

Es wird die IR der FMA – organisatorisch eingegliedert als Stabstelle des Vorstandes – näher vorgestellt und ihre Aufgaben im Einzelnen erläutert. Im Jahr werden bis zu zwanzig geplante Prüfungen, Sonderprüfungen sowie Follow-Up-Prüfungen durchgeführt, wobei eine mittel- und langfristige Prüfungsplanperspektive verfolgt wird, die den Zeitraum von drei Jahren umfasst. Der Jahresprüfungsplan wird ausgehend von der Prüflandkarte erstellt, der Entwurf wird dem Vorstand zur Genehmigung vorgelegt und letztlich verabschiedet – das Prozedere wird anhand einer grafischen Darstellung verdeutlicht. Der einzelne Prüfungsauflauf wird von der Planung bis zum Prüfungsabschluss dargestellt und einige Beispiele aus der Praxis sollen die Vorgangsweise der IR im Detail aufzeigen.[89]

Die heutigen Vorträge gaben Einblick in die Tätigkeit der FMA und – unter dem Aspekt des Benchmarking – war es für die anwesenden Revisoren aus der Bundesverwaltung sehr interessant zu erfahren, welche Rolle eine IR in einem ausgegliederten Rechtsträger wie der FMA innehat und welche Prüfungsmethoden bei einer Revision angewendet werden.

---

88 Resch Gerald, Finanzmarktaufsicht Österreich, Vortrag am 7. September 2010.
89 Schmöltzer Martin, Finanzmarktaufsicht Österreich, Interne Revision, Vortrag am 7. September 2010.

3.7.4 4. Erfahrungsaustausch zum Thema „IKT-Revision – Prüfungsstandards aus der Sicht der internen und externen Kontrolle"

In der heutigen Zeit ist die IKT aus keiner Organisation mehr wegzudenken, sie durchzieht alle Bereiche der Verwaltungsebenen. Die Komplexität der Systeme und die dafür zur Verfügung stehenden Budgetmittel machen es notwendig, regelmäßig die Funktionalität, die Ordnungsmäßigkeit und die Sicherheit zu prüfen. Darüber hinaus muss besonderes Augenmerk auf die Qualifikation der IKT-Fachleute und die Übereinstimmung der IKT-Ausrichtung mit den Zielen des Entscheidungsträgers einer Organisation gelegt werden und regelmäßige Überprüfungen sind erforderlich, um laufend die Mindesterfordernisse feststellen zu können.

Um die Brisanz der Thematik anhand eines Beispiels zu verdeutlichen, wird zunächst der LRH Niederösterreich im Zusammenhang mit der Durchführung einer externen Kontrolle und der damit verbundenen Prüfungsumgebung im Bundesland Niederösterreich vorgestellt. Es wird die Phase der Themeneingrenzung herausgegriffen und dargestellt, wobei nur auf die IKT-Sicherheit eingegangen werden soll. Oberstes Schutzziel soll und muss die Vertraulichkeit, Integrität und Verfügbarkeit von Information sein. Es werden eine Reihe von Standards und Gesetzen vorgestellt, die für den Einsatz der IKT international von Bedeutung sind.

Neben den gesetzlichen Bestimmungen sind jedoch auch ökonomische Faktoren von großer Bedeutung, deshalb wird in diesem Vortrag dargestellt, wie sich die Begriffe Sparsamkeit, Wirtschaftlichkeit und Zweckmäßigkeit in Relation zu Notwendigkeit oder Modeerscheinung verhalten.

Folgende Prüfthemen sind für den LRH bei IKT-Prüfungen von Bedeutung:
- Systemsoftware
- Anwendungen
- Infrastruktur
- Datenbanken
- Benutzer/Administratoren
- Daten
- Schutzmechanismen

Ergänzend können noch Subthemen eingebunden werden, die von gesetzlichen Grundlagen, Richtlinien, bis zu einer Datenverarbeitungsregistermeldung sowie Risikoanalyse und Notfallmanagement reichen können. Anhand eines Beispiels wird gezeigt, welche Probleme sich ergeben könnten, wenn sich herausstellt, dass die Stellenbeschreibung eines Bediensteten nicht mit den Rollen- und Benutzerrechten im IKT-System übereinstimmt.

Durch den Einsatz eines funktionierenden Qualitätsmanagements konnte die Sicherheit innerhalb der Organisation ganz wesentlich erhöht werden und gleichzeitig wurden dadurch strukturierte Abläufe und Prozesse erkennbar und transparent. Die genaue Dokumentation der Zuständigkeiten und Verantwortlichkeiten soll ebenfalls in transparenter Form für alle Verantwortlichen zur Verfügung stehen. Diese Maßnahmen tragen dazu bei, das Risikobewusstsein sowohl der Entscheidungsträger als auch der Mitarbeiter in Bezug auf Outsourcing oder bei einer Passwort- bzw. TAN-Weitergabe zu erhöhen.

Abgesehen von den Entwicklungen innerhalb einer Organisation ist es für die Zukunft ganz wesentlich, sich vor Augen zu halten, dass sich die Wirtschaft stetig weiterentwickeln wird und in Folge neue Märkte entstehen werden –

und daher auch neue Gesetze, Standards und Normen entstehen und die Verwaltung und Organisationen, die durch den LRH geprüft werden, ebenfalls diesem Wandel unterliegen.

Was heißt das für die IR? Sie muss sich ebenfalls weiterentwickeln und die Neuerungen und Veränderungen im IKT-Bereich verfolgen, um auf dem aktuellen Stand der Technik und der IKT-Kenntnisse zu bleiben. Um dies zu gewährleisten, wäre für die IKT-Prüfungen durch die IR der Zukauf von Spezialwissen empfehlenswert.[90]

Der abschließende Vortrag eines IKT-Spezialisten, der Mitglied einer IR in der Bundesverwaltung ist und viele Jahre an Prüfungserfahrung aufweist, befasste sich detailliert mit dem Prüfungsablauf im IKT-Bereich. Ausgehend von der Prüfungsplanung werden die einzelnen Stadien des Prüfungsablaufs bis zum Endbericht sowie die Prüfungsstandards erläutert und aufgezeigt, welche Stellen im Prüfungsverfahren involviert sind. Die Zuhörer erhalten Einblick in die verwendeten Revisionsmethoden, wobei auf die eingesetzten Revisionsstandards wie Cobit (Control Objektives for Information and related Technology) sowie auf ITIL (IT Infrastructure Library) verwiesen wird. Es wird das sog. Reifegradmodell und die darin vorkommenden Symbole und die einzelnen Niveaus erklärt, die von „0 = Management Prozesse werden nicht angewandt" über „2 = Prozesse folgen einem regelmäßigen Muster" bis „5 = Good Practices werden angewandt und autorisiert", reichen. Der Revisionsstandard Cobit IV wird in groben Zügen erläutert, der mit der Festlegung definierter Ziele beginnt und mit der Messung der Zielerreichung fort-

---

[90] Horsky Reinhold, Landesrechnungshof Niederösterreich, Vortrag am 23. November 2010.

gesetzt wird. Nach der Prozessmessung und Aufdeckung möglicher Schwachstellen werden entsprechende Empfehlungen abgegeben, die zur Verbesserung der Performance und einer Neuausrichtung der Systeme führen.

Folgende Beispiele für Systemrevisionen werden vorgestellt:
- Routernetzwerk
- Evaluierung der gesamten Applikationslandschaft des Ressorts
- Netzwerksicherheit
- Innovative Objektsicherheit
- Rechenzentrum

Nach Durchführung einer IT-Revision können mitunter folgende Erkenntnisse bezüglich festgestellter Mängel gewonnen werden:
- schlechtes Anforderungsmanagement
- mangelhaft durchgeführte Analysen der Geschäftsprozesse
- mangelhaft definierte Phasen innerhalb der Projekte
- Änderung in den Anforderungen während des Projektes
- Zeitüberschreitungen
- Budgetüberschreitungen[91]

Die Ausführungen in dieser Veranstaltung machten für die anwesenden Revisoren die Notwendigkeit und die Wichtigkeit einer – stets auf dem aktuellsten Stand gehaltenen – IKT deutlich und zeigten gleichzeitig auf, dass in der Praxis die Entscheidungsträger, die die Ordnungsmäßigkeit von Abläufen sicherstellen müssen, nicht immer über die notwendigen Kenntnisse verfügen, um beurteilen zu können, ob

---

91 Stulier Rudolf, Bundesministerium für Landesverteidigung und Sport, Wien, Vortrag am 23. November 2010.

die IT-Ausrichtung auch tatsächlich den Organisationszielen gerecht wird. Einen Beitrag, um Fehlerquellen und Risiken zu vermeiden und die Ordnungsmäßigkeit der Abläufe zu gewährleisten, kann hier die IR durch ihre Prüfungstätigkeit leisten, wobei sie ihrerseits dafür zu sorgen hat, dass der Wissensstand der Revisoren in dieser Materie durch laufende Weiterbildung stets dem letzten Stand der technischen Entwicklungen entspricht.

3.7.5 Jahrestagung der Internen Revision 2010 zum Thema „Risikoorientiertes Prüfen – Erfolgreiches Aufspüren von Risikopotenzialen"

Aufgrund der gestiegenen Ansprüche an eine sparsame und effiziente öffentliche Verwaltung wurde mit dem Thema dieser Jahrestagung der Schwerpunkt auf das Aufspüren von möglichen Risiken gelegt, die zu unvorhergesehenen Ausgaben von Budgetmitteln führen können.

Es gilt, alle notwendigen Schritte zu setzen, um eventuelle Risiken zu minimieren bzw. zu beseitigen – ein bewährtes und anerkanntes Konzept steht hier zur Verfügung und wird im Folgenden näher ausgeführt.

Das Committee of the Sponsoring Organisations of the Treadway Commission (COSO) ist ein freiwilliger Zusammenschluss amerikanischer Unternehmen, das sich Anfang der 90er-Jahre das Ziel setzte, die Qualität der Finanzberichterstattung zu verbessern sowie einheitliche und allgemein anerkannte Standards und Methoden für ein generelles Internes Kontrollsystem(IKS)-Konzept (Internal-Control-Konzept) zu schaffen. Das damals geschaffene Konzept hat sich durchgesetzt und bildet heute die Basis für alle entwickelten internen IKS bzw. in seiner Weiterentwicklung für alle modernen Risikomanagementsysteme.

Die Gesamtziele, die abbilden, was eine Organisation erreichen will, und die Komponenten des IKS, die darstellen, was zur Erreichung der allgemeinen Ziele erforderlich ist, stehen in direkten Wechselwirkungen. Diese Wechselwirkungen werden nach dem heute als Standard angesehenen COSO-Rahmen durch ein dreidimensionales Modell in Form eines Würfels dargestellt. Der COSO-Rahmen für ein IKS wurde im Jahr 2004 um ein Risikomanagementsystem ergänzt. Das IKS wurde damit als integraler Teil des Risikomanagements einer Organisation verstanden. Der COSO-Rahmen besteht aus acht in Wechselbeziehung stehenden Komponenten.

Das Kontrollumfeld ist die Basis für das gesamte IKS. Es bestimmt die Einstellung des Managements zum Risiko (Risikophilosophie bzw. Risikokultur) und zu internen Kontrollen ebenso wie die Struktur und die Qualität des IKS. Darauf aufbauend müssen klare Zielvorgaben definiert, auf ihren Risikogehalt hin evaluiert und mit der Risikophilosophie abgestimmt werden. Die mit qualitativen und quantitativen Methoden durchzuführende Risikobewertung erfolgt unter Berücksichtigung der Wahrscheinlichkeit des Eintritts eines Ereignisses und der Auswirkung auf die Zielerreichung. Die Risikoidentifikation umfasst sowohl Risiken als auch Chancen und damit jene Ereignisse, denen eine negative oder positive Auswirkung auf die Zielerreichung zukommt. Im Rahmen der Risikosteuerung werden Risikomanagementstrategien entwickelt, die die unterschiedlichen Reaktionsmöglichkeiten der Organisation auf Risiken aufzeigen und bewerten.

Die wichtigste Strategie zur Beschränkung der Risiken besteht in internen Kontrollmaßnahmen, diese haben vorbeugende und/oder aufdeckende Funktion. In diesem Zusammenhang sind wirksame Information und Kommunikation unerlässlich für funktionierende Arbeits- und Betriebsabläufe. Das Management braucht Zugang zu relevanten, vollständigen, zuverlässigen und zeitgerechten Informationen über interne und externe Vorgänge. Durch die laufende Überwachung des IKS wird sichergestellt, dass die internen Kontrollen allfälligen Veränderungen der Zielsetzungen, des Umfeldes, der Ressourcen und der Risiken dynamisch angepasst werden und wirksam bleiben.

Dieser interne Kontrollrahmen ist für jede öffentliche Verwaltungseinrichtung generell gültig und anwendbar. Die Umsetzung wird aber je nach Organisation oder Aufgabe stark variieren und von einer Reihe spezifischer Faktoren abhängen. Zu diesen zählen unter anderem die Organisationsstruktur, das Risikoprofil, das operative Umfeld, die Größe, Komplexität und die Tätigkeit der Organisation sowie die jeweiligen normativen Vorgaben. Diese Komponenten bilden die Eckpfeiler eines IKS und schaffen die Basis für die Evaluierung interner Kontrollen. Die generelle Betrachtung der einzelnen Komponenten bietet hilfreiche Ansatzpunkte für jede Prüfung des IKS oder einzelner Kontrollmaßnahmen.

Das Management richtet häufig eine IR als Teil des internen Überwachungssystems ein, zu deren Hauptaufgaben die Überprüfung der Wirksamkeit der internen Kontrollen zählt.
Dabei ist auf eine bestimmte Regelmäßigkeit und Systematik der Prüfungen des IKS zu achten. Die IR berichtet über die Stärken und Schwächen der internen Kontrollen und gibt Empfehlungen in Bezug auf mögliche Verbesserungen ab. Ihre Unabhängigkeit und Objektivität sollte dabei jedoch gewahrt bleiben, weshalb die IR für die Beurteilung des IKS, nicht jedoch für die Umsetzung der Empfehlungen und Implementierung der Kontrollen verantwortlich gemacht werden darf. Die IR kann im Bereich der internen Kontrolle eine wertvolle Qualitätssicherungs- und Beratungsfunktion

ausüben, doch darf die IR nicht als Ersatz für ein starkes IKS betrachtet werden, zumal sie dieses ja überprüfen soll.

Die Grundlagen für die Prüftätigkeit der IR und der dabei einzuhaltenden Standards sind in den vom IIA herausgegebenen „International Standards for the Professional Practice of Internal Auditing" (mit den Teilbereichen Attribute Standards, Performance Standards und Implementation Standards) zusammengefasst.

Eine wirkungsvolle IR ist auch für die Beurteilung und den Prüfungsumfang externer Prüfungen von wesentlicher Bedeutung, weil externe Prüfungen auf den Ergebnissen der IR aufbauen können. Art, Umfang und Zeitaufwand der externen Prüfverfahren sind daher von der Verlässlichkeit der Arbeit der IR mitbestimmt.

Prüfungen des IKS werden für alle Prüfinstitutionen noch weiter an Bedeutung gewinnen. Mit zunehmender Anzahl und Komplexität der einzelnen Gebarungsfälle werden Systembetrachtungen immer wichtiger. Das IKS wird nicht nur zunehmend durch rechtliche Regelungen erfasst, sondern auch die dazu erarbeiteten theoretischen Grundlagen werden immer stärker systematisiert. Damit bilden sich Standards heraus, die für die geprüften Organisationseinheiten ebenso wie für die Prüfer in gleicher Weise zu beachten sind. Die Qualität von Prüfungen des IKS und die Verantwortlichkeit der Prüfer für die diesbezüglichen Feststellungen können damit stärker als in der Vergangenheit anhand von objektiven Maßstäben beurteilt werden.[92]

---

92 Berger Helmut, Die Prüfung des Internen Kontrollsystems in der öffentlichen Verwaltung. In: In: Kandlhofer, D./Seyfried, K. (Hrsg.): Interne Revision und risikoorientiertes Prüfen, Verlag LexisNexis, 2011, S. 59–91. Vortrag am 21. Oktober 2010.

Die detaillierten Ausführungen der Vortragenden verdeutlichten eindrucksvoll die Notwendigkeit, aufgrund der immer knapper werdenden Budgetmittel einerseits und der gestiegenen Ansprüche an eine sparsame und effiziente öffentliche Verwaltung andererseits alle notwendigen Schritte zu setzen, um eventuelle Risiken zu minimieren, die zu unvorhergesehenen Ausgaben öffentlicher Mittel führen könnten.

Die Tätigkeit der IR hat sich also mit den Ergebnissen einer Risikoanalyse zu verbinden, mit dem Ziel, einen risikoorientierten Jahresrevisionsplan zu erstellen, um eine Minimierung von Risiken in der öffentlichen Verwaltung zu erreichen.

3.8 Veranstaltungen im Jahr 2011

3.8.1 1. Erfahrungsaustausch zum Thema „Prüfung der Wirkungsorientierung sowie Stellung der Internen Revision im öffentlichen Sektor"

Da mit 1. Jänner 2013 der Beginn der zweiten Etappe der HHRR in Österreich bevorsteht, möchte dieses ERFA mit dem heutigen Thema einen Beitrag leisten, die diesbezüglichen Kenntnisse der Revisoren entsprechend zu erweitern bzw. zu vertiefen.

Es ist vorgesehen, dass in Zukunft ein Aspekt – die Wirkungsorientierung – bei der Arbeit der einzelnen Ressorts verstärkt zu berücksichtigen sein wird, wodurch sich neue Anforderungen an die Planung und Durchführung der Verwaltungsaufgaben ergeben.

Um die Bedeutung der Wirkungsorientierung zu ermessen, muss als zugrunde liegende Tatsache festgehalten werden, dass die Tätigkeiten der Verwaltung als Produkte und Leistungen definiert werden. Folglich müssen auf den unterschiedlichen Verwaltungsebenen Ziele und Maßnahmen festgelegt werden, für die auf den verschiedenen Ebenen der Wirkungskette (Input, Output, Outcome, Impact) geeignete Indikatoren festzulegen sind, die eine Relevanz, inhaltliche Konsistenz, Verständlichkeit, Nachvollziehbarkeit, Vergleichbarkeit sowie Überprüfbarkeit gewährleisten. Ob und in welchem Ausmaß diese Anforderungen erfüllt wurden, wird ein wesentlicher Inhalt künftiger Prüfungen der IR sein.

Zunächst stellt sich die Frage, was denn die wirkungsorientierte Steuerung bringen soll.

Hier wird auf eine Reihe von zu erwartenden Vorteilen verwiesen:
- mehr Transparenz über die Ziele der Politik und die Leistungen der Verwaltung
- eine verstärkte Ergebnisorientierung in Politik und Verwaltung
- eine Erhöhung der Effektivität und Effizienz der öffentlichen Leistungserbringung
- eine verstärkte Berücksichtigung der Gleichstellung von Frauen und Männern im Verwaltungshandeln
- eine Grundlage für eine ganzheitliche Steuerung (Verbindung von Input-, Output- und Wirkungssteuerung)

Die einzelnen Schritte innerhalb eines wirkungsorientierten Steuerungskreislaufs, der aus der Planung, der Umsetzung und der Kontrolle besteht, werden näher aufgezeigt. So sind von der Abteilung, die für das ressortinterne Wirkungscontrolling zuständig ist, folgende Aufgaben zu erfüllen:

- die Erstellung von Standards für den zielorientierten Steuerungsprozess in der Organisation
- die Koordination des Planungsprozesses
- die Koordination des Abstimmungsprozesses zwischen den Organisationseinheiten und Hierarchieebenen
- die Weitergabe von Informationen zu den Wirkungszielen und Maßnahmen nach innen und außen
- die Steuerung der ressortinternen und externen Berichtspflichten

Im BKA ist ab 1. Jänner 2013 eine Wirkungscontrollingstelle einzurichten, die an dieser Stelle näher vorgestellt wird. Sie soll einerseits die Ressorts bei ihren Aufgaben durch eine methodische und prozesshafte Begleitung sowie durch eine Qualitätssicherung unterstützen und andererseits ein ressortübergreifendes Wirkungscontrolling durchführen. Diese Abteilung hat dem Nationalrat zweimal im Jahr Bericht zu erstatten. Bis Ende Mai ist ein Bericht zur internen Evaluierung von Regelungsvorhaben und sonstigen Vorhaben vorzulegen, der die Ergebnisse der im vorvergangenen Finanzjahr durchgeführten internen Evaluierungen der Ressorts beinhaltet. Bis spätestens Ende Oktober ist dann ein weiterer Bericht zur Wirkungsorientierung an den Nationalrat zu übermitteln, der Informationen über die Erreichung der Wirkungsziele und Maßnahmen des vorangegangenen Finanzjahres enthält.[93]

Für die Prüfungsinstitutionen, insbesondere für den RH stellt die Berücksichtigung der Wirkungsorientierung in ihrer Prüfungstätigkeit eine neue Herausforderung dar, wie anhand eines anschaulichen Beispiels gezeigt wurde.

---

93 Hajek Wolfgang, Bundeskanzleramt, Wien, Vortrag am 1. März 2011.

Geprüft wurden die gemeinwirtschaftlichen Leistungen des Bundes im Personenverkehr (Bund 2010/9), wobei der RH im Rahmen seiner Gebarungsüberprüfungen Ziele unter folgenden Gesichtspunkten beurteilt:
- Ziele müssen quantifizierbar und im Hinblick auf die Zielerreichung messbar sein
- die Einordnung eines Zieles im Rahmen der Zielhierarchie („Staatsziele", strategische und zugeordnete Ziele) muss nachvollziehbar sein
- für Ziele, die in einem mittel- bzw. langfristigen Zeitrahmen umgesetzt werden sollen, ist die Festlegung von Teilzielen erforderlich; dies gilt auch für Wirkungen

Der Zusammenhang zwischen dem Input, dem Output sowie den angestrebten Zielen und Wirkungen muss nachvollziehbar sein. Die Darstellung soll folgendes umfassen:
- Welche Organisationseinheit trägt in welchem Umfang und mit welchen Ressourcen zu einem konkreten Ziel bei?
- Welche Leistungen/Maßnahmen tragen in welchem Umfang zur Erreichung bestimmter Ziele bei?

Demgemäß werden auch Themen und Fragestellungen aufgezeigt, mit denen sich der RH bei seinen Prüfungen in Zukunft vermehrt zu beschäftigen haben wird:
- die Eignung der Indikatoren für die Messung der Zielerreichung
- der Zusammenhang zwischen den eingesetzten Ressourcen, den getroffenen Maßnahmen und den erzielten Wirkungen
- die Validität der Datengrundlagen für die Indikatoren
- der Grad der Zielerreichung und die Ursachen von Zielabweichungen

Da die Prüfung der Wirkungen auch schon in der Vergangenheit ein Aspekt bei den Prüfungen war, konnte die Vortragende über die bereits gewonnenen Erkenntnisse des RH berichten. Gleichzeitig muss jedoch immer die Tatsache berücksichtigt werden, dass es bei der Prüfung der Leistungs- und Wirkungsmessung Hindernisse geben kann. So hat sich bei bisherigen Prüfungen ergeben, dass

- die Vertrauenswürdigkeit von automatisch mitprotokollierten Daten in Frage gestellt werden muss,
- es die Problematik gibt, an derartige Daten überhaupt heranzukommen,
- es mögliche Schwierigkeiten bei der Auswertung und Interpretation der Daten gibt,
- es zu Kompetenzverschiebungen in der Organisation kommt,
- es bei einer Einsparung zu prüfen wäre, ob sie bloß durch kurzfristige Verschiebung der Investitionen erreicht wurden.[94]

Der Vortrag „Neue Dokumente der INTOSAI zur Stellung der IR im öffentlichen Sektor und zur Zusammenarbeit mit den RH" sollte den Revisoren die Koordinations- und Zusammenarbeitsbereitschaft der ORKB bewusst machen und ihnen gleichzeitig die Möglichkeit zur Wahrung ihrer Unabhängigkeit und Objektivität aufzeigen.

Im Detail wurden folgende Punkte inhaltlich vorgestellt:
- das Regelwerk der INTOSAI
- das Unterkomitee für die interne Kontrolle
- die INTOSAI-Richtlinien für die internen Kontrollnormen im öffentlichen Sektor
- die INTOSAI-Richtlinie zur Unabhängigkeit der IR im öffentlichen Sektor

---

94 Kraus Helga, Rechnungshof, Wien, Vortrag am 1. März 2011.

- die INTOSAI-Richtlinie zur Koordination und Zusammenarbeit zwischen ORKB und IR im öffentlichen Sektor
- die INTOSAI-Richtlinie zur Verwertung der Arbeit interner Prüfer
- die Erkenntnisse und Bedeutung für die IR in Österreich

Bei der Erläuterung der Richtlinie zur Unabhängigkeit der IR im öffentlichen Sektor, die die Rolle der IR sowie die Unabhängigkeit und Objektivität definiert (INTOSAI GOV 9140) wurde auf die besondere Rolle der Geschäftsleitung einer Organisation hingewiesen, da es in ihrer Verantwortung liegt, die Arbeit der IR aktiv zu unterstützen und ausreichende Ressourcen zur Verfügung zu stellen.

Im Rahmen dieser Richtlinie wurden Kriterien zur Beurteilung von Unabhängigkeit und Objektivität der IR geschaffen und eine Reihe von Maßnahmen zur Erreichung von Unabhängigkeit und Objektivität einer IR festgelegt, die im Einzelnen vorgestellt wurden, wobei der Blick besonders auf eine angemessene Eingliederung, auf den organisatorischen Status, auf die hierarchische Unterstellung sowie auf die Fachkompetenz und die gesetzlichen Erfordernisse gerichtet wurde.

Bei der Richtlinie zur Koordination und Zusammenarbeit zwischen ORKB und IR im öffentlichen Sektor (INTOSAI 9150), die die Rollen und Verantwortlichkeiten regelt, wurde besonders der Nutzen der Koordination und Zusammenarbeit hervorgehoben, aber auch die Risiken der Zusammenarbeit aufzeigt. In diesem Zusammenhang wird auch ausgeführt, welche Arten der Koordination und Zusammenarbeit zwischen ORKB und IR möglich sein können und in welchen Bereichen, wie z. B. bei einer Untersuchung von Betrugs- und Korruptionsvorwürfen. Es wird aufgezeigt, welche Stadien der Koordination es geben kann, da die Zusammenarbeit zwischen ORKB und IR im gesamten Prüfungsablauf möglich ist (vor der Prüfung, bei der Planung der Prüfung, bei der Durchführung der Prüfung, bei den Schlussfolgerungen, der Fertigstellung, der Berichterstattung und schließlich auch beim Follow-Up).

Abschließend wird die Richtlinie zur Verwertung der Arbeit interner Prüfer vorgestellt (ISSAI 1610), welche primär auf die Finanzprüfung ausgerichtet ist.[95]

Der Erkenntnisgewinn dieser Veranstaltung bezüglich der Ziele der Wirkungsorientierung und den daraus erwachsenden Anforderungen sowohl an die Ressorts als auch an die Revisoren und bezüglich der Bedeutung der INTOSAI-Dokumente und Richtlinien bei der Zusammenarbeit der IR mit den ORKB führte letztlich zu folgenden Einsichten:
- die Zusammenarbeit zwischen RH und den IR sollte weiter intensiviert werden
- bei der Aus- und Fortbildung sind gute Ansätze vorhanden, die weiter verfolgt und ausgebaut werden sollten
- bei der Prüfungsplanung gibt es eine eingeschränkte Abstimmung, die beseitigt werden sollte
- es sollte eine Nutzung der Prüfungsergebnisse der IR zur Prüfungsvorbereitung der Prüfer des RH erfolgen
- eine Unterstützung von Empfehlungen der IR durch den RH sollte stattfinden
- ein Follow-Up von RH-Empfehlungen durch die IR gewinnt zunehmend an Bedeutung
- eine Koordination und Zusammenarbeit bei konkreten Prüfungshandlungen zwischen der IR und den RH wurde noch kaum entwickelt

---

[95] Berger Helmut, Rechnungshof, Wien, Vortrag am 1. März 2011

Es wurde ganz deutlich hervorgehoben, dass die Unabhängigkeit der IR unbedingt gewährleistet sein muss und dass fehlende gesetzliche Regelungen nicht mehr dem internationalen Standard entsprechen.

3.8.2 2. Erfahrungsaustausch zum Thema „Neueste Entwicklungen im Vergaberecht sowie wichtige Entscheidungen der Nachprüfungsbehörden"

In den vergangenen Jahren hatte es immer wieder Novellen zum BVergG 2006 gegeben, sodass die bisher mit der Kontrolle und Revision der Einhaltung der vergaberechtlichen Bestimmungen tätigen Revisoren noch vor Planung dieser Veranstaltung den Wunsch geäußert hatten, wieder ein ERFA über das BVergG durchzuführen, um Näheres über die neuesten Entwicklungen zu erfahren. Gegenstand dieser Veranstaltung waren daher die aktuellen Entwicklungen im Vergaberecht unter Hinweis auf

a. die Änderungen des BVergG 2006 durch die Novelle 2010
b. die aktuelle Judikatur des EuGH
c. die aktuelle Judikatur der nationalen Vergabekontrollbehörden

Der zweite Themenbereich der Veranstaltung sollte wichtige Entscheidungen der Nachprüfungsbehörden veranschaulichen. Zu diesem Zweck wurden einige Fälle aus der Praxis aufgegriffen, wo Sachverhalte im Zuge eines Nachprüfungsverfahrens von einer Behörde geprüft und bewertet worden waren. Anhand der konkreten Beispiele sollte den Revisoren aufgezeigt werden, welche vergaberechtlichen Normen jeweils im Verlauf eines Vergabeverfahrens verletzt wurden.

Der erste Vortrag befasste sich mit den Erfordernissen des Eignungsnachweises eines Bewerbers bei einer Auftragsvergabe – mit dem Hinweis auf die Neuerungen in der Gesetzgebung. Zum besseren Verständnis der Neugestaltung des Eignungsnachweissystems wurde ein Vergleich angestellt zwischen der bisherigen Eignungsprüfung und der Eignungsprüfung „neu". Wesentliche Neuerung ist der Nachweis der Eignung des Bewerbers/Bieters durch Eigenerklärung. Der Bewerber/Bieter erklärt und bestätigt, dass die vom AG verlangten Eignungskriterien von ihm erfüllt werden und die festgelegten Nachweise auf Aufforderung des AG beigebracht werden können. Das Einfordern einer solchen Eigenerklärung seitens des AG im Falle von Bauaufträgen, Lieferaufträgen und Dienstleistungsaufträgen ist an bestimmte Betragsgrenzen gebunden, die aufgezeigt werden.

Bei der Eignungserklärung „neu" ergeben sich jedoch auch Problempunkte bzw. offene Fragen – hier nur drei von mehreren Kritikpunkten:
- welche Konsequenzen ergeben sich, wenn eine unrichtige Eigenerklärung vorliegt
- Gefahr der Ungleichbehandlung der Bieter/Bewerber
- wenn eine endgültige Eignungserklärung erst nach einer Zuschlagsentscheidung vorliegt und das Risiko besteht, dass die Zuschlagsentscheidung nicht hält

Weiters wird auf Neuerungen im Rechtsschutzregime verwiesen. Verschiedene Beispiele sollen zeigen, wo die Probleme liegen:
- Um die aktuelle Judikatur des EuGH zu erläutern, werden vier Rechtsschutzverfahren des EuGH (Rs C-314/09, Rs C-274/09, Rs C-215/09, Rs C-480/06) vorgestellt und erklärt.
- Es wird über die aktuelle Judikatur der nationalen Vergabekontrollbehörden berichtet.

- Ein Rechtsschutzverfahren des Verwaltungsgerichtshofes (VwGH) wird vorgestellt (VwGH 31.3.2011, 2008/04/0083), das sich mit dem Ausscheiden eines Angebotes infolge Nicht-Aufklärung innerhalb gestellter Frist befasst (§ 129 Abs. 2 BVergG 2006, BGBl. I Nr. 86/2007).
- Ein zweites Verfahren wird vorgestellt und besprochen. Es handelt sich um die Durchführung einer vertieften Angebotsprüfung (VwGH 25.1.2011, 2008/04/0082). § 125 Abs. 3 Z 1 – 3 BVergG wird zitiert und wie im ersten vorgestellten Geschäftsfall die Rechtsprechung mit der Begründung des VwGH verlesen und eingehend erläutert.[96]

Der Vortrag „Sachverhalte, die zu einer Nachprüfung durch die Nachprüfungsbehörden führten" befasste sich zunächst mit der Einordnung des Vergabeverfahrens, wobei eine Einteilung
- vor Auftragsvergabe
- Ausschreibung und Vergabe
- nach Auftragsvergabe

getroffen wurde.

Mit Vergabenachprüfungsbehörden sind verschiedene Institutionen gemeint, vor allem das BVA, aber auch die Vergabenachprüfungsbehörden der Länder sind hier selbstverständlich mit einzubeziehen. Es ist auch der VwGH angesprochen, der durch eine jahrelange kontinuierliche Rechtsprechung für deutlich mehr Rechtssicherheit im Bereich der öffentlichen Auftragsvergabe gesorgt hat und ebenso auch der Oberste Gerichtshof (OGH).

---

96 Holoubek Michael, Wirtschaftsuniversität, Wien, Vortrag am 7. Juni 2011.

Um verständlich zu machen, warum Nachprüfungsbehörden tätig werden müssen, werden folgende Problemfelder bei einer Ausschreibung und bei einer Vergabe aufgezeigt und näher ausgeführt:
- Vorarbeitenproblematik
- Einleitung des Vergabeverfahrens
- Ausschreibungsmängel
- Mängel bei der Angebotseröffnung
- Mängel (oder gar Unterlassung) der Angebotsprüfung
- Ausscheiden oder Nicht-Ausscheiden von Angeboten
- Zuschlagsentscheidungen und deren Bekanntgabe
- Generell: Dokumentationsmängel

Ausschreibungsmängel führen oft dazu, dass Vergabenachprüfungsbehörden tätig werden müssen, weil
- es unvollständige oder lückenhafte Ausschreibungsunterlagen gibt,
- missverständliche Ausschreibungsunterlagen eingesetzt werden,
- es „echte Fehler" in den Ausschreibungsunterlagen gibt, die zu Missverständnissen im Bieterkreis führen,
- falsche oder überzogene Eignungskriterien existieren,
- fehlende oder unklare Zuschlagskriterien festgestellt werden,
- diskriminierende Ausschreibungsbedingungen vorliegen,
- nicht kalkulierbare Risiken existieren, die auf die Bieter übertragen werden.

Mängel bei der Angebotseröffnung entstehen, wenn der AG auf die Verlesung aller Angebote verzichtet. Welche Folgen sich daraus ergeben, wird anhand eines Beispiels erläutert, bei dem ein Bieter, dessen Angebot nicht verlesen worden war, einen Antrag auf ein Nachprüfungsverfahren stellte und er die Auffassung vertrat, dass mangels einer fehlerhaften Verlesung die Ausschreibung zu widerrufen wäre.

Ein weiteres Problem liegt vor, wenn ein AG bei einer **Angebotsprüfung** „echte Fehler" begeht, z. B. wenn sich ein AG eindeutig nicht an seine eigene „strenge" Vorgabe in der Ausschreibungsunterlage hält, die auch Maßstab für die Prüfung der Angebote sein muss.

Weitere Mängel der Angebotsprüfung sind
- wenn bei einem AG festgestellt wird, dass ein Unterbleiben von Prüfschritten vorliegt und daher die **Zuschlagsentscheidung** des AG durch einen Zweitbieter angefochten wird,
- nicht in der Ausschreibung angeführte Kriterien, die dazu führen, dass eine Nachprüfungsbehörde die Vorgangsweise des AG als rechtswidrig erklärt,
- wenn ein AG es unterlässt, zwingend **auszuscheidende Angebote auszuscheiden**, was ein „unnötiges" Nachprüfungsverfahren zur Folge hat.
- Fehlende oder mangelhafte Angaben bezüglich der wesentlichen Merkmale und Vorteile eines erfolgreichen Angebotes bzw. der Gründe für die Nichtberücksichtigung eines nicht erfolgreichen Angebots bei **Bekanntgabe der Zuschlagsentscheidung** können dazu führen, dass die getroffene Entscheidung von einem Zweitbieter angefochten wird.

Das BVergG enthält mehrere Bestimmungen zur Dokumentationspflicht, die gravierendste davon in § 136 BVergG. Zum Thema **Mängel der Dokumentationspflichten** wird ein Verfahren des EuGH angeführt und näher beleuchtet (EuGH 25.2.2003, T 183/00 „Strabag Benelux"), mit dem ergänzenden Hinweis, dass die Dokumentationspflichten der Transparenz des Vergabeverfahrens dienen sollen, um die Entscheidungen des AG nachvollziehbar zu machen.

Am Ende dieses Vortrags erinnerte ich mich an ein Zitat des Vorsitzenden des BVA in Wien: *„Dort, wo die Tätigkeit der Vergaberechtsschutzbehörde abrupt beendet worden ist, wo es uns verboten ist, weiter zu forschen, eröffnet sich für Mitarbeiter der IR ein spannendes Betätigungsfeld."*[97]

Um für die künftigen Kontroll- und Revisionstätigkeiten im Vergabewesen gerüstet zu sein, sollten die Revisoren auf folgende Punkte besonders achten:
- wurde ein Teilnehmer, der bereits vor Beginn des Vergabeverfahrens Vorarbeiten geleistet hat vom Wettbewerb als Bieter ausgeschlossen – falls nicht, wie wird mit diesem Problem umgegangen
- prüfen, ob die sachlich notwendigen Schritte vor Einleitung eines Vergabeverfahrens tatsächlich gesetzt wurden (Kostenschätzung, Definition des Leistungsgegenstandes, Wahl des richtigen Vergabeverfahrens, budgetäre Bedeckung) und diese auch ausreichend dokumentiert wurden
- prüfen, ob bei komplexeren Leistungsgegenständen eindeutige Bestimmungen in den Ausschreibungsunterlagen enthalten sind, damit keine unvollständige oder lückenhafte Ausschreibungsunterlage vorliegt
- liegen missverständliche Ausschreibungsunterlagen vor, ist es für die IR schwer zu erkennen, ob der Leistungsinhalt von Positionen ausreichend beschrieben ist, damit die betreffende Leistung kalkulierbar wird. Die Revisoren sollten auf vergebende Stellen einwirken, Leistungsbeschreibungen hinreichend klar zu verfassen bzw. „Kurz-

---

[97] Sachs Michael, Die Auswirkungen der Tätigkeit der Revision auf die Vergaberechtsschutzbehörden, In: Kandlhofer, D./Seyfried, K. (Hrsg.): Interne Revision und Vergaberecht, Verlag LexisNexis, 2008, S. 41–48. Vortrag am 7. Juni 2011.

formulierungen" auf ihre möglichen Auswirkungen zu überdenken. Überdies sollten die Revisoren stichprobenweise Kontrollen durchführen, ob in Ausschreibungsunterlagen verlangte Eignungsnachweise dem Sachlichkeitsgebot entsprechen und ob sie auch durch den AG sachkundig geprüft werden
- Zuschlagskriterien und deren Anwendung sind heikel, insbesondere wenn sie in einem Nachprüfungsverfahren streitgegenständlich sind. Die IR sollte – sofern das Bestbieterprinzip zur Anwendung gelangt – darauf achten, wie die diesbezüglichen Festlegungen erfolgen
- an die IR wird appelliert, produkt- oder herstellerspezifische Ausschreibungen differenziert zu beurteilen, nämlich danach, ob es praxisbezogene gute Gründe für die jeweilige Entscheidung geben kann, wie etwa Kompatibilität mit einem Bestand
- Prüfmaßstab der IR sollte sowohl die konstruktive als auch die funktionale Leistungsbeschreibung sein
- die IR sollte den Vorgang der Angebotseröffnung und der dazugehörigen Dokumentation höchste Bedeutung beimessen
- die IR sollte prüfen, ob sich die vergebende Stelle bei der Angebotsprüfung auch wirklich an die eigenen Vorgaben hält
- die IR soll auf die vergebende Stelle Einfluss ausüben, dass bei Angeboten mit sehr unterschiedlichen Preisgestaltungen im Rahmen der Angebotsprüfung ein höherer Sorgfaltsmaßstab anzuwenden ist als bei preislich einigermaßen gut vergleichbaren Angeboten
- die IR sollte auf die vergebende Organisationseinheit einwirken, dass diese alle für die Beurteilung von Angeboten maßgeblichen Umstände in der Ausschreibungsunterlage anführen, da nur diese Maßstab für die Angebotsprüfung sein können
- die IR wird in den meisten Fällen wissen, ob es sich bei einer Einrichtung um einen öffentlichen AG im Sinne des

BVergG handelt – falls nicht, sollte dies nach den Kriterien
des § 3 BVergG geprüft werden
- die IR überprüft die Dokumentation von Vergabeverfahren expost, teils vor Zuschlagserteilung. § 136 BVergG gibt einen Teil der Dokumentation vor, zu ergänzen sind:
  - die Bekanntmachung der Ausschreibung (gegebenenfalls)
  - Anfragen der Bieter während der Angebotsfrist
  - Aufklärung während der Angebotsprüfung[98]

3.8.3 3. Erfahrungsaustauschtreffen zum Thema „Die Konzernrevision der Österreichischen Post AG – Tätigkeitsschwerpunkte und zukünftige Ausrichtung"

Wie der RH in seinem Bericht über „Interne Revisionen in ausgegliederten Rechtsträgern des Bundes (Bund 2010/01)" einforderte, soll die Schaffung nötiger Rahmenbedingungen für IR in ausgegliederten Rechtsträgern erreicht werden. Dieses ERFA wurde geplant, um am Beispiel der Österreichischen Post AG zu zeigen, wie erfolgreich die vom RH angeregten Rahmenbedingungen für eine Konzernrevision in diesem Unternehmen geschaffen wurden.

Zunächst wird die österreichische Post als wichtiger Bestandteil der Infrastruktur Österreichs vorgestellt, die Anzahl der Post-Geschäftsstellen und das flächendeckende Logistiknetz veranschaulicht und das Aufkommen von Brief-, Paket-, Zeitungen/Zeitschriften- und Werbesendungen pro Jahr in konkreten Zahlen aufgezeigt. Die Geschäftstätigkeit der österreichischen

---

[98] Pachner Franz, Bundesministerium für Wirtschaft, Familie und Jugend, Wien, Vortrag am 7. Juni 2011.

Post geht jedoch darüber hinaus, sie ist – wie vielleicht nicht so bekannt ist – auch international gut positioniert.

Um auf das eigentliche Thema der Veranstaltung, die Konzernrevision in der Österreichischen Post AG überzuleiten, wird zuerst allgemein die Rolle der Konzernrevision illustriert, die durch ihre Unterstützung bei der Umsetzung der Unternehmensstrategie einerseits und durch das Aufzeigen von Handlungs- und Entscheidungsoptionen andererseits beitragen will, das Ziel der Generierung eines Mehrwerts für das Unternehmen zu erreichen. Die Aufgabe der Konzernrevision besteht darin, die Kontroll- und Überwachungsfunktion im Auftrag des Vorstandes wahrzunehmen, wobei nach Identifikation und Bewertung von Unternehmensrisiken ein Rechenschaftsbericht an den Aufsichtsrat zu übermitteln ist. Durch eine risikoorientierte Prüfungsplanung sowie eine einheitliche und nachvollziehbare Risikobewertung soll der Unternehmenserfolg gesteigert werden. Der Bereich Konzernrevision, Risikomanagement & Compliance garantiert Transparenz, liefert Fakten zur Entscheidungsfindung, präsentiert Lösungen und forciert deren nachhaltige Umsetzung.

Konkret unterstützt dieser Bereich den Vorstand und das Top-Management, d. h.
- die Konzernrevision führt alle wesentlichen Kontroll- und Überwachungsaufgaben im Sinne eines integrierten Gesamtsystems im Konzern aus,
- das Risikomanagement sorgt für die Verankerung eines unternehmensweiten risikobasierten Frühwarnsystems,
- Compliance steht für die Einhaltung sämtlicher gesetzlicher und konzernweiter Vorschriften und Regelungen und der Implementierung in allen Organisationseinheiten.

Der risikoorientierte Prüfungsansatz der Konzernrevision bezieht das Top-Management, Querschnittsfunktionen und operative Einheiten des Konzerns in die Identifizierung und Bewertung der Risiken konsequent mit ein. Es wird außerdem gezeigt, wie sich Prüfthemen risikoorientiert herleiten.

Folgende Kernaufgaben werden durch die Konzernrevision wahrgenommen:
- Operational Auditing, wobei die Wirtschaftlichkeit, Funktionsfähigkeit und Effizienz der Unternehmensprozesse überprüft werden
- Management Auditing, wobei die Zielsetzungen des Unternehmens unter Berücksichtigung der Konsistenz von Gesamt- und Risikostrategien überprüft werden
- Internal Consulting, wobei Projekte und Restrukturierungen begleitet werden und damit verbunden die Prozessberatung

Daraus ergibt sich, dass der Jahresrevisionsplan nicht ausschließlich eine Planung der Konzernrevision ist, sondern ein Unternehmensprogramm.

Ein Organigramm zeigt die Teilbereiche, auf welche die Konzernrevision Einfluss hat, u.zw. auf
- die Geldrevision (für die Einnahmensicherung, für das IKS, für die Belegprüfung),
- die IR (für die Überwachung der Finanzen und Einkauf, für die Produktion und Logistik, für das Marketing und Innovation sowie für das Personal; ist auch für Tochtergesellschaften zuständig),
- die IT-Revision (für die Überwachung der IT und zur Unterstützung für die anderen Teams der Konzernrevision),
- den Bereich Deliktrevision/Erhebungsdienst (für die Überwachung von Fraud, Überfälle und Einbruch sowie zur Prävention und Erhebung).

Sehr eindrucksvoll wird aufgezeigt, dass alle Empfehlungen des RH nach der durchgeführten Prüfung, die in einem Bericht (Bund 2010/01) festgehalten wurden (welcher u.a. auch an die Post AG übermittelt wurde) durch das Unternehmen umgesetzt werden konnten.

Im Vortrag „Arbeitsgrundlagen und –prozesse der IR der Post AG" wird auf die qualitativen Grundlagen für die Arbeit verwiesen, wobei drei Säulen für einen qualitativen Wertbeitrag sorgen sollen:
- IR allgemein – baut auf Vorgaben und Standards von IIA und RH
- IR speziell – Ausübung eines Qualitätsmanagements durch Prozesse und Tools
- Postspezifisch – das Betreiben einer kontinuierlichen Verbesserung durch Audit Universe[99]

Diese Veranstaltung zeigte klar auf, dass die Konzernrevision ihre Prüfungen an den Zielen des Unternehmens auszurichten hat. Die Profilbeschreibung für einen Revisor ist sehr hoch angesiedelt und setzt interdisziplinäre Kenntnisse voraus, um das Unternehmen für seine zukünftige Ausrichtung – insbesondere durch Updates des Audit Universe – kontinuierlich zu verbessern.

---

[99] Pölzl Georg, Stadlmann Michael, Ludwig Marc-Oliver, Österreichische Post AG, Vorträge am 20. September 2011.

3.8.4 4. Erfahrungsaustausch zum Thema „Wissensmanagement – Chancen und Grenzen in der öffentlichen Verwaltung"

Die öffentliche Verwaltung steht durch eine sich rasch verändernde Umwelt erhöhten Anforderungen gegenüber. Um diesen Anforderungen auch in Zukunft gerecht zu werden, rückt für die einzelnen Organisationseinheiten die Bedeutung von „Wissen" und dessen Weitergabe in den Mittelpunkt der Aufmerksamkeit. Vor diesem Hintergrund wurde dieses ERFA geplant, um aufzuzeigen, was es für die öffentliche Verwaltung bedeutet, Wissen zu sammeln, aufzubereiten und auf Nachfrage zur Verfügung zu stellen. Letztlich geht es darum, ein geeignetes Wissensmanagement (WM) zu etablieren.

Folgende Gründe für die Wichtigkeit des WM lassen sich anführen:
- die effiziente Nutzung von Wissen reduziert Kosten
- durch den technologischen und gesellschaftlichen Wandel müssen neue Aufgaben in immer kürzerer Zeit erledigt werden
- die Verwaltungsarbeit ist per se Wissensarbeit, da die Aufbereitung und Organisation von Wissen eine der zentralen Aufgaben und Begründungen für die öffentliche Verwaltung ist

Der Begriff „Wissen" umfasst zwei verschiedene Aspekte, die anhand einer Abbildung sehr anschaulich dargestellt werden: explizites und implizites Wissen. Während explizites Wissen dokumentiert und artikuliert werden kann und auf diese Weise verfügbar wird, ist implizites Wissen weitgehend unbewusst und ist daher nicht oder nur indirekt durch spezielle Beobachtungs- oder Fragetechniken erfassbar und artikulierbar.

Die folgende Gegenüberstellung zeigt noch deutlicher die Unterschiede:

Explizites Wissen	**Implizites Wissen**
– objektiv	– subjektiv
– personenungebunden	– personengebunden
– Rationalität	– Erfahrung
– allgemeingültig	– „hier und jetzt gültig"
– kontextunabhängig	– kontextspezifisch
– Theorie	– Praxis

Es wird das Modell der Wissensbilanz A 2006 (nach Koch/Schneider) vorgestellt. Das KDZ-Zentrum für Verwaltungsforschung hat durch eine Studie im Jahr 2010 u. a. festgestellt, dass es in insgesamt 9 von 13 Ministerien in Österreich Organisationseinheiten mit einem Aufgabenbereich „WM" gibt.[100]

Gemäß dem Vortrag des Vertreters des RH wurde das Thema „WM" in diesem Jahr zum ersten Mal Gegenstand einer Prüfung seitens des RH. Der Prüfungszeitraum umfasste März bis Mai 2010, es wurden zwei ausgewählte Ministerien und nachgeordnete Stellen in drei Bundesländern (rund 240 Gesprächspartner) überprüft (Bund 2011/08).

Folgende Prüfungsziele wurden durch das Prüfteam festgelegt:
Beurteilung der
- strategischen Konzeption des WM
- Organisation des WM

---

100 Krabina Bernhard, KDZ-Zentrum für Verwaltungsforschung, Wien, Vortrag am 29. November 2011.

- Zweckmäßigkeit des Einsatzes von ausgewählten Instrumenten des WM
- Nutzung von ausgewählten Informationssystemen
- Nutzung von Kennzahlen zum WM

Die zusammengefassten Prüfungsfeststellungen ergaben, dass
- die in beiden Ministerien vorhandenen Bestände an Wissen unübersichtlich und schwer zugänglich waren,
- es in beiden Ministerien positive Ansätze zum WM gab: in einem Ministerium im operativen Bereich der Umsetzung, im anderen Ministerium bei strategisch-konzeptionellen Überlegungen,
- beide Ressorts die Bedeutung des WM erkannt hatten,
- die Verbesserung des WM die Effizienz und Effektivität erheblich steigern könnte.

Aufgrund der Prüfungsergebnisse bot das Prüfteam des RH folgende Empfehlungen an:
- ein strategisches Konzept für das WM erstellen und für die Anwendung in der Praxis operationalisieren
- die Verantwortlichkeit für das WM bei einer – möglichst übergeordneten – Stelle festlegen
- strategische Wissensgebiete festlegen, klar gliedern, durchgängig strukturieren, bedarfsgerecht ausrichten und gezielt managen
- die Übersichtlichkeit des Intranets verbessern, Suchfunktionen einrichten bzw. verfeinern
- die Erläuterung wichtiger Begriffe und Abkürzungen zentral zur Verfügung stellen
- die zeitliche Belastung der Bediensteten durch differenziertes Pull- bzw. Push-System des Informationsmanagements verringern
- die wissensrelevanten Projekte zentral erfassen, den systematischen Zugriff auf Projektdokumentationen sicherstellen, das Wissen aus Projekten gezielt managen

- das Innovationspotenzial der Mitarbeiter zielgerichteter nach strategisch bedeutenden Themen nutzen
- Themen der Aus- und Weiterbildung auf ihre Vermittlung mit standardisierten Mitteln prüfen
- Formulare anwenderorientiert (vorrangig nach Sachgebieten) an schnell auffindbarer Stelle zugänglich machen
- die Häufigkeit der Verwendung von Applikationen messen
- die Zugriffe auf die – für die Steuerung und Verbesserung des Wissens – als wichtig beurteilten Inhalte mit vertretbarem wirtschaftlichen Aufwand – in nicht personenbezogener Form – analysieren
- die wissensbezogenen Kennzahlen für das Kerngeschäft festlegen[101]

Die Ergebnisse der Prüfung des RH und in der Folge die große Anzahl an Empfehlungen zeigt auf, dass das Thema „WM" derzeit in der öffentlichen Verwaltung erst in Ansätzen berücksichtigt wird und die wünschenswerte Umsetzung in allen Verwaltungseinheiten noch umfassender Bemühungen bedarf. Das bedeutet auch für die Revisoren, ihre verstärkte Aufmerksamkeit auf dieses Thema zu richten, um durch Prüfung des WM im eigenen Ressort in einer vernetzten Sichtweise wertvolle Informationen zu diesem Thema zu sammeln.

---

101 Käppl Volkmar, Rechnungshof, Wien, Vortrag am 29. November 2011.

3.8.5 Jahrestagung der Internen Revision 2011 zum Thema „Gebarungskontrolle in Österreich – 250 Jahre Rechnungshof und 30 Jahre Interne Revision"

Die Geschichte wollte es, dass der RH und die IR in der Bundesverwaltung in Österreich im Jahr 2011 ein Doppeljubiläum feiern dürfen. Während der RH im Jahr 1761 durch Kaiserin Maria Theresia als „Rechen-Cammer" gegründet wurde, entstand die IR durch einen Ministerratsbeschluss unter dem Bundeskanzler Dr. Bruno Kreisky betreffend die „Neuordnung der (Innen)Kontrolle in der Bundesverwaltung" am 15. September 1981 vor dem Hintergrund eines Skandals beim Neubau des AKH (siehe auch Punkt 1.2).

Zu dieser Jahrestagung waren Revisoren und Prüfer aus Bund, Ländern und Gemeinden geladen. Es sollte der Fokus auf eine kritische Auseinandersetzung mit dem Stand der Kontrolle in Österreich gerichtet werden. Damit verbunden sollten mögliche Schwachstellen und Mängel bzw. notwendige Unterstützungsmaßnahmen und Verbesserungen in prüfenden Organisationseinheiten aufgezeigt werden.

Im Jahr 2011 feiert der RH unter dem Motto „Kontrolle zahlt sich aus" ein besonderes Jubiläum und die Erfahrungen während der 250 Jahre seines Bestehens belegen diese Feststellung sehr deutlich. Ein Blick in die Vergangenheit zeigt eine wechselhafte, aber trotzdem geradlinige Entwicklung dieser Kontrollinstanz. Nach einer Reduktion der Kompetenzen des RH (Ende des 18. Jahrhunderts Abschaffung der Präventivkontrolle, Beschränkung der Unabhängigkeit und kurzzeitige Auflösung) folgte wieder die Ausweitung seiner Kompetenzen und – damit verbunden – eine Stärkung der Kontrollbefugnisse. Die kontinuierliche Ausweitung der Kontrolle war sicherlich auch darin begründet, dass der RH seine Verantwortung stets darin gesehen hat, durch Lieferung von Daten eine Funktion als Partner und Brückenbauer wahrzunehmen.

Die Geschichte seit den Anfängen des RH hat auch gezeigt, dass der Austausch von Wissen – seit 2004 im Rahmen des ERFA – für alle Beteiligte von großem Nutzen ist. So begab sich der RH schon im Jahr 1862 auf eine fact-finding-mission nach Preußen, um von anderen zu lernen. In den 1920er-Jahren diente er selbst als Modell für Kontrollbehörden in Europa. Seit 1963 bringt er sich aktiv mit seinen Erfahrungen in die INTOSAI ein. Seit 1968 ist das Generalsekretariat von INTOSAI am Sitz des österreichischen RH beheimatet, der österreichische RH-Präsident ist gleichzeitig auch Generalsekretär von INTOSAI.

Entwicklungen innerhalb der EU in der jüngeren Vergangenheit hatten zur Folge, dass Kontrolldefizite beim EURO-Rettungsschirm festgestellt werden mussten, die die RH der 17 EURO-Länder zu einer sehr klaren Position veranlasst haben. Eine wirksame und objektive Finanzkontrolle verlangt nach einer rechtlich abgesicherten Einrichtung, die mit entsprechenden sachlichen, fachlichen und personellen Ressourcen ausgestattet ist. Der Kapazitätsausbau ist deshalb Teil der prioritären Zielsetzung im strategischen Plan der INTOSAI. Der Fokus liegt insbesondere auf der Forcierung von Schulungen und Fortbildungsmaßnahmen speziell in Entwicklungsländern. Während die Repression den Strafverfolgungsbehörden vorbehalten ist, kommt den ORKB eine umso größere Bedeutung in der Korruptionsprävention zu, um den sparsamen, wirtschaftlichen und zweckmäßigen Umgang mit öffentlichen Geldern sicherzustellen.

Zusammenfassend lässt sich sagen, dass es gelungen ist, verbindliche Richtlinien zu erarbeiten und anerkannte Standards zu etablieren, den Kapazitätsausbau der RH zu intensivieren und den Wissensaustausch maßgeblich zu forcieren. Durch die erfolgreiche Umsetzung dieser Bemühungen wurde erreicht, dass die Generalversammlung der Vereinten Nationen die Unabhängigkeit der RH stärkte und zur Zusammenarbeit der Staaten mit INTOSAI aufforderte. RH und ihre Dachorganisation INTOSAI sind für (internationale) Herausforderungen gut gerüstet. Was die Herausforderungen der internen und der externen Kontrolle betrifft kann festgestellt werden, dass sie sich oft nur unwesentlich unterscheiden.

Sowohl ein Blick in die Geschichtsbücher als auch ein internationaler Vergleich zeigt: Kontrolle zahlt sich aus. Man kann sich daher den Worten Nelson Mandelas nur anschließen:

„Yesterday is history, tomorrow an opportunity, today is all we have. Let's build together now."[102]

Die unabhängige öffentliche Finanzkontrolle liegt beim (Bundes-)RH, dessen Gründung vor 250 Jahren erfolgte und bei den im Laufe von 30 Jahren sukzessive eingerichteten gleichberechtigten LRH. So entstand beispielsweise der LRH Steiermark im Jahr 1982, während der LRH Tirol erst im Jahr 2003 gegründet wurde.

Wesentliche Merkmale der LRH sind ihre abgesicherte völlige Unabhängigkeit und ihre Einrichtung als externe Kontrollinstanz. Als Organe der jeweiligen Landtage unterstützen sie diese fachkundig bei der Erfüllung der parlamentarischen Kontrollaufgaben gegenüber der Regierung und Verwaltung. Als solche sind sie weisungsfrei und von der Exekutive organisatorisch unabhängig. Die rechtliche Stellung der

---

102 Moser Josef, Kontrolle in Österreich im internationalen Kontext. In: Kandlhofer, D./Seyfried, K. (Hrsg.): Gebarungskontrolle in Österreich: 250 Jahre Rechnungshof und 30 Jahre Interne Revision, Verlag Lexis Nexis, 2012, S. 1–12. Vortrag am 20. Oktober 2011.

LRH in den einzelnen Bundesländern ist allerdings noch unterschiedlich geregelt. Im Hinblick auf die gebotene Unabhängigkeit und die Öffentlichkeitsarbeit gibt es teilweise noch legistischen Entwicklungsbedarf. Aufgrund dieser Tatsache fordern die LRH seit Jahren verfassungsgesetzlich normierte Mindeststandards nach internationalem Vorbild (Deklaration von Lima und Mexiko).

Anders als in anderen europäischen Ländern besteht im Bereich der Landesgebarung und der Landesbeteiligungen eine parallele Prüfungskompetenz von RH und LRH. Um Doppelprüfungen zu vermeiden, erfordert dieser Umstand eine umfassende Abstimmung der Prüfungsprogramme zwischen den RH. Im Bereich der Gemeindeprüfungen obliegt dem RH die Prüfung von Gemeinden ab 10.000 Einwohnern. Die LRH fordern im Interesse der Steuerzahler, die bestehende Kontrolllücke bei Gemeinden unter 10.000 Einwohnern zu schließen.

Anhand einer standardisierten Organisationsanalyse werden wesentliche Themenfelder wie Entwicklungsziele, Strategien, Planungen, Strukturen und Arbeitsabläufe in einer Gemeinde, aber auch die Qualität der Leistungserbringung, das Führungs- und Managementsystem, Kommunikationsstrukturen, Mitarbeiterzufriedenheit, das Personalmanagement und die Kundenorientierung unter die Lupe genommen und evaluiert. Die Prüfungsmaßstäbe orientieren sich an den Grundsätzen des NPM bzw. Public-Governance. Als Ergebnis dieser strukturierten Analyse werden ein Stärken-/Schwächenprofil der jeweiligen Gemeinde entwickelt und möglichst gemeinsam mit den kommunalen Verantwortungsträgern taugliche Verbesserungsvorschläge erarbeitet. Über diese Organisationsanalyse hinaus steht immer auch die kritische Auseinandersetzung mit der kommunalen Haushalts- und Finanzsituation im Zentrum der Prüfung.

Einen weiteren besonderen Stellenwert bei Gemeindeprüfungen bildet der gesamte Subventionsbereich. Regelmäßige Prüfungsfelder umfassen auch
- den Bedarf, die Planung, Abwicklung, Finanzierung und Leistungsvergabe von Bauvorhaben,
- die Beurteilung von Folgekosten kommunaler Zusammenarbeit (Synergiepotenziale),
- Gebührenhaushalte,
- die Ausschöpfung von Einnahmemöglichkeiten (Kostenbeiträge, Tarife),
- alle Arten von Ausgliederungen.[103]

Den Abschluss der Jahrestagung bildete eine Podiumsdiskussion zum Thema „Welchen Handlungsbedarf sieht die Politik zur Erhöhung der Effizienz der Kontrolle in Österreich" mit den Nationalratsabgeordneten Christine Lapp (SPÖ) und Gabriela Moser (Grüne) sowie Matthias Tschirf, damals Landtagsabgeordneter der ÖVP und Gerald Hauser, Landtagsabgeordneter der FPÖ. Unter den Diskussionsteilnehmern bestand Einigkeit, dass eine Ausweitung der Prüfkompetenzen der RH angestrebt werden sollte. Zum Thema Revisionsgesetz gab es ebenfalls eine Übereinstimmung dahin gehend, dass die IR gestärkt werden müsse, um ihre Aufgaben effizient erfüllen zu können, denn die Politik müsse ein Interesse an einer gut funktionierenden Kontrolle haben.

---

103 Brückner Helmut, Die Prüfungskompetenzen der Landesrechnungshöfe unter besonderer Berücksichtigung der Gemeindeprüfung. In: Kandlhofer, D./Seyfried, K. (Hrsg.): Gebarungskontrolle in Österreich: 250 Jahre Rechnungshof und 30 Jahre Interne Revision, Verlag LexisNexis, 2012, S. 93–98. Vortrag am 20. Oktober 2011.

Diese Veranstaltung – mit dem kurzen historischen Rückblick und einer Erläuterung der verschiedenen Prüfungsbehörden und deren Arbeit bzw. Zusammenarbeit – zeigte den Teilnehmern auf, dass zwar auf eine langjährige Prüfungspraxis zurückgeblickt werden kann, jedoch eine permanente kritische Auseinandersetzung aller Kontrolleinrichtungen in Österreich mit dem aktuellen Stand der Kontrolle unerlässlich ist, um den zukünftigen Herausforderungen gewachsen zu sein.

3.9 Veranstaltungen im Jahr 2012

3.9.1 1. Erfahrungsaustausch zum Thema „Was die Interne Revision derzeit über die Prüfung der Datensicherheit wissen sollte"

Zweifellos muss festgestellt werden, dass virtuelle Angriffe zunehmen und – wie einige Ereignisse zeigten – besonders öffentliche Verwaltungseinrichtungen ein begehrtes Ziel für Hackerangriffe sind. Angriffe können von außen erfolgen, doch kommt es ebenso vor, dass interne Mitarbeiter durch fahrlässiges oder mutwilliges Verhalten Sicherheitsrisiken entstehen lassen. Aus diesem Grund ist es notwendig, präventive Maßnahmen zu ergreifen, um diese Risiken möglichst gering zu halten.

Es muss daher eine Kernaufgabe des IT-Entscheidungsträgers sein, neben präventiven Maßnahmen wie Information, Beratung und Unterstützung von Organisationseinheiten, für die gesamte Organisation einer Dienststelle Schutzmaßnahmen zu entwickeln, um auf diese Weise für Datensicherheit zu sorgen.

Der erste Vortrag befasst sich mit den Erfordernissen bezüglich der Informationssicherheit im Zusammenhang mit der Übermittlung und dem Zugang zu Verschlusssachen, sog. klassifizierter Informationen (CI), die Österreich aufgrund völkerrechtlicher Verpflichtungen erhält, wobei es hier gilt, die internationalen Verpflichtungen national umzusetzen. Daraus entsteht die Verpflichtung zur Errichtung innerstaatlicher Funktionen und Stellen zur Sicherstellung des Schutzes von CI. National umgesetzt wurden diese internationalen Verpflichtungen durch das Informationsgesetz BGBl. I Nr. 23/2002 – das Bundesgesetz über die Umsetzung völkerrechtlicher Verpflichtungen zur sicheren Verwendung von Informationen. Es wurde eine Informationssicherheitskommission mit einer Geschäftsstelle – dem Informationssicherheitsbüro – gebildet, die sich im BKA befindet und gleichzeitig wurden in den einzelnen Ressorts Informationssicherheitsbeauftragte installiert. Diese tragen gemäß Informationssicherheitsgesetz (InfoSiG) die Verantwortung für den gesamten Bereich der Informationssicherheit des jeweiligen Ressorts, d. h. sie haben dafür zu sorgen, dass

- die Informationssicherheit durch organisatorische Maßnahmen gewährleistet ist,
- die Überwachung der Einhaltung des InfoSiG reibungslos funktioniert,
- die jährliche Überprüfung der Sicherheitsvorkehrungen erfolgt,
- die Unterweisung der Bediensteten gemäß § 6 InfoSiG durchgeführt wird,
- eine Meldung bei Verstoß gegen das InfoSiG an die Ressortleitung erfolgt,
- Bericht an die Informationssicherheitskommission erstattet wird.

Grundprinzipien und Mindeststandards für die Sicherheit in Bezug auf den Schutz von CI sind in folgenden Bereichen zu beachten:
- personelle Sicherheit (Durchführung von Sicherheitsüberprüfungen und Belehrungen)
- physische Sicherheit (materielle und technische Schutzmaßnahmen, um unbefugten Zugang zu verhindern, z. B. in Gebäuden, Büros, Behältnissen)
- organisatorische Sicherheit (Erstellung, Registrierung, Vervielfältigung, Beförderung von CI)
- Schutz in Kommunikations- und Informationssystemen (elektronische Verarbeitung, Verschlüsselung, Authentifizierung, Akkreditierung, Zusammenschaltung von Netzwerken)

Was die Veränderungen der Sicherheitsbestimmungen im Laufe der Jahre anbelangt so wird aufgezeigt, dass die seit 1970 geltende Verschlusssachenordnung mit einem Beschluss des Ministerrats vom 30. Jänner 2008 durch eine „Geheimschutzordnung des Bundes neu" außer Kraft gesetzt wurde. Sie enthält einen einheitlichen Rahmen zum Schutz nationaler CI, legt die Klassifizierungsstufen fest, orientiert sich an internationalen Vorgaben und beinhaltet eine Anpassung an die Modernisierung der Kanzleiordnung 2004.

Schließlich wird das Österreichische Informationssicherheitshandbuch vorgestellt, welches durch das BKA in Zusammenarbeit mit dem Zentrum für sichere Informationstechnologie (A-SIT) bereits im Jahr 2003 herausgegeben und 2010 relauncht wurde. Dieses Buch gilt als Grundstein der sicheren Handhabung von Informationen für die öffentliche Verwaltung, für die Wirtschaft und für Private.[104]

---

104 Trost Gerald, Bundeskanzleramt, Wien, Vortrag am 27. März 2012.

Es gibt vier Klassifizierungsstufen, die besondere Schutzmaßnahmen für CI vorsehen:
- Eingeschränkt
- Vertraulich
- Geheim
- Streng Geheim

Der folgende Vortrag befasste sich mit den Schwierigkeiten, die entstehen, wenn die notwendigen Schritte betreffend Sicherheitsmaßnahmen nicht korrekt gesetzt werden – gemäß dem Motto „Behinderungen entstehen nur dann, wenn die Hausaufgaben nicht gemacht wurden". Ausgangspunkt für die Ausführungen waren in der Vergangenheit bereits durchgeführte Prüfungen im Bereich der Datensicherheit, die ergeben hatten, dass
- lückenhafte Inventaraufzeichnungen,
- ein sektorales Risikomanagement,
- fehlerhafte/nicht mehr aktuelle Risikobewertungen,
- ein Betrieb mit unbekannten Risiken,
- übertriebene Hardwareausstattung,
- wenig Sicherheitsbewusstsein

auf Mängel in Systemen und Prozessen zurückzuführen sind.

Erläutert wird, welche Schritte und Überlegungen angestellt werden müssen, damit im Rahmen eines Risikomanagements
a. Maßnahmen festgelegt werden können und
b. für diese Maßnahmen die Zustimmung und Genehmigung der Verantwortungsträger erfolgt.

Weiters sind
- Schnittstellenanalysen zwischen Prozessen und Bereichen durchzuführen,
- Kernbereiche und kritische Prozesse herauszuarbeiten,
- Verfügbarkeiten aufzuzeigen,
- Priorisierungen festzulegen,
- laufend aktualisierte Asset-Managements durchzuführen.

Generell gesprochen muss eine Datensicherheitspolitik mit einer Datensicherheitsstrategie vorgelebt werden, die Abteilungslandkarten, Bereichslandkarten und Prozesslandkarten beinhaltet und interne Richtlinien und Stellenbeschreibungen müssen erstellt werden.

Nicht zuletzt muss jedoch auch gesagt werden, dass eine falsch verstandene Datensicherheit arbeitsbehindernd sein kann. Daher gilt es, umsichtig geplante Datensicherheitsprozesse zu implementieren. Wenn dies gelingt, werden die Anwender bei ihrer täglichen Arbeit nichts davon bemerken und keinerlei Beeinträchtigungen im Arbeitsablauf erfahren.[105]

Diese Veranstaltung veranschaulichte den Revisoren, dass die Datensicherheit – im internationalen als auch im nationalen Bereich – in Zukunft die erhöhte Aufmerksamkeit auch der Revisoren erfordert, um sich verstärkt der Risiken bewusst zu werden und andererseits relevante – neue – Prüffelder zu erkennen, die bei einer geplanten Revision einzubeziehen sind.

3.9.2   2. Erfahrungsaustausch zum Thema „Shared Services in der Bundesverwaltung – Auswirkungen für die Interne Revision"

In Zeiten knapper Budgetmittel ist die Bildung von Shared Services Centern bzw. Clustern einer der Lösungswege, wenn die Kosten reduziert werden müssen. Dieses Thema ist in der heutigen Zeit umso wichtiger, als das Sparpaket der österreichischen Bundesregierung neue Vorgaben enthält, durch welche die Ressorts sich gezwungenermaßen die Frage stellen

---

[105] Horsky Reinhold, Landesrechnungshof Niederösterreich, Vortrag am 27. März 2012.

müssen, ob sie wirklich schon „alle Register gezogen haben", um ihre Kosten zu minimieren.

Der Vortrag „Shared Services – geteilte Leistung – voller Erfolg!?" zeigte auf, dass es in der Verwaltungswissenschaft zahlreiche Kooperations-Konzepte zur Erzielung von Einsparungen gibt, wie beispielsweise die Bildung von Agentur-Modellen, Public Private Partnerships und Shared Services, durch die eine gleichbleibende oder sogar verbesserte Dienstqualität gewährleistet werden kann. Dass das Konzept des Shared Services auf Bundesebene umgesetzt werden kann, ist durch ein Ressortübereinkommen beschlossen.

Eine B-VG-Novelle, BGBl. I Nr. 60/2011, regelt, dass sich Gemeinden durch Vereinbarung zu Gemeindeverbänden zur Besorgung ihrer Angelegenheiten zusammenschließen können. Dabei ist eine Zusammenarbeit von Bezirksverwaltungsbehörden inklusive Übertragung behördlicher Zuständigkeiten vorgesehen.

Verschiedene Fakten und Umstände in der Verwaltung führen zum Shared Services-Gedanken:
- die Aufgaben sind komplexer und vielfältiger geworden
- die Verwaltungen geraten an ihre Leistungsgrenzen
- bei Personalabgang gibt es keine Nachbesetzungen
- die Finanzsituation
- die Anspruchshaltung der Kunden hat sich verändert

Als besonders erfolgreiche österreichische Shared Services Center werden
- die Bibliothekscluster
- die Errichtung der BBG
- die Errichtung der Bundesrechenzentrum GmbH
- die BHAG des Bundes
- das gebietskörperschaftenübergreifende Benchmarking-Forum

vorgestellt.

Zum Thema Shared Services gehört ebenfalls die Einführung eines gemeinsamen Aktensystems – des elektronischen Aktes.

Da das Budget-Thema – mit der Forderung nach steten Einsparungen – EU-weit die Politik beschäftigt, kann der Blick über unsere Grenzen hinaus möglicherweise wertvolle Hinweise auf erfolgreiche Wege bezüglich der Handhabung der Finanzen bringen. So wird auf eine Reihe von internationalen Beispielen verwiesen, die erfolgreich das Modell des Shared Services einsetzen. Besonders skandinavische Staaten wie Norwegen, Schweden, Dänemark, aber auch Deutschland werden erwähnt und Beispiele von Shared Services Centern vorgestellt.[106]

Als sehr erfolgreich ist der Bibliothekscluster „Minoritenplatz" hervorzuheben, der heute fünf Bibliotheksbereiche umfasst. Dieser Shared Services Center wurde stufenweise von 2002 bis 2005 aufgebaut mit dem Ziel, deutliche Einsparungen im Sach- und Personalaufwand zu erreichen. Es wurden alle Kataloge und Magazine von separaten Bibliotheksbereichen geschlossen, die Handapparate in die zentrale Administrative Bibliothek des BKA übersiedelt und im Freihandbereich integriert. Der gesamte Bibliotheksbetrieb läuft zentral ab, auch Auskunfts-, Benutzer- und Ausleihdienste. Die Bestände der Administrativen Bibliothek einschließlich der mediengesetzlichen Pflichtexemplarsammlung werden gemeinsam genutzt. Die bibliothekarische Verwaltung erfolgt über eine integrierte Datenbank. Erwerbungen für die einzelnen Ressorts für eine mögliche Dauerentlehnung werden sowohl in der Bestellung als auch in der Inventarisierung separat verwaltet. Durch den Zusammenschluss der Biblio-

---

106 Holzer Karin, Bundeskanzleramt, Wien, Vortrag am 5. Juni 2012.

theken konnten 7,5 Planstellen unmittelbar gestrichen werden. Eine Prüfung des RH (Bund 2007/3) ergab, dass durch den eingerichteten Bibliothekscluster insgesamt jährliche Einsparungen von rund 442.000,- Euro erzielt werden.[107]

Nach diesen grundlegenden Ausführungen und der Schilderung eines erfolgreichen Modells befasste sich der nächste Vortrag – „Grundsatzüberlegungen für ein Revisionsverfahren eines Shared Services Centers bzw. Clusters" – mit den Konsequenzen für die Revisoren und den im Vorfeld einer Revision notwendigen grundsätzlichen Überlegungen. Noch vor den ersten Schritten einer Revisionsablaufplanung muss geklärt sein, welchem Modell der Revisionsdurchführung der Vorzug gegeben wird, wobei folgende 3 Varianten möglich sind:
1. eine **akkordierte** Revision durch mehrere IR (die IR des Ressorts mit dem Cluster zusammen mit allen Revisionsreinrichtungen der Partnerressorts)
2. eine **ressortübergreifende** Revision durch eine federführende IR
3. eine **voneinander unabhängige** Prüfung durch die IR der beteiligten Ressorts

Bei näherer Betrachtung ergibt sich bezüglich der ersten beiden Modelle eine Reihe von Schwierigkeiten, die eine fristgerechte Durchführung einer Revision wesentlich erschweren. So müssten bei einer akkordierten Revision mehrerer IR entsprechende Rechtsgrundlagen geschaffen werden, ein gemeinsamer Prüfungsauftrag erfolgen, auch die Führungsrolle wäre zu klären. Darüber hinaus ist im Vorfeld festzulegen, wie und durch wen die Dienstzuteilungen und die Weisungen erfolgen sollten. Die ressortübergreifende Revision durch eine

---

107 Ternyak Heidemarie, Bundeskanzleramt, Wien, Vortrag am 5. Juni 2012.

federführend zuständige IR hätte den Charakter ähnlich einer Finanzkontrolle von EU-kofinanzierten Förderungen, von einer IR im engeren Sinne kann also hier nicht gesprochen werden. Die dritte Variante einer voneinander unabhängigen Revision durch die IR der beteiligten Ressorts scheint die praktikabelste Lösung zu sein, ihr Vorteil beruht auf der Abgrenzung der einzelnen Ressorts voneinander anhand einer Leistungsvereinbarung bzw. auf Grundlage der Ressortzuständigkeit. Die Revision erfolgt im Sinne der Revisionsordnung im eigenen Wirkungsbereich. Ungeachtet der Beschränkung auf den eigenen Ressortbereich lässt dieses Modell offen, inwieweit die Partnerressorts Informationen über die Revision austauschen. Denkbar wäre zu diesem Zweck die Bildung eines Beirates – beispielsweise durch die Leiter der Präsidien der Partnerressorts –, der als Bindeglied zwischen den Ressorts fungiert und den Austausch von Prüfungsanregungen und letztendlich auch von Prüfungsergebnissen ermöglicht. Dadurch wäre eine bessere Vergleichbarkeit paralleler Revisionen durch das Vorgehen nach einem einheitlichen bzw. akkordierten Prozedere gegeben.

Neben diesen formalen Überlegungen stellt sich die Frage nach den Prüfungsinhalten.

Mögliche Aspekte einer Prüfung wären einerseits die Klärung, ob das Leistungsangebot des Clusters den Kundenwünschen entspricht und andererseits, ob die Einhaltung der Grundsätze der Sparsamkeit, Wirtschaftlichkeit, Zweckmäßigkeit und Rechtmäßigkeit gewährleistet ist. Wie bereits erwähnt, muss eine Leistungsvereinbarung als zentrales Element bei der Definition des Zuständigkeitsbereiches sowie von Prüfungsinhalten durch die Partnerressorts erstellt werden. Überlegenswert wäre auch, die IR aufgrund ihrer Beratungs- und Servicefunktion bei der Erstellung eines Leistungsvereinbarungsentwurfes einzubinden.

Durch die Präsentation des Modells einer voneinander unabhängigen Revision wurde ein Diskurs angeregt, der am Ende zwei wesentliche Punkte in den Mittelpunkt rückte:
1. Die Anregung zur Weiterentwicklung des bevorzugten Modells anhand der spezifischen Gegebenheiten im eigenen Ressort. Demnach hat sich die Vorgehensweise an der konkreten rechtlichen und organisatorischen Ausgestaltung der ressortübergreifend erbrachten Leistungen zu orientieren (je nach Gestaltung der Supportleistung).
2. Ein zukünftiges ERFA der Revisoren über bereits durchgeführte Revisionen im Shared Services Bereich wäre wünschenswert – eventuell auf Initiative des RH –, wobei sich die Veranstaltung ausschließlich mit dem Thema Shared Services befassen sollte.[108]

3.9.3 3. Erfahrungsaustausch zum Thema „Ist die Flexibilisierungseinheit tatsächlich ein Auslaufmodell? – Welche Erkenntnisse können für die Zukunft gewonnen werden?"

Um eine Dezentralisierung sowohl einer Ressourcenverantwortung als auch eines Ressourceneinsatzes zu erreichen, wurde durch § 17a BHG BGBl. Nr. 139/2009 eine Regelung geschaffen, die bestimmten Organisationseinheiten mehr Verantwortung bei der Ressourcenverwaltung zugesteht. Durch die Einführung der Flexibilisierungsklausel (FKL) in Österreich, die erstmalig am 1. Jänner 2000 für vier Organisationseinheiten zur Anwendung kam, wurde nicht nur eine Optimierung des Leistungsvollzuges eingeleitet, sondern im Zuge dessen wurden

---

108 Weiland Stefan, Bundesministerium für Wirtschaft, Familie und Jugend, Wien, Vortrag am 5. Juni 2012.

auch Erfahrungen mit Reforminhalten wie KLR, Kennzahlenbildung, Zieldefinitionen, Kernaufgaben, Leistungsvereinbarungen und Personalentwicklung uvm. gesammelt. Gleichzeitig konnten während eines Zeitraumes von mehr als zehn Jahren auch geltende Bestimmungen der österreichischen Haushaltsführung kritisch beleuchtet werden. Da die Anwendung der FKL mit 31. Dezember 2012 endet und somit auch das Aufsichtsorgan „Controlling Beirat" aufgelöst wird, soll bei diesem ERFA u. a. auch die Frage beantwortet werden, welche Auswirkungen dies auf die zukünftige Prüfungstätigkeit der IR in der Bundesverwaltung haben wird.

Das Projekt der FKL – und ihr Niederschlag in der HHRR – wurde vor dem Hintergrund gestartet, dass in den 1990er Jahren ein starker Reorganisationsdruck auf den öffentlichen Haushalten lastete, da es schon neue Verwaltungsansätze wie das NPM oder die „Wirkungsorientierte Verwaltungsführung" gab. Ziel des NPM ist einerseits der effizientere und der effektivere Einsatz öffentlicher Mittel und andererseits das nachhaltige Eindämmen der Ausgabenentwicklung des öffentlichen Sektors.

Wesentliche Eckpunkte des NPM sind
- eine kundenorientierte Leistungserbringung
- ein Kontraktmanagement
- eine Dezentralisierung
- das Controlling
- eine Führungskräfte- und Personalentwicklung

Daraus resultieren folgende Ziele der FKL:
- Änderung der Verwaltungskultur von einer Input- zu einer Output-Orientierung
- Erreichung eines definierten Zieles mit effizienterem und effektiverem Mitteleinsatz (= bestmögliches Ergebnis mit effizientestem Ressourceneinsatz)

- verbesserte mittelfristige Planung
- Basis für eine Gesamtreform des BHG

Die Einführung der FKL bewirkte eine Stärkung der Ergebnisverantwortung des Leiters der Organisationseinheit, da er nun unmittelbar selbst zu überplanmäßigen Ausgaben ermächtigt ist, sodass durch die Verkürzung der Entscheidungswege eine Entlastung der Zentralstelle von operativer Steuerung ermöglicht wurde. Auf der anderen Seite wurde er durch die FKL befugt, im Falle einer positiven Rücklage über die Verwendung der Mittel als Belohnung oder Leistungsprämien für die am Erfolg beteiligten Bediensteten zu entscheiden.

Der Vortrag zeigte die Struktur einer FKL-Verordnung auf und erläuterte die weiteren Kennzeichen der FKL, wie die Durchbrechung des Grundsatzes der Einjährigkeit und die Einführung eines begleitenden Controllings – mit einem in einer Zentralstelle gebildeten CB, der vierteljährliche Controlling-Berichte erstellt. Als weiteres vorteilhaftes Element der FKL erwies sich die Neuerung bezüglich unmittelbarer, selbstbestimmter Handhabung von erwirtschafteten Rücklagen – das bedeutet Anreiz- und Sanktionsmechanismen als Motivationsfaktoren. Durch die Einführung der FKL und die im Laufe der Jahre gemachten Erfahrungen konnte das BMF wertvolle Erkenntnisse gewinnen. So haben die Flexibilisierungseinheiten (FE) in nahezu allen Fällen positive Unterschiedsbeträge erwirtschaftet. Weiters konnte das Verhältnis zwischen dem Ressourceneinsatz und den Leistungsergebnissen transparent gemacht werden.

Als Resümee kann auf die erfreuliche Tatsache verwiesen werden, dass sich durch die FKL ein erhöhtes Kostenbewusstsein und eine Konzentration auf die Kernaufgaben ergeben hat, woraus abgeleitet werden kann, dass das Konzept der Stärkung der Eigenverantwortung erfolgreich war und die Motivation der Mitarbeiter wesentlich erhöht wurde.[109]

Der folgende Vortrag legte den Schwerpunkt auf die Tätigkeiten des CB mit speziellem Blick auf das BKA.

Im Kompetenzbereich des BKA sind insgesamt zwei FE angesiedelt:
- das Österreichische Staatsarchiv und
- die Betriebsstätte der Verwaltungsakademie des Bundes im Schloss Laudon.

Die Zusammensetzung des CB im BKA ist gemäß § 17a Abs. 7 Z 1 BHG geregelt (wobei für jedes Mitglied auch ein Ersatzmitglied zu bestellen ist):
- ein Vertreter des BKA als Vorsitzender
- ein Vertreter des BMF
- ein beratender, nicht stimmberechtigter Experte aus dem Bereich der Betriebswirtschaft

Der CB lädt die Leitung der FE quartalsweise ein, damit sie am Ende eines Quartals über ihren Geschäftsverlauf berichten. Für jede Sitzung hat eine Tagesordnung erstellt zu werden und diese ist vorab den Mitgliedern des CB und der Leitung der FE zu übermitteln.

Der CB hat folgende Aufgaben zu erfüllen:
- am Budget- und Personal-Controlling gemäß § 15a BHG beratend mitzuwirken

---

109 Schwarzendorfer Friederike, Bundesministerium für Finanzen, Wien, Vortrag am 11. September 2012.

- die Berichte zu prüfen, jeweils eine Stellungnahme dazu auszuarbeiten und diese gemeinsam mit dem Bericht unverzüglich dem Bundeskanzler zu übermitteln; diese Stellungnahme wird zeitgleich dem Leiter der FE übermittelt
- soweit erforderlich Empfehlungen zur Umsetzung des Projektprogramms auszuarbeiten und dem Bundeskanzler sowie dem Leiter der FE vorzulegen
- zum Entwurf des Berichtes über die Erfolgskontrolle gemäß § 17a Abs. 8 BHG eine Stellungnahme abzugeben; diese Stellungnahme ist dem Bericht anzuschließen. Dieser Erfolgskontrolle-Bericht ist dem Bundesminister für Finanzen und gleichzeitig dem Vorsitzenden des Budgetausschusses im Nationalrat vorzulegen.

Geprüft werden in erster Linie folgende Punkte eines Projektprogramms:
- Personal
- Ausgaben/Einnahmen
- Managementleistungen und Maßnahmen zur Erreichung der Managementziele
- fachbezogene Ziele inklusive der entsprechenden Maßnahmen

Dadurch, dass die FKL einen Rahmen vorgibt, wurden während ihrer bisherigen Anwendung folgende positive Erfahrungen gewonnen:
1. es gibt eine gestiegene Akzeptanz gegenüber einer durchgehenden Leistungsmessung in Zahlen
2. es ist eine Bewusstseinsentwicklung bezüglich Fehlzeiten eingetreten
3. es ist das Bestreben erkennbar, neben dem Dasein als wissenschaftliche Institution oder Bildungseinrichtung auch am Markt bestehen zu können

4. es wurde eine aktive Öffentlichkeitsarbeit durchgeführt, um die Leistungen der Organisation einem breiten Publikum bekannt zu machen
5. es wurden Marketingkonzepte erstellt
6. man hat die Erkenntnis gewonnen, dass Kundenorientierung eine langfristige und gute Basis darstellt
7. es kam zu einer Steigerung des internen Kostenbewusstseins
8. durch eine klar abgegrenzte Aufgabenstellung ist die Identifikation der Belegschaft mit der Organisation gestiegen

Alle Aufgaben des CB als vorgelagerte Aufsichtsinstanz der Zentralstelle hatten einen prüfenden Charakter und da die Anwendung der FKL – und mit ihr die Funktion des CB – mit 31. Dezember 2012 endet, werden diese Aufgaben im bisherigen Sinne nicht mehr wahrgenommen werden. Um eine Kontinuität in der Qualitätssicherung zu gewährleisten ergeht daher ein Appell an die IR, in Zukunft ein permanentes Monitoring der Umsetzungsempfehlungen an die ehemaligen FE zu betreiben. Durch diese Kontrolle der IR wird sichergestellt, dass sich die FE auch ohne CB effizient und effektiv weiterentwickeln können.[110]

---

110 Holzer Karin, Bundeskanzleramt, Wien, Vortrag am 11. September 2012.

3.9.4 4. Erfahrungsaustausch zum Thema „Korruptionsprävention und Korruptionsbekämpfung – Aktuelle Situation"

Beim Thema Korruption, das seit Jahren im Mittelpunkt der allgemeinen Aufmerksamkeit steht und das auch hier bei einem früheren ERFA bereits beleuchtet wurde zeigt sich, wie wichtig die ständige Auseinandersetzung mit den Ursachen und Mechanismen dieser Form des Fehlverhaltens ist. Trotz der Sensibilisierung der Öffentlichkeit und den Fortschritten in der Bekämpfung bleibt das Thema nach wie vor aktuell, d. h. Korruption kann nicht ohne Gegenwehr so einfach hingenommen werden. Es ist daher eine verpflichtende Aufgabe der öffentlichen Verwaltung, sich der Prävention und Bekämpfung zu widmen. Gelingt es der öffentlichen Verwaltung nicht, das korrupte Verhalten zu unterbinden, geht das Vertrauen in die Funktionsfähigkeit der öffentlichen Verwaltung verloren.

Bei diesem ERFA sollten daher die Aus- bzw. Weiterbildungsmöglichkeiten im Bereich Korruptionsbekämpfung im Mittelpunkt stehen. So war u. a. geplant, über die IACA in Laxenburg (Niederösterreich) zu berichten, um den Revisoren Gelegenheit zu geben, sich über ein mögliches Studium zu informieren.

Gegründet wurde die IACA am 8. März 2011. Das Abkommen zwischen der Republik Österreich und der IACA über den Amtssitz der IACA in Österreich fand durch einen Nationalratsbeschluss statt (BGBl. III Nr. 100/2012). Diese internationale Organisation (es gibt mehr als 30 Staaten und drei Organisationen als Vertragsparteien) wurde deshalb gegründet, um bei der Korruptionsbekämpfung

– eine Internationalisierung zur wirksamen Mandatsausübung zu erreichen,

- die Ansprüche und die regionalen Unterschiede in der Korruptionsausbildung zu identifizieren,
- eine Wissens- und Kooperationsplattform zu etablieren.

Die Handlungs- und Entscheidungsfähigkeit der IACA ist durch folgende fünf Organe gewährleistet:
1. Gouverneursrat
2. Vertragsstaatenkonferenz
3. Dekan
4. International Academic Advisory Board
5. International Senior Advisory Board[111]

Der folgende Vortrag befasst sich konkret mit den Studienmöglichkeiten an der IACA. Im Sinne des ganzheitlichen Ansatzes der Akademie bietet die IACA das weltweit erste interdisziplinäre Master Studium in Anti-Korruption an. Der Zugang soll international, interdisziplinär, intersektoral, integrativ und nachhaltig sein. Die Kurse werden von international renommierten Akademikern der verschiedenen Fachbereiche und Praktikern in Führungspositionen abgehalten. Ein Academic Programme Consortium übernimmt die wissenschaftliche Begleitung.

Das Master of Anti-Corruption Studies(MACS)-Konzept sieht folgendes vor:
- Teilnehmer können Berufstätige aus der ganzen Welt sein, mit unterschiedlichen akademischen Hintergründen und zumindest drei Jahren Berufserfahrung in unterschiedlichen Sektoren.
- Das Studium dauert zwei Jahre und ist in insgesamt sieben Module gegliedert, wobei jedes Modul ca. 12 Tage

---

111 Amann Gabriel, ehemaliger Mitarbeiter der Anti-Korruptionsakademie, Wien, Vortrag am 20. November 2012.

dauert. Der MACS ist als berufsbegleitendes Studium konzipiert.
- Nach erfolgreichem Abschluss erhalten die Teilnehmer ein Master of Arts Diplom (M.A.) in Anti-Corruption Studies.

Den Teilnehmern werden die theoretischen Grundlagen (beispielsweise aus psychologischer und soziologischer Sicht) sowie ein kritisches Verständnis des Phänomens Korruption vermittelt, darüber hinaus Kenntnisse der notwendigen Fähigkeiten und Fertigkeiten, um präventive Maßnahmen setzen zu können. Ein Austausch von Best-Practices soll die Theorie abrunden.

Zum Abschluss des Vortrags wird eine Plattform für Dialog und Networking vorgestellt, die den Aufbau von fundierten und nachhaltigen Strategien gegen Korruption ermöglicht.[112]

Zusammenfassend lässt sich sagen, dass die Vorstellung der IACA und ihrer Zielsetzung, die dort gebotenen Studienmöglichkeiten und vor allem der internationale Charakter der Akademie die Teilnehmer dieser Tagung beeindruckte und sie davon überzeugen konnte, dass ein Abschluss eines Anti-Corruption Studies äußerst nützlich wäre vor allem im Hinblick auf eine grenzüberschreitende und interdisziplinäre Kenntnis im Kampf gegen Korruption und Betrug, um auf diese Art und Weise zu einer wirkungsvollen Korruptionsbekämpfung und vor allem zur Korruptionsprävention beizutragen.

---

112 Kapuy Klaus, Anti-Korruptionsakademie, Wien, Vortrag am 20. November 2012.

3.9.5 Jahrestagung der Internen Revision 2012 zum Thema „Die Verwaltung im Umbruch – Schwerpunkte bei der Prüfung des Veränderungsmanagements"

Die Veränderungen auf allen Gebieten des Lebens in unserer heutigen schnelllebigen Zeit werden von vielen Menschen bewusst wahrgenommen, sie sind der Auslöser für strukturelle Veränderungen, die letztendlich auch die öffentliche Verwaltung betreffen. Ursache dafür können also einerseits Veränderungen in der Außenwelt sein, andererseits sind sie Folge von konkreten politischen Zielen. Die öffentliche Verwaltung ist daher gefordert, diesen strukturellen Änderungen Rechnung zu tragen, indem die Entscheidungsträger einer Organisation – aufgrund ihrer Detailkenntnisse und unter Umständen auch mit Hilfe eines Unternehmensberaters – die erforderlichen Maßnahmen ergreifen. In der Folge spielen auch die Prüfungseinrichtungen eine wichtige Rolle, da sie nach Umsetzung von Veränderungsmaßnahmen durch ihre Prüfungsergebnisse den Entscheidungsträgern die notwendige Rückmeldung geben können, inwieweit die Veränderungen erfolgreich umgesetzt werden konnten.

Als eine der Prüfungseinrichtungen wurde bei dieser Veranstaltung der deutsche Bundesrechnungshof (BRH) vorgestellt. Der BRH gliedert sich in eine Präsidialabteilung (Verwaltung) mit acht Referaten sowie neun Prüfungsabteilungen mit derzeit achtundvierzig Prüfungsgebieten. Bis zum 31. Dezember 2009 waren zwei Prüfungsgebiete für die Prüfung der Organisation zuständig und somit – nach der Geschäftsverteilung des BRH – auch für die Prüfung der Projektorganisation.

Ein Prüfungsgebiet prüfte die unmittelbare Bundesverwaltung, d. h. Bundesministerien und ihre nachgeordneten Behörden, das andere prüfte die mittelbare Bundesverwaltung,

d. h. insbesondere Anstalten, Stiftungen und Körperschaften des öffentlichen Rechts sowie die institutionellen Zuwendungsempfänger des Bundes.

Beide Prüfungsgebiete maßen dem Change Management – das dem Prüfungsfeld der Projektorganisation zuzuordnen ist – große Bedeutung für die Bundesverwaltung zu. Sie entschlossen sich daher, unabhängig voneinander aber in Abstimmung, Querschnittsprüfungen zum Change Management durchzuführen. Dabei fokussierte ein Prüfungsgebiet auf die betriebswirtschaftlichen Aspekte, das andere auf personelle Aspekte des Change Management. Grund für eine Prüfung des Change Management waren die laufenden Veränderungsprozesse in der Bundesverwaltung und in den vom Bund geförderten Einrichtungen, deren Ursachen vielfältig sind wie z. B.

- neue oder veränderte Aufgaben
- zunehmende Dienstleistungsorientierung
- die Notwendigkeit, Aufgaben mit geringeren Mitteln zu erfüllen
- immer kürzere Innovationszyklen in der Informationstechnik
- Zusammenschluss/Auflösung/Neuerrichtung von Bundesbehörden
- Privatisierung von Aufgaben bzw. Organisation in privatrechtlicher Form

Die Anpassung von Strukturen ist damit eine ständige, wiederkehrende und wesentliche Organisationsaufgabe der Bundesverwaltung geworden, häufig sind umfassende aufbau- und ablauforganisatorische Änderungen notwendig.

Der BRH untersuchte die Entscheidungen und Maßnahmen von verantwortlichen Stellen der Bundesverwaltung und vom Bund geförderter Einrichtungen im Zusammenhang mit der

Umsetzung und Begleitung von Strukturveränderungen. Ziel war es, mögliche Mängel in diesem Aufgabenbereich zu erkennen und Verbesserungsmöglichkeiten bei künftigen Strukturveränderungen aufzuzeigen.

Schwerpunkte der Prüfungen waren
- die Planung und Evaluierung der Veränderungen und
- die Planung und Steuerung des Veränderungsprozesses.

Der Prüfungsablauf im Bereich der **betriebswirtschaftlichen Aspekte des Change Management** begann mit einer Abfrage mit Fragebögen. Damit wurden relevante Strukturveränderungen eines Dreijahreszeitraumes erhoben. Die Fragebögen enthielten 16 Fragen je Maßnahme wie z. B.
- Welchen Grund gab es für den Veränderungsbedarf und wie wurde dieser erkannt?
- Welcher konkrete Veränderungsbedarf wurde ermittelt?
- Welche Risiken und Nebenwirkungen der Veränderung mussten besonders berücksichtigt werden?

Folgender zentraler Prüfungsmaßstab, der in Anlehnung an die Fachliteratur und aufgrund von Prüfungserkenntnissen aus theoretisch verwandten Prüfungen erarbeitet worden ist, wurde angewendet:
1. Handlungsbedarf erkennen
2. Vision/Strategie überprüfen
3. Problembereich analysieren und Handlungsalternative auswählen
4. Inhalt und Prozess der Strukturveränderung planen
5. Strukturen verändern
6. Maßnahmen evaluieren und Wirkung unerwünschter Effekte minimieren
7. Erfolgreiche Veränderung stabilisieren und in die fortlaufende Beobachtung integrieren

Was die **personellen Aspekte des Change Management** betrifft, so prüfte der BRH die Planung und Durchführung interner Reorganisationsmaßnahmen, wofür örtliche Erhebungen bei sechs Einrichtungen durchgeführt und ausgewählte Veränderungsmaßnahmen untersucht wurden. Dabei betrachtete der BRH die mit der Durchführung der Reorganisationsmaßnahmen einhergehenden Veränderungsprozesse jeweils beispielhaft an einer konkreten, bereits abgeschlossenen Veränderungsmaßnahme. Hierzu gehörten die Einführung einer KLR, eines Führungsinformationssystems, eines Qualitätsmanagementsystems und die Neugestaltung eines Kernprozesses.

Grundsätzlich lässt sich sagen, dass im Vorfeld einer geplanten Veränderung – und um den Veränderungsprozess erfolgreich anzustoßen und zu begleiten – verschiedene prinzipielle Überlegungen anzustellen sind. So muss bei allen Beteiligten jederzeit Klarheit bezüglich der angestrebten Ziele bestehen, die notwendigen Maßnahmen und deren Umsetzung sind systematisch zu planen und vorzubereiten und erforderlichenfalls durch ergänzende Schritte zu flankieren. Die inhaltlichen Ziele der Maßnahmen allein können jedoch ohne die Einbindung der Beschäftigten noch keinen Erfolg garantieren, denn die entscheidende Komponente im Änderungsgeschehen ist der einzelne Mensch, der die Veränderungsmaßnahmen umsetzen soll bzw. der von diesen Änderungen betroffen ist. Unter diesem Aspekt untersuchte der BRH, ob und wie die geprüften Stellen interne Reorganisationsmaßnahmen planten, vorbereiteten und auf welche Art und Weise sie diese schließlich umsetzten.

Als Ergebnis zeigte sich, dass in den meisten der ausgewerteten Veränderungsprojekte kein konkreter Veränderungsbedarf ermittelt wurde. Daraus ließ sich auf methodische Mängel in der Herangehensweise bereits zu Beginn schließen. Die sehr allgemein gehaltenen Aussagen wie Personalengpass, Stellenkürzungen, Bürokratieabbau als Begründung für Veränderungen reichen nicht aus, um unmittelbar messbare Ziele ableiten zu können.

Der Veränderungsbedarf muss daher z. B. anhand von Voruntersuchungen, Machbarkeitsstudien oder Stärken-Schwächen-Analysen systematisch ermittelt werden. Die Ziele sind aus einer Problemdiagnose zu entwickeln und müssen alle relevanten Teilbereiche (Zieldimensionen) des angestrebten Ergebnisses der Veränderungsmaßnahme umfassen.

Solche Zieldimensionen können beispielsweise sein:
- Wirksamkeit der Einrichtung („Outcome")
- Mengengerüste von Produkten („Output")
- Qualität der erstellten Produkte
- Zeit (Endtermine für das Projekt und für Teilprojekte/ Meilensteine)
- Ressourcenverbrauch (insgesamt oder für bestimmte Prozesse)
- Beziehungen zu den Kunden
- Beschäftigte

Die in der Zieldefinition verwendeten Dimensionen sind hinsichtlich ihrer künftigen Ausprägung konkret zu bestimmen. Angaben mit Komparativen wie „mehr" oder „schneller" reichen nicht aus; die Veränderungsrichtungen müssen mit Messgrößen und Zielwerten bestimmt sein. Weitere Vorgaben für die Definition von Zielen, die auch außerhalb des PM bzw. Change Management zu beachten sind, enthalten die einschlägigen SMART-Kriterien. SMART ist ein Akronym für „Specific Measurable Accepted Realistic Timely", Ziele müssen danach eindeutig und so präzise wie möglich definiert sein (spezifisch). Sie müssen messbar sein, sie müssen von den Betroffenen akzeptiert werden und damit angemessen sein und sie müssen realistisch sein. Weiterhin gehört zu jedem Ziel eine klare Terminvorgabe, bis wann das Ziel erreicht werden muss.

Die Ausführungen des BRH zeigten auf, dass in den geprüften Fällen viele Veränderungsmaßnahmen ohne ausreichende Steuerung abliefen. Als Ursache für die festgestellten Mängel sieht der BRH mangelndes konzeptionelles und methodisches Wissen bzw. unzureichende Anwendung des vorhandenen Wissens. Aufgrund dieser Erkenntnisse ergeben sich zahlreiche Empfehlungen des BRH, wie beispielsweise Verbesserung der Motivation und der Kompetenzen von Führungskräften und Beschäftigten, positive Einflussnahme auf die Bereitschaft, Veränderungen aktiv und zielgerichtet zu gestalten bzw. an ihnen mitzuwirken – also insgesamt eine innovationsfreundliche Verwaltungskultur anzustreben.

Mit der Umsetzung der Empfehlungen des BRH wurde der interministerielle Ausschuss für Organisationsfragen (AfO) über das dort vorsitzende Bundesministerium des Inneren befasst. Nach Beratung erteilte der AfO einer Arbeitsgruppe aus AfO-Mitgliedern den Auftrag, den vom BRH vorgeschlagenen Praxisleitfaden für die Bundesverwaltung zu erarbeiten. Der BRH wurde hierzu um beratende Mitwirkung gebeten, er entsandte dazu Vertreter aus beiden Prüfungsteams. Der Praxisleitfaden wurde bereits 2009 veröffentlicht, er trägt den Titel „Change Management. Anwendungshilfe zu Veränderungsprozessen in der öffentlichen Verwaltung". Er ist auch im Internet verfügbar.[113]

---

113 www.verwaltung-innovativ.de.

Der von der Arbeitsgruppe entwickelte, im AfO abgestimmte und verabschiedete Leitfaden deckt alle Aufgabenfelder ab, die eine praxisorientierte Arbeitshilfe für das Change Management nach Auffassung des BRH enthalten sollte:
- Veränderungsdiagnose
- Veränderungsstrategie
- kritische Erfolgsfaktoren
- Umgang mit Widerständen
- Steuern von Veränderungen
- Kommunikationsinstrumente
- Weiterbildung

Darüber hinaus enthält der Leitfaden auch Musterkonzepte und Checklisten.

Insgesamt ist es gelungen, eine echte Hilfe für die Verwaltung zu schaffen, denn im Gegensatz dazu sind die zahlreichen wissenschaftlichen Veröffentlichungen zum Change Management für den täglichen Gebrauch in Veränderungsprojekten der Bundesverwaltung wenig tauglich. Ein praxisnaher Ansatz des Leitfadens ist z. B., dass er für Zielgruppen Behörden- und Projektleitung die wesentlichen Punkte (noch einmal) in Leitsätzen bündelt. Es handelt sich um folgende Leitsätze:

1. Dem Wandel ein Gesicht geben und als Ansprechpartner, Moderator und Vermittler bereitstehen
2. Den gesamten Prozess begleiten und steuern, Veränderungen organisieren und planen. Betroffenheit analysieren, Widerstände identifizieren, Change Management-Werkzeuge planen und einsetzen, gegebenenfalls nachsteuern
3. Behördenleitung kontinuierlich einbinden – Unterstützung über den gesamten Prozess sichern
4. Flexible und realistische Planung – nicht zu viele Projekte gleichzeitig in Angriff nehmen; Verzögerungen einplanen

5. Mitarbeiter gewinnen – Betroffene zu Beteiligten und Führungskräfte zu Promotoren machen
6. Kommunikation – ehrlich, rechtzeitig, kontinuierlich und zielgruppenorientiert betreiben
7. Partizipation – motivieren durch ernst gemeinte Teilnahme und Beiträge annehmen
8. Widerstände ernst nehmen – Potenzial für Verbesserungen nutzen
9. „Veränderungen können" – methodische und fachliche Kompetenzen durch Weiterbildung anbieten
10. Wandel als Daueraufgabe betrachten – Veränderungen benötigen einen kontinuierlichen Ansatz[114]

Bei dieser Veranstaltung wurden an einem konkreten Beispiel – untermauert mit theoretischen Grundsätzen des Change Management – Mängel bei der Umsetzung von notwendigen Strukturveränderungen aufgezeigt und dadurch den Revisoren bewusst gemacht, dass bereits durchgeführte Veränderungsmaßnahmen von Fachbereichen in Zukunft viel mehr als bisher als Prüfungsthema in die Jahresrevisionspläne aufzunehmen sind, um auf diese Weise positiven Einfluss auf die Bereitschaft von Führungskräften sowie von Beschäftigten zu nehmen, Veränderungen gegenüber aufgeschlossen zu sein und sie aktiv und zielgerichtet zu gestalten.

---

[114] Burg Heribert C./Häusele Volker, Management von Veränderungsprojekten in der deutschen Bundes-verwaltung: Prüfung durch den Bundesrechnungshof. In: Seyfried, K. (Hrsg.): Interne Revision und Veränderungsmanagement: Die Verwaltung im Umbruch: Prüfung des Veränderungsmanagements, Verlag LexisNexis, 2013, S. 155–177, Vortrag am 23. Oktober 2012.

3.10 Veranstaltungen im Jahr 2013

3.10.1 1. Erfahrungsaustausch zum Thema „Aktuelles im Vergabewesen – Wichtige Prüffelder für die Interne Revision"

Bei diesem ERFA wurde u. a. die am 1. April 2012 in Kraft getretene BVergG-Novelle, die Dokumentationspflichten im Vergaberecht und die Prüfungsdurchführung des RH von Vergabeverfahren näher erörtert.

Der erste Vortragende verwies zunächst auf die Schwellenwerteverordnung 2012, BGBl. II Nr. 461/2012, danach erläuterte er spezifische Aspekte für die IR im Zusammenhang mit einer Direktvergabe. Eine neue Definition in § 25 Abs. 10 der Novelle 2012 lautet, dass „bei der Direktvergabe eine Leistung, gegebenenfalls nach Einholung von Angeboten oder unverbindlichen Preisauskünften von einem oder mehreren Unternehmen, formfrei unmittelbar von einem ausgewählten Unternehmer gegen Entgelt bezogen wird." Nun können öffentliche AG einen neuen Verfahrenstyp wählen, die **„Direktvergabe mit vorheriger Bekanntmachung"**. Es werden die Schwellenwerte bei einer Direktvergabe mit vorheriger Bekanntmachung sowohl für den „klassischen" Bereich als auch für den Sektorenbereich bei Liefer- und Dienstleistungen sowie bei Bauaufträgen aufgezeigt. Es besteht das freie Ermessen des AG, ob er ein oder mehrere Angebote einholt. Dieser Ablauf kann auch mehrstufig erfolgen, indem der AG zuerst ein Unternehmen aufgrund der Referenzen auswählt und erst danach ein Angebot von diesem einholt. Es besteht eine freie Gestaltbarkeit des Verfahrens durch den AG (formfrei), es sind lediglich Grundsätze zu beachten, z. B. das Diskriminierungsverbot.

Der AG muss zu Beginn des Verfahrens eine Bekanntmachung mit Mindestinhalten schalten (wer vergibt was und wann, wo sind zusätzliche Informationen verfügbar). Diese Bekanntmachung muss ausdrücklich die Bezeichnung als „Direktvergabe mit Bekanntmachung" aufweisen. Bei diesem Verfahren besteht ein eingeschränkter Rechtsschutz, anhand von Beispielen werden die vom Bieter bekämpfbaren und die nichtbekämpfbaren Punkte aufgezeigt.

An dieser Stelle kündigte der Vortragende an, dass es eine BVergG-Novelle 2013 geben wird, die Bestimmungen über den Zahlungsverzug öffentlicher AG, die Zahlungsfristen sowie Regelungen betreffend Verzugszinsen enthalten wird. Diese Novelle wird auch eine Neuerlassung des gesamten Rechtsschutzteiles des BVergG durch die Einrichtung eines Bundesverwaltungsgerichtes in Wien ab 1. 1. 2014 beinhalten. Als weitere Neuerung wird festgelegt, dass der Bund jährlich 3 % der Gesamtfläche beheizter und/oder gekühlter Gebäude, die sich in seinem Eigentum befinden und von ihm genutzt werden, entsprechend den Mindestanforderungen an die Gesamtenergieeffizienz renovieren muss.

Ausnahmen der Renovierungsplicht sind für
1. historische Gebäude
2. Gebäude des „Verteidigungsbereiches"
3. Gebäude, die religiösen Zwecken dienen (Kirchen, Moscheen, Synagogen usw.)

vorgesehen (siehe auch die Energieeffizienz-Richtlinie 2012/27/EU).[115]

Das zweite Anliegen dieses ERFA war die Befassung mit dem Thema „Dokumentationspflichten im Vergaberecht", das –

---

[115] Fruhmann Michael, Bundeskanzleramt, Wien, Vortrag am 19. März 2013.

wie viele Prüfungserkenntnisse gezeigt haben – von manchen vergebenden Stellen nicht immer genügend beachtet wird. Deshalb sollte dieser Vortrag den Zweck der Dokumentationspflichten aus verschiedenen Perspektiven betrachten.

Grundsätzlich gelten für Verfahren im Oberschwellenbereich strengere gesetzliche Dokumentationspflichten als für Verfahren im Unterschwellenbereich, doch sollte sich ganz allgemein der Umfang der Dokumentation nicht an der Höhe des Auftragswertes orientieren. Bei Direktvergaben ist auf jeden Fall bereits im Vorfeld eine erhöhte Dokumentationspflicht gegeben.

Zweck der Dokumentationspflicht (mit einer möglichst lückenlosen Dokumentation) ist
- das Transparenzgebot
- das Durchführen eines gesetzeskonformen Vergabeverfahrens
- die Vermeidung von Beweisschwierigkeiten seitens des AG sowohl bei Vergabekontrollverfahren als auch bei durch Bieter angestrengten Zivilverfahren
- die Rechtssicherheit von mit der Abwicklung von Vergabeverfahren betrauten Mitarbeitern (Stichwort Compliance)
- die Erleichterung der Überprüfung von Vergabeverfahren durch die IR und den RH

Um die Wichtigkeit einer möglichst umfassenden Dokumentation zu verdeutlichen, soll das Beispiel einer **Direktvergabe** einen Überblick über die Verfahrensstadien und der damit jeweils verbundenen Dokumentationspflichten geben. In der ersten Phase – der Erkundungsphase – werden durch den AG unverbindliche Preisauskünfte sowie Vergleichsangebote eingeholt, hier sind sowohl die Klärung vergaberechtlicher Vorfragen als auch die sachkundige Ermittlung des Auftragswerts zu dokumentieren. In der Direktvergabephase ist das Einlangen der Vergleichsangebote zu dokumentieren sowie der Zuschlag an den ausgewählten Bieter durch eine Niederschrift, in der auch die Eignungsprüfung aufscheinen muss, zu bestätigen. Es besteht das Gebot der objektiven Nachprüfbarkeit der Auftragsvergabe.

Was die Eignungsprüfung des Bieters betrifft, so besteht grundsätzlich eine Formfreiheit der Dokumentation, da es keine zwingende Anweisung der Bestimmungen des BVergG über die Eignungsnachweisprüfung gibt. Es reicht eine primafacie-Prüfung (der äußere Anschein eines befugten Gewerbebetriebes kann ausreichen). Es gibt keine gesetzlichen Vorgaben zum Umfang der Dokumentation, jedoch müssen als Mindestinhalt der Firmenname und die Anschrift der Bewerber sowie das Preisangebot aufscheinen.

In jenen Fällen, wo der Auftragswert nahe an einem Schwellenwert liegt, ist es besonders ratsam, eine detaillierte Dokumentation mit einer transparenten Begründung der Vergabe anzulegen, um die Korrektheit der Wahl des Vergabeverfahrens feststellen zu können. Dadurch soll gewährleistet werden, dass sowohl bei Überprüfung des Verfahrens durch die IR bzw. den RH als auch bei einem Vergabekontrollverfahren die getroffene Bieterauswahl jederzeit nachvollzogen werden kann.

An einem weiteren Beispiel – ein **Offenes Verfahren im Oberschwellenbereich** – wird ebenfalls zuerst ein Überblick über die Verfahrensstadien und die jeweiligen Dokumentationspflichten gegeben, wobei bei dieser Verfahrensart die Dokumentationspflichten wesentlich umfangreicher sind. Auch hier ist der Ausgangspunkt die Ermittlung des Auftragswertes. Die einlangenden Angebote müssen in einem Eingangsverzeichnis in der Reihenfolge ihres Einlangens mit Datum und Uhrzeit eingetragen werden. Die kommissionelle Angebotseröffnung – die Verlesung und die Niederschrift – unterliegen ebenfalls der Dokumentationspflicht, darüber hinaus auch die Aufklärungsgespräche sowie die Aufklärungsersuchen bzw. Erörterungen, da im Falle unzureichender schriftlicher Aufzeichnung die Zuschlagserteilung rechtswidrig ist (BVA 7.11.2003, 14N-91/03-29). Die Dokumentationspflicht im Offenen Verfahren wird mit der Niederschrift über die Bestbieterermittlung und der Begründung der Zuschlagserteilung abgeschlossen.[116]

Ein Prüfer des RH fasste in seinem Beitrag bezüglich der Prüfung des Vergaberechts zusammen, welche Prüfungsschwerpunkte auch für die IR zu gelten haben:
- die Ermittlung des Auftragswertes
- die Begründung für die Wahl des Vergabeverfahrens
- die Überprüfung der Angebotseröffnung, insbesondere der Bewertung der Angebote
- die Einhaltung von Geheimhaltungsverpflichtungen
- die Maßnahmen zur Belebung des Wettbewerbs (Bewerberanzahl, Bieteranzahl, Leistungsfähigkeit etc.)
- die Einhaltung interner Regelungen
- das Know-how des AG
- die Maßnahmen zur Erschwerung von Manipulationen (Kennzeichnung von Angeboten, Vier-Augen-Prinzip etc.)

Um die Bedeutung dieser Prüfungsschwerpunkte im Einzelnen besser zu veranschaulichen, erläuterte der Vortragende einen seitens des RH durchgeführten Prüfungsprozess betreffend Beschaffungsvorgänge im Baubereich.[117]

---

116 Müller Bernhard, Dorda Brugger Jordis Rechtsanwälte GmbH, Wien, Vortrag am 19. März 2013.
117 Primig Hermann, Rechnungshof, Wien, Vortrag am 19. März 2013.

Die verschiedenen in dieser Veranstaltung angesprochenen Aspekte zum Thema Vergabewesen beleuchteten einerseits bestehendes Recht und gaben gleichzeitig einen Ausblick auf die zukünftigen Aufgaben der IR. Die zahlreichen Beispiele veranschaulichten sehr deutlich die immense Wichtigkeit einer detaillierten Dokumentation, und die abschließenden Ausführungen des RH bezüglich der Prüfungsschwerpunkte – die aus Sicht des RH auch Maßstab bei Prüfungen der IR zu sein haben – bestärkten die Revisoren in ihrem Bewusstsein, dass sie im Gesamtgefüge von Kontrollmaßnahmen zur Gewährleistung des Vergaberechts eine wertvolle und unverzichtbare Ergänzung darstellen.

3.10.2 2. Erfahrungsaustausch zum Thema „Neueste Entwicklungen im Bereich der Informationssicherheit – IT-Revision in der österreichischen Post AG"

Die stetig fortschreitende Entwicklung der Technik betrifft viele Bereiche des menschlichen Lebens, sei es im industriellen Bereich, in der Stromversorgung, im öffentlichen Verkehr bis hin zum persönlichen Umfeld jedes Einzelnen, um nur einige zu nennen. Viele Prozesse wurden durch die lokale und auch globale Vernetzung von Rechnersystemen vereinfacht und das reibungslose Funktionieren dieser Technik ist für uns zu einer Selbstverständlichkeit geworden. Diese immer weiter gehende Vernetzung bedeutet jedoch auch eine größere Verwundbarkeit und es lässt sich feststellen, dass Einbrüche in komplexe Systeme zunehmen und die virtuellen Angriffe immer raffinierter werden. Die öffentliche Verwaltung ist daher gezwungen, geeignete Sicherheitsstrategien zu entwickeln. Um all den Risiken und Bedrohungen adäquat zu begegnen, bedeutet dies vor allem, dass präventiv agiert werden muss. Im Vortrag „Herausforderungen und Spezifika der IT-Sicherheit im Bildungswesen" werden zunächst die Eckdaten des Bildungswesens aufgezeigt, um sich ein Bild über die Größenordnungen in Österreich zu machen. Es gibt 5.860 Schulen mit ca. 120.000 Lehrern und ca. 1,1 Millionen Schüler.

Es wird die neue IT-Strategie des Bundesministeriums für Unterricht, Kunst und Kultur für eine digitale Kompetenz an Österreichs Schulen vorgestellt, welche

1. die Qualität steigern soll
   Durch den Einsatz von IT soll die Qualität beim Lehren und Lernen gezielt gesteigert werden, damit soll pädagogisches Potenzial von e-Learning und neuen Medien optimal ausgeschöpft werden
2. die digitalen Kompetenzen vermitteln soll
   Jungen und erwachsenen Menschen sollen die notwendigen digitalen Kompetenzen für persönlichen, beruflichen und gesellschaftlichen Erfolg vermittelt werden
3. den Arbeitsmarkterfolg fördern soll
   IT-Ausbildung im schulischen Bereich soll arbeitsmarktrelevante Qualifikationen und allgemeine oder berufsbezogene e-Skills vermitteln
4. die Effizienz steigern soll
   Der Einsatz von IT in der Bildungs- und Kulturverwaltung soll die Effizienz nachhaltig verbessern. Erforderlich dafür: leistungsfähige Infrastruktur und zielgruppenorientierte Services und Anwendungen
5. die Gesellschaft integrieren soll
   Barrieren in der Nutzung von IT sollen beseitigt werden, Potenziale allen Personen zugänglich gemacht werden, um gesellschaftliche Integration und Teilhabe zu verbessern. Schwerpunkt: Medienkompetenz und Sicherheit

6. die Kunst und Kultur fördern soll
Das Kunst- und Kulturerbe Österreichs soll durch IT zeitgemäß und ortsunabhängig präsentiert, vermittelt und für künftige Generationen bewahrt und Zugangsbarrieren abgebaut werden

Zu den Zielen und weiteren Entwicklungen zählen sowohl die Online-Sicherheit als auch die österreichische Strategie für Cyber-Sicherheit, d. h. eine verstärkte Aufnahme von IKT, Cyber-Sicherheit und Medienkompetenz in den Unterricht, abgestimmt auf die Lehrpläne der jeweiligen Schulart. Im Vordergrund steht dabei, ein Bewusstsein für IKT-Sicherheitsthemen zu schaffen. Grundvoraussetzung dafür ist die entsprechende Ausbildung der Lehrkräfte, d.h. die Aneignung von IKT(Sicherheits-)Kompetenz muss in die Ausbildung an Pädagogischen Hochschulen und Universitäten aufgenommen werden, ebenso wie in die Einrichtungen der Erwachsenenbildung. Die Lehrer müssen qualifiziert werden, den Schülern digitale Kompetenzen, eine kritisch-reflexive Nutzung und einen verantwortungsvollen Umgang mit den Medien zu vermitteln.

Es werden Maßnahmen zur Vermittlung digitaler Kompetenzen vorgestellt, die für die Lehrerausbildung zur Verfügung stehen und die aktuellen Bildungsstandards in diesem Bereich für die 4. und 8. Schulstufe, die auch Themen der IKT- und Datensicherheit umfassen. Zur besseren Veranschaulichung wird sehr übersichtlich ein Auszug der Lernziele über digitale Kompetenzen für die 8. Schulstufe vorgestellt, die Schulkinder mit den Gefahren und Risiken bei der Nutzung von Informationstechnologien vertraut machen sollen.[118]

---

118 Strohmeyer Heidrun und Kristöfl Robert, Bundesministerium für Unterricht, Kunst und Kultur, Wien, Vortrag am 4. Juni 2013.

Am Beispiel der Österreichischen Post AG wird aufgezeigt, wie eine IT-Revisionseinrichtung agiert, um durch das Erkennen von Problemen, Aufzeigen von Lösungsansätzen und eine Qualitätssicherung bei der Umsetzung der vorgeschlagenen Maßnahmen eine „First-Class-IT" zu garantieren.

Die IT-Revision, deren Selbstverständnis darauf basiert, einen Beitrag zur Wertschöpfung der Post AG zu leisten, sieht ihre Aufgabe darin,
– Verbesserungspotenziale aufzudecken,
– eine klare Kommunikation der Ergebnisse anzustreben,
– Empfehlungen zu unterbreiten,
– die Umsetzung der empfohlenen Maßnahmen zu verfolgen.

Den Rahmen der Prüfungen der IT-Revision bilden nationale und internationale Standards, die von „COBIT (Control Obectives for Information and Related Technology)" und „Internationale Standards für die berufliche Praxis der IR 2011", über den „Österreichischen Standard für Wirtschaftsprüfer" bis zu „ISO/IEC 27001 für die Beurteilung eines Informationssicherheitsmanagementsystems (ISMS)" reichen.

Der Umfang von IT-Prüfungen reicht von der IT-Steuerung bis zur technischen Umsetzung. Die IT-Revisionsdurchführungen umfassen vor allem die Beschaffung, den Zugriffsschutz und den Betrieb. Der Prüfungsschwerpunkt wird im Bereich der Beschaffung, Entwicklung und Pflege zunächst auf die Anforderung, auf die Testergebnisse und schließlich auf die Abnahme der erworbenen Produkte gerichtet. Auch die Entwicklungsrichtlinie wird geprüft sowie untersucht, ob zwischen der Entwicklung und der Produktumgebung eine Funktionstrennung besteht. Ebenfalls besonderes Augenmerk wird auf den Bereich des Zugriffsschutzes gelegt. Damit zusammenhängend ist die Benutzer- und Berechtigungsverwaltung zu nennen, die alle Eintritte, Austritte und Arbeitsplatzwechsel von Mitarbeitern genau erfassen muss – ein Punkt, der in manchen Organisationen nicht immer aktuell dokumentiert wird.

Für eine risikoorientierte Herleitung der Prüfthemen wird das Audit Universe (Summe aller möglichen Prüfobjekte) angewendet. Um relevante Prüfthemen zur Erstellung eines Revisionsplanes zu finden, werden folgende Punkte berücksichtigt:
- wichtige Prüfthemen des Vorstandes werden abgefragt
- Feststellung von Risikoschwerpunkten
- Feststellung von „weißen Prüfflecken"
- eingebrachte Vorschläge für Prüfungen werden entgegengenommen

Abgesehen von der Themenfindung ist jedoch für die tatsächliche Umsetzung des geplanten Revisionsvorhabens nicht zuletzt auch die Feststellung der zur Verfügung stehenden Ressourcen zu berücksichtigen.[119]

Bei diesem ERFA wurden sowohl Sicherheitsstandards als auch Sicherheitsmaßnahmen vorgestellt, die für Revisoren eine wertvolle Grundlage für künftige IT-Revisionen darstellen.

Prüfungen im Bereich der Informationssicherheit erfordern ein hohes Maß an speziellen Kenntnissen, die laufend aktualisiert werden müssen, d. h. Fortbildung ist hier oberstes Gebot – wünschenswert für alle Revisoren, auch für jene, die sich nicht auf IT-Revisionen spezialisiert haben. Bei der heutigen Veranstaltung wurde den anwesenden Leitern einer IR sehr deutlich vor Augen geführt, dass bei einem Revisionsvorhaben durch Revisionsteams ohne einschlägiges IKT-Wissen den Prüfern unbefangene IKT-Spezialisten zur Seite gestellt werden müssen.

---

119 Seemann Markus, Österreichische Post AG, Vortrag am 4. Juni 2013.

3.10.3 3. Erfahrungsaustausch zum Thema „Interne Revision und Controlling – Zwei Welten?"

Ziel dieses ERFA war es, zu einem besseren Verständnis für eine Kooperation zwischen der IR und dem Controlling beizutragen. Im Rahmen dieser Veranstaltung sollten Theorie und Praxis des Themenfeldes „IR und Controlling" miteinander verknüpft werden, um die Möglichkeiten und Grenzen des Zusammenwirkens umfassend darzustellen.

Einleitend werden die beiden Begriffe definiert und eine Abgrenzung geschaffen. Es werden die Unterschiede betont, wonach Controlling Informationsfunktionen erfüllt und Steuerungsprozesse koordiniert, während die IR durch die Einhaltung von Normen und deren Überprüfung für die Umsetzung von Vorgaben sorgt.

Die organisatorische Eingliederung von Controlling und IR stellt sich unterschiedlich dar, zur Verdeutlichung werden Organisationsformen des Controllings der öffentlichen Verwaltung des Bundes und der Stadt Wien verglichen. Ebenso erfolgt ein Vergleich der Organisationsformen der IR in der öffentlichen Verwaltung.

Grund für diese explizite Darstellung ist eine Studie, aus der hervorgeht, dass
- in 70% der befragten Unternehmen die IR dem höchsten Leistungsorgan organisatorisch zugeordnet ist
- in weiteren 14% die Zuordnung der IR immer noch auf Bereichsleiterniveau, wie z. B. der Leitung des Finanzwesens erfolgt
- in 2% die Zuordnung der IR zu Aufsichtsorganen, wie z. B. dem Aufsichtsrat erfolgt
  (eine Form, die als unüblich bezeichnet werden kann)

- in 1 % eine Zuordnung der IR zum Controlling erfolgt (eine Vermischung von Controlling und IR wird in der Praxis offenbar als nicht zweckdienlich betrachtet)
- weitere 9 % eine andere, nicht genannte Form angeben
- 4 % nicht geantwortet haben

Es wird somit deutlich, dass in der Praxis eine klare Abtrennung zwischen Kontrolle und Controlling oft nicht erfolgt. Um das Bewusstsein dafür zu schärfen, wird eine klare Trennlinie zwischen Kontrolle und Controlling gezogen und in der Gegenüberstellung der beiden Systeme zeigen sich beträchtliche Unterschiede:

	Controlling		Interne Revision
1.	ständige kontinuierliche Informationen	1.	Situationsbedingt, Schwerpunkt wechselnd, fall- und turnusweise
2.	auswertende, betriebswirtschaftliche Begleitung für die laufenden Steuerungshandlungen	2.	Überwachungseinrichtung
3.	unterstützend bei Zielbildung	3.	neutral und unabhängig
4.	weisungsgebunden	4.	weisungsfrei, nicht weisungsbefugt
5.	wertet erhaltene Unterlagen und Informationen aus	5.	ist am Geschehensort eingesetzt
6.	setzt managementorientierte Instrumente in allen Bereichen ein	6.	verwendet prüfungstechnische Instrumente in allen Bereichen
7.	zukunftsgerichtet	7.	dokumentationsorientiert und präventiv zukunftsgerichtet

8.	geht von Datenrichtigkeit aus	8.	prüft Datenrichtigkeit
9.	veranlasst und prüft Informationen auf Steuerungseignung und -unterstützung	9.	prüft vor allem Ordnungsmäßigkeit, daneben Zweckmäßigkeit und Wirtschaftlichkeit, Sparsamkeit im Leistungsvollzug
10.	Organisations-/Unternehmenssteuerung	10.	Organisations-/Unternehmensüberwachung
11.	prozessintegriert	11.	prozessunabhängig
12.	Mehrung des Vermögens	12.	Schutz des Vermögens
13.	planen, steuern, kontrollieren und anpassen	13.	prüfen

Dass es Synergieeffekte zwischen Controlling und IR gibt, wird durch folgende fünf Beispiele aufgezeigt:

1. DER GEGENSEITIGE AUSTAUSCH LÖST EIN ORGANISATIONALES LERNEN UND QUALITÄTSSTEIGERUNGEN AUS
- Die IR führt unmittelbare Prüfungstätigkeiten durch, bei denen in der jeweiligen Organisationseinheit Vorgänge durchleuchtet und Normeinhaltung sichergestellt wird – auch durch Hinweise des Controllings.
- Dadurch leiten sich mittelbare Qualitätsverbesserungen hinsichtlich der Leistungs-, Prozess- und Datenqualität ab, da den Organisationseinheiten Verbesserungsvorschläge bzw. -anweisungen erteilt werden.
- Für das Controlling wirkt sich dies in Form von Input- und Output-Qualitätsverbesserungen aus.
- Für die IR wird der Prüfbedarf sichtbarer und kann priorisiert werden.

2. DIE QUALITÄT DES INPUTS DER ORGANISATIONSEINHEITEN FÜR DAS CONTROLLING WIRD DURCH PRÜFMASSNAHMEN DER IR GESTEIGERT

- Controlling benötigt für die Wahrnehmung seiner Planungs- und Steuerungsaufgaben Daten aus einer großen Zahl anderer Organisationsbereiche, wie z. B. Anzahl erbrachter Leistungen pro Zeitperiode, Personalstunden.
- Die Input-Datenqualität anderer Organisationseinheiten muss vom Controlling kurzfristig als gegeben akzeptiert werden bzw. kann nicht vollständig überprüft werden (Plausibilität versus materielle Richtigkeit).
- Die IR kann hingegen dafür sorgen, dass materielle Richtigkeit (z. B. richtige und vollständige Erfassung von Personalstunden oder aufgebrauchten Materialien) vorliegt.
- Dadurch verringert sich bereits im Vorfeld die Gefahr von Fehlinterpretationen und Ableitung unwirksamer bzw. fehlgerichteter Maßnahmen durch das Controlling.

3. AUCH DAS CONTROLLING SELBST IST PRÜFGEGENSTAND DER IR

- Die „Kontrolle des Controllings" bewirkt eine Steigerung der Output-Qualität (z. B. Controlling-Berichte, Analysen und Szenarien) und verbessert somit die Entscheidungsgrundlage für Führungskräfte.
- Mögliche konkrete Prüfobjekte im Controlling für die IR sind:
  - Controlling-Strategie:
    Ausrichtung auf Vision, Mission, Unternehmensziele; Vollständigkeit der Überwachung und Berichterstattung über Unternehmensziele; Wirksamkeit der Frühwarnsysteme
  - Rahmenbedingungen und Organisation des Controllings: zentrale und dezentrale Aufbauorganisation; Ressourcenausstattung zur Aufgabenerfüllung (Personal, IT-Ausstattung, Kompetenzen)

- Konzeption einzelner Controlling-Objekte:
  Planung, Budgetierung und Forecast; Abweichungsanalyse
- Mehrliniensystem:
  Prüfung dezentraler Stellen auf Einhaltung zentraler Vorgaben und Standards

4. UMGEKEHRT KANN DAS CONTROLLING DER IR BEDEUTENDE PRÜFHINWEISE LIEFERN

- Controlling hat als Daten- und Kommunikationsschnittstelle einen sehr guten Überblick über das gesamte Unternehmen, teilweise bis auf Detailebene hinab (Bereichscontrolling).
- Diese Stellung ermöglicht dem Controlling, der IR essenzielle Hinweise darauf zu geben, wo besonderer Bedarf an Prüftätigkeiten vorliegt (z. B. säumige Organisationseinheit, geringe Auskunftsbereitschaft).
- Der IR dienen Ad-hoc-Prüfhinweise seitens des Controllings zur Auswahl und Priorisierung der Prüfvorgänge oder sie leitet selbst Prüfbedarf aus den Controlling-Berichten ab.
- Konkret könnte die Beziehung zwischen Controlling und IR wie folgt gestaltet sein:
  - Einbindung der Leitung Controlling in die risikoorientierte Prüfungsplanung
  - laufender, institutionalisierter Informationsaustausch zu Ad-hoc-Themen
  - Diskussion von Standard-Arbeitsprogrammen und individuellen Prüfungsvorbereitungen

5. BEIDE SYSTEME KÖNNEN DURCH KOOPERATION AUF SACH- UND PERSONALEBENE PROFITIEREN

- Die Nutzung gemeinsamer Ressourcen auf der Sachebene, wie beispielsweise einheitliche IT-Lösungen kann Kosten senken und Datenbestände für beide Systeme erweitern.

- Auf Personalebene sprechen ähnliche Anforderungsprofile des Controllings und der IR für abgestimmte Weiterbildungs- und Schulungsmaßnahmen sowie Expertenaustausch.
- Diskussionsbedarf leitet sich aus der konkreten Ausgestaltung der Kooperation ab:
  - Ist es sinnvoll, Mitarbeiter aus ihren definierten Rollen zu lösen (Berater auf Augenhöhe versus unabhängige Prüfer)?
  - Wo müssen Schnittstellen geschaffen, wo gezielt Grenzen des Datenaustauschs gesetzt werden, um die Unabhängigkeit der IR nicht zu gefährden und die notwendige Diskretion der Prüfaufträge einzuhalten?

Zusammenfassend betrachtet sind Controlling und IR koexistierende Elemente der Organisation, die personell und in ihrem Rollenverständnis nicht vermischt werden sollten. Sowohl Controlling als auch IR haben in Organisationen ihre eigene, uneingeschränkte Existenzberechtigung, wenn es um die Erfüllung ihrer jeweiligen Kernaufträge geht. Bildhaft ließe sich ihre Funktion folgendermaßen ausdrücken: während Controlling der Lotse, der steuernde Berater mit Blick in die Zukunft ist, bleibt die IR die Hüterin der Werte und Normen und ist als unabhängiges Prüforgan retrospektiv orientiert. Aktuelle Trends drohen das Rollenverständnis aufzuweichen und die Bereiche organisatorisch verschmelzen zu lassen. Aus diesem Grund ist es unerlässlich, dass die Rahmenbedingungen durch den Entscheidungsträger einer Organisation definiert werden und dass dementsprechend in der täglichen Praxis auch gehandelt wird. Eine Corporate Governance kann diese Funktionen als zentrales Normengeflecht erfüllen, indem sie scharfe Trennlinien auf personeller Ebene zieht und Standards (z. B. Vertraulichkeit) verbindlich vorgibt. Denn der Wissensaustausch und die Kooperation zwischen Controlling und IR können nur dann Qualitätssteigerungen auslösen, wenn sie geordnet ablaufen.[120]

Gemäß dem Thema dieses Vortrags „Revision und Controlling – das Yin und Yang der Unternehmenssteuerung" wurden einerseits die Unterschiede aber auch die kooperativen Elemente beleuchtet, wodurch für die Teilnehmer dieser Tagung die Wichtigkeit der institutionellen und funktionellen Abgrenzung von Funktionen besonders vor Augen geführt wurde. Für einen optimalen Einsatz beider Einrichtungen ist es daher unerlässlich, dass diese Abgrenzung durch den Entscheidungsträger einer Organisation geregelt und laufend hinterfragt wird.

Neben all den organisatorischen Maßnahmen und Festlegungen sind jedoch auch die „nicht geregelten" Bereiche zu berücksichtigen, d.h. der einzelne Mensch und seine sozialen Interaktionen innerhalb der Prozessstruktur. Nur ein verstärktes Bewusstsein und die Akzeptanz eines geregelten Zusammenspiels werden auf lange Sicht den Erfolg einer Kooperation von Controlling und IR gewährleisten.

3.10.4 4. Erfahrungsaustausch zum Thema „Effizienzsteigerung der eigenen Organisationseinheit durch Bewertungsmöglichkeiten"

Um den ständig steigenden Anforderungen an die Verwaltung gerecht werden zu können, ist die laufende Evaluierung des aktuellen Zustandes unerlässlich und in diesem Zusammenhang das Thema der Bewertungsmöglichkeiten ein wesent-

---

120 Horak Christian, Contrast Management-Consulting GmbH, Wien, Vortrag am 3. September 2013.

licher Faktor. Daher sollte dieses ERFA den Teilnehmern die Möglichkeit bieten, verschiedene Bewertungsmodelle für Organisationseinheiten kennenzulernen, um eingefahrene Prozesse zu analysieren, zu bewerten und entsprechende Empfehlungen abzugeben. Auf diese Weise entsteht ein Mehrwert, der gleichbedeutend mit einer Modernisierung die erfolgreiche Bewältigung neuer Erfordernisse und Aufgabenstellungen gewährleisten soll.

Das CAF (Common Assessment Framework) ist ein Qualitätsmanagement-System auf Selbstbewertungsbasis, das für die öffentliche Verwaltung entwickelt worden ist. Es ist ein einfach anzuwendendes System, das der Verbesserung und Weiterentwicklung dient, das die Stärken und Schwächen aufzeigt und die gemeinsame Sicht sowie das Benchlearning fördert.

Die CAF-Anwendung besteht aus mehreren Schritten:
1. Schritt: Entscheiden, ob eine Selbstbewertung durchgeführt wird und wenn ja, einen Projektleiter ernennen.
2. Schritt: Die Absicht der Selbstbewertung in der Organisationseinheit kommunizieren und die einzelnen Mitarbeiter mit Total-Quality-Management (TQM)-Wissen vertraut machen.
3. Schritt: Bildung eines repräsentativen Bewertungsteams und Informationsweitergabe über den Zweck und den Ablauf. Das Bewertungsteam muss sich ebenfalls das TQM-Wissen und CAF-Wissen aneignen.
4. Schritt: Die Selbstbewertung durchführen, indem ein Arbeitsbogen individuell von den Bediensteten ausgefüllt werden muss.
5. Schritt: Auswertung der Arbeitsbögen und Erstellung eines Ergebnisberichts.
6. Schritt: Aufgrund der Ergebnisse sollen konkrete Verbesserungsmaßnahmen geplant werden.

7. Schritt: Verbesserungen implementieren und Aktionsplan konsequent umsetzen.

Von einer europäischen Arbeitsgruppe wurde das CAF-Feedbackverfahren entwickelt, mit dem Organisationen ein CAF-Gütesiegel „Effektiver CAF-User" erlangen können. Dieses Gütesiegel bestätigt die korrekte Anwendung sowie den Reifegrad der Organisation. Es soll aber auch nach außen zeigen, dass die Organisation die TQM-Werte als Ergebnis der CAF-Anwendung verinnerlicht hat. Um einen kontinuierlichen Verbesserungsprozess zu erreichen, sollten regelmäßige CAF-Selbstbewertungen alle drei Jahre durchgeführt werden.

- Abschließend wird als Beispiel der Ablauf einer CAF-Selbstbewertung erläutert, die in einer Sektion im BKA im Jahr 2011 durchgeführt wurde.

Ein zeitlicher Projektablauf zeigt
- in welchem Monat der Projektstart erfolgte,
- an welchem Tag die Mitarbeiterinformation durchgeführt wurde,
- an welchem Tag der Workshop zur CAF-Adjustierung sowie die Schulung des Bewertungsteams geplant war,
- an welchem Tag die Bewertungsworkshops angesetzt waren,
- an welchem Tag der Workshop über den Aktionsplan stattfand.

Abschließend wird auf einige Verbesserungen dieser Sektion im BKA verwiesen.[121]

---

121 Kallinger Michael, Bundeskanzleramt, Wien, Vortrag am 19. November 2013.

Wie eine Beurteilung des Qualitätsmanagements erfolgt, wird durch einen Ansatz eines Wirtschaftsprüfungsunternehmens für ein Quality Assessment (QA) der IR gezeigt.

Es besteht aus drei Modulen:
1. Modul: Durchführung eines vorgelagerten Konzeptworkshops zur Vorbereitung des QA der IR
2. Modul: Qualitätsprüfung der IR
    Die Überprüfung erfolgt nach den Vorgaben des Deutschen Instituts für IR (DIIR), welches als Vertreter des Berufsstandes der IR
    - den Revisionsstandard Nr. 3 „Qualitätsmanagement in der Internen Revision (Stand August 2002)" sowie
    - den diesen ergänzenden „Leitfaden zur Durchführung eines Quality Assessments (Stand Juli 2012, DIIR-QA-Leitfaden)"

    herausgegeben hat.
3. Modul: Benchmarking der IR
    Vergleich mit Revisionen von Unternehmen vergleichbarer Größe bzw. Geschäftstätigkeit.

Im **„Modul 1 – Workshop"** werden alle Vorbereitungen für ein QA getroffen. Es findet ein Informationsaustausch statt und die Teilnehmer sowie der Umfang der Prüfung werden festgelegt. Gleichzeitig erfolgt die Bestimmung der derzeitigen Positionierung der IR. Es sollte eruiert werden, inwieweit die IR bereits die DIIR-Anforderungen erfüllt bzw. wo gegebenenfalls noch Verbesserungspotenziale bestehen.

Das **„Modul 2 – Quality Assessment"** besteht aus vier Phasen:
In Phase 1 findet die Projektplanung statt. Informationen über die IR ermöglichen die Ausarbeitung eines detaillierten Arbeitsplanes für die folgenden Projektphasen.

In Phase 2 – der Validierung – werden Interviews mit dem Management, Mitarbeitern der IR sowie mit Abschlussprüfern und Aufsichtsgremien geführt.

In Phase 3 erfolgt die Beurteilung der Kernprozesse. Es werden organisatorische Grundlagen der Revisionstätigkeit und deren operative Umsetzung in Stichproben analysiert.

In Phase 4 erfolgt die Analyse und die Berichterstattung.

Das **„Modul 3 – Benchmark"** sieht vor, einen Vergleich des Ermittlungsergebnisses mit dem Global Audit Information Network (GAIN) – ein Benchmarking Programm des IIA – durchzuführen.

Dieser Vortrag wird mit einem Zitat von Marie von Ebner-Eschenbach beendet: *„Wer aufhört, besser werden zu wollen, hört auf, gut zu sein."*[122]

Die Vorträge dieser Veranstaltung, die sowohl europäische Bemühungen und Vorgaben bezüglich Qualitätssicherung als auch Beurteilungsmethoden aus dem privatwirtschaftlichen Bereich näher beleuchteten, brachten die Erkenntnis, dass sowohl eine Selbstbewertung als auch eine Fremdbewertung der eigenen Organisationseinheit Vorteile bringen, denn die Mitarbeiter lernen, Qualifikationsprozesse selbst zu organisieren und in Gang zu setzen, sie lernen, die geplanten Verbesserungsmaßnahmen selbst zu implementieren und sie entwickeln eine Motivation und Akzeptanz für Veränderungen, um eine auf Leistungs- und Qualitätsziele bezogene Organisationskultur zu erhalten.

---

[122] Renner Josef, PricewaterhouseCoopers, Wien, Vortrag am 19. November 2013.

3.10.5 Jahrestagung der Internen Revision 2013 zum Thema „Die Aufgabenkritik – Entbehrliches versus Unentbehrliches"

Knappe Budgetmittel machen es notwendig, gegenwärtig wahrgenommene Aufgaben immer wieder einer Bestandaufnahme zu unterziehen, ob deren Aktualität noch gegeben ist bzw. ob evtl. eine unwirtschaftliche Erfüllung zu beanstanden ist. Andererseits gilt es, Doppelgleisigkeiten zu vermeiden und sich auf die wesentlichen Kernaufgaben zu konzentrieren.

Das Veranstaltungsthema „Aufgabenkritik" wurde bei dieser Jahrestagung auch deshalb gewählt, weil dieses bereits bekannte Thema aus verschiedensten Blickwinkeln beleuchtet werden sollte, um deutlich zu machen, dass Aufgabenänderungen neue Risiken entstehen lassen können, die durch die IR dem Entscheidungsträger einer Organisation rechtzeitig aufgezeigt werden müssen. Der Begriff „Aufgabenkritik" wurde vor allem geprägt durch die kommunale Gemeinschaftsstelle für Verwaltungsmanagement, die in den 90er Jahren ein Rationalisierungskonzept unter diesem Namen erarbeitete und publik machte. Das Konzept hat heute vielfältige Ausgestaltungsformen. Wichtig ist jedoch für alle Formen die Unterscheidung zwischen Zweckkritik und Prozesskritik. Vereinfacht lässt sich sagen, Zweckkritik befasst sich mit der grundsätzlichen Frage, das Richtige zu tun, während die Prozesskritik prüft, ob die Aufgaben richtig (d. h. wirtschaftlich) erfüllt werden. Für die erfolgreiche Durchführung einer Aufgabenkritik sind drei Elemente konstitutiv – fehlt eines dieser Elemente, so wird der Erfolg gering sein bzw. ausbleiben:
- eine sichtbare Machtpromotion der politischen Führung (gesetzliche Grundlagen, Parlament und Regierung)

- eine kompetente Fachpromotion durch Linienverantwortliche, Experten usw.
- eine klare Prozesspromotion durch die Projektleitung, Linienverantwortliche und eventuell Controller oder IR unter Einbeziehung der Beteiligten

Zusammenfassend ist festzuhalten:
1. Aufgabenkritik umfasst Zweckkritik (das Richtige tun) und Prozesskritik (die Dinge richtig tun).
2. Aufgabenkritik wird erleichtert durch Ausgaben- und Schuldenbremsen, die frühzeitig Korrekturmaßnahmen auslösen („Brandverhütung statt Brandlöschung", Abschied von der Reparaturkultur).
3. Die Verbindung von Finanz- und Strategieplanung zeigt Ursachen und Handlungsfelder der Aufgabenkritik frühzeitig auf, beschleunigt die Maßnahmenentwicklung durch die bessere Datenlage und erhöht die Wirksamkeit von Maßnahmen.
4. Maßnahmen sind nur erfolgreich, wenn es gelingt, die wesentlichen Stakeholder einzubinden (insbesondere Regierung, Parlament und Verwaltungskader = Machtpromotion), wenn eine kompetente und akzeptierte Projektorganisation besteht (Fachpromotion) und die Stakeholder in den Prozess einbezogen sind (Prozesspromotion).
5. Doppisches Rechnungswesen, Kostenrechnung und Globalbudgets erleichtern die Aufgabenkritik durch vermehrte Delegation der Maßnahmenumsetzung an untergeordnete Verwaltungseinheiten (Globalbudgets) und höhere Transparenz der Generationengerechtigkeit (Vermeidung von Lastenverschiebungen auf spätere Generationen durch den Ausgleich der Ergebnisrechnung und der Vermeidung von Bilanzfehlbeträgen).
6. Aufgabenkritik ist insofern anspruchsvoller geworden, als die Verwaltung größer und die Verwaltungsstrukturen

komplexer geworden sind (Ausgliederungen, Leistungsaufträge, häufigere Regulierungen usw.). Die Prozessorganisation muss dies berücksichtigen.
7. Durch die relativ schnell wechselnden Rahmenbedingungen auch der staatlichen Tätigkeit in der globalisierten Wirtschaft und Gesellschaft wird die Häufigkeit der Aufgabenkritik eher zunehmen. Sie wird daher zu einer Daueraufgabe und bedarf eines integrierten Führungsinstrumentariums.
8. Das beste Instrumentarium wirkt nicht „an sich", sondern nur durch dessen kompetente und konsequente Anwendung durch die Entscheidungsträger. Dies erfordert neben einer angemessenen Ausbildung auch festen Handlungswillen, ohne den die Instrumente leerlaufen.[123]

Eine umfassende Aufgabenkritik und Strukturreformen sind im Hinblick auf die primär über ausgabenseitige Maßnahmen angestrebte Haushaltskonsolidierung, die nachhaltige Finanzierbarkeit wirksamer öffentlicher Leistungen und eine moderne öffentliche Verwaltung im Sinne der Bürger, aber auch der öffentlich Bediensteten, weiterhin unumgänglich. Angesichts der immer knapperen Ressourcen wird Österreich dies auch von den internationalen Institutionen nahegelegt. Die mit der zweiten Etappe der HHRR als zentraler Haushaltsgrundsatz eingeführte Wirkungsorientierung weist bei den Zielen, Voraussetzungen und Instrumenten zahlreiche Gemeinsamkeiten mit der Aufgabenkritik auf. Beide Ansätze gehen von der reinen Input-Orientierung ab und legen den Fokus – in unterschiedlichem Ausmaß – auf Output und

---

[123] Buschor Ernst, Erfolgsfaktoren der Aufgabenkritik: Macht- Fach- und Prozesspromotion, In: Seyfried K. (Hrsg.): Interne Revision und Aufgabenkritik: Entbehrliches versus Unentbehrliches, Verlag LexisNexis, 2014, S. 1–12. Vortrag am 10. Oktober 2013.

Outcome, haben als gemeinsames Ziel die Modernisierung der Verwaltung und ihre Entlastung von wenig wirksamen Leistungen und streben ein zielgruppenorientiertes und effizienteres Leistungsangebot für die Bürger an. Eine Verbindung der beiden Ansätze erscheint aufgrund der Synergieeffekte zwar naheliegend, könnte jedoch die Reformkapazität der Verwaltung übersteigen und damit die Akzeptanz beider Instrumente in Frage stellen. Die wirkungsorientierte Haushaltsführung bietet jedoch sowohl bei der Erarbeitung der Grundlagen als auch auf allen Ausformungsstufen eine Reihe von ausgabenkritischen Reformansätzen und stellt dafür geeignete Instrumente zur Verfügung. Die wirkungsorientierte Haushaltsführung macht die als relevant erachteten Aufgaben sichtbar und kann damit die Funktion eines Katalysators für die Aufgabenkritik erfüllen. Die eigentliche Aufgabenkritik kann an deren Ergebnisse anknüpfen und in einem unabhängigen, separaten systematischen Prozess erfolgen. Wesentlich ist dabei nur, dass sämtliche Aufgaben einer Stelle möglichst rasch erfasst, geordnet und hinsichtlich ihrer Notwendigkeit und Geschäftsabläufe konkret untersucht werden. Nur so können die übergeordneten Zielsetzungen erreicht werden.[124]

Ein weiterer Vortrag zum Thema „Aufgabenkritik" zeigt auf, wo Geschäftsprozessoptimierung dazu führen kann, dass sich neue Korruptionsgelegenheiten ergeben und gleichzeitig das Risiko, entdeckt zu werden herabgesetzt wird und wo sie im Gegenteil auch für die Verwaltungskontrolle und Prävention

---

[124] Berger Helmut, Wirkungsorientierte Haushaltsführung als Chance zur Aufgabenkritik?, In: Seyfried K. (Hrsg.): Interne Revision und Aufgabenkritik: Entbehrliches versus Unentbehrliches, Verlag LexisNexis, 2014, S. 53–76. Vortrag am 10. Oktober 2013.

nutzbringend ist. Ein Schwerpunkt der Ausführungen liegt auf einer Betrachtung der Rolle der behördlichen Präventionsverantwortlichen und der IR im Kontext der prozessorientierten Aufgabenkritik. Da der risikoorientierte Präventionsansatz nach moderner Revisionspraxis einen Schwerpunkt in der Beurteilung und Modulation von Geschäftsprozessen findet, verfügen gerade IR oftmals über nutzbringende Potenziale und Expertisen, auf die jedoch im Gesamtkontext innerbehördlicher Aufgabenkritik (noch) zu wenig zurückgegriffen wird.[125]

Als Fazit dieser Jahrestagung bleibt die Erkenntnis, dass nur durch eine Zusammenarbeit der politischen Führung, der Entscheidungsträger einer Organisation und der Projektleitung einer Aufgabenkritik – gemeinsam mit der IR – Informationsgrundlagen geschaffen werden, die es ermöglichen, Aufgaben transparent zu machen, um die Wirtschaftlichkeit und Wirksamkeit der öffentlichen Verwaltung zu gewährleisten.

---

125 Sorgatz Ingo, Aufgabenkritik, Entbürokratisierung und Verwaltungsmodernisierung – Eine risikoorientierte Betrachtung aus Sicht von Interner Revision und Korruptionsprävention, In: Seyfried K. (Hrsg.): Interne Revision und Aufgabenkritik: Entbehrliches versus Unentbehrliches, Verlag LexisNexis, 2014, S. 121–143. Vortrag am 10. Oktober 2013.

4. Meinungen von Vortragenden zum Thema Erfahrungsaustausch

4.1 Zum Sinn des Erfahrungsaustausches

In Anbetracht der Tatsache, dass die Veranstaltungen im Jahr 2013 die letzten unter meiner Planung, Organisation und Moderation sein würden, war es sowohl für die Leitung meiner Sektion des BKA als auch für mich persönlich von großer Bedeutung, im Sinne der Wirkungsorientierung der Veranstaltungen eine Bewertung verschiedener Aspekte vorzunehmen.

Zu diesem Zweck führte ich im September eine Befragung der Teilnehmer und der Vortragenden der ersten 3 ERFA des Jahres 2013 durch. Die Befragung der Teilnehmer wurde verwaltungsintern ausgewertet, danach erfolgte eine separate außerdienstliche Befragung der Vortragenden, deren wichtigste Aussagen in diesem Punkt zusammengefasst sind.

Vorweg lässt sich sagen, dass die Vortragenden übereinstimmend der Meinung waren, dass der Besuch eines ERFA durch den Mitarbeiter einer Organisation nicht nur dazu führt, neue Sichtweisen auf ein Thema zu gewinnen sondern ihm darüber hinaus auch die Möglichkeit bietet, Experten aus den verschiedensten Branchen kennenzulernen, die aus ihrer fachlichen Praxis heraus zu aktuellen Fragen Stellung nehmen können.

In Anbetracht der Vielfalt der eingeladenen – zum Teil internationalen – Vortragenden mit deren herkunftsspezifischen

Gegebenheiten und Erfahrungen findet ein externer Benchmark zur Kalibrierung der eigenen Leistungsfähigkeit statt und der Vergleich der eigenen Erfahrungen mit jenen anderer trägt zur eigenen Standortbestimmung bei. Da es sich bei den Teilnehmern eines ERFA um die gleiche Zielgruppe handelt – wobei die Probleme der einzelnen Teilnehmer durchaus unterschiedlich sein mögen – so kann für jeden Einzelnen die Anregung durch die Experten sehr hilfreich sein und ihm darüber hinaus das Gefühl vermitteln, mit seinen Problemen nicht allein zu sein. Daher ist ein ERFA aus Sicht der Vortragenden eine mögliche und effektive Maßnahme, um die Frage „Wie können wir uns vor allem auf Peer-Ebene in unserem Berufsalltag sinnvoll helfen" zu beantworten. Es ist ein Treffen, das sowohl den Austausch auf inhaltlicher Ebene als auch auf emotionaler Ebene ermöglicht. In diesem Sinne kann ein ERFA als eine Win-Win-Situation für alle Beteiligten angesehen werden, d.h. auch für die Vortragenden selbst, da sie – beispielsweise bei der an den Vortrag anschließenden Diskussionsmöglichkeit – mit Fragen und Reaktionen der Teilnehmer konfrontiert sind und durch deren Erfahrungen ebenfalls „lernen". Diese neuen Erkenntnisse können sie ihrerseits bei ihren zukünftigen Vorträgen einbringen, wodurch der eigene Blickwinkel laufend erweitert wird.

Sosehr die Vortragenden die Vorteile einer solchen Veranstaltung – sowohl für die Teilnehmer als auch für sich selbst – zu schätzen wissen, so ist doch festzustellen, dass diese Sichtweise in der Praxis nicht immer geteilt wird. In der Realität zeige sich, dass es verschiedene Gründe geben kann, warum der Besuch eines ERFA abgelehnt wird: sei es das Festhalten an Gewohnheiten – um zu vermeiden, dass sich der Arbeitsalltag verändert und der Arbeitsablauf gestört wird, sei es ein persönliches Gefühl des Verlustes von Sicherheit – bedingt durch das Eingeständnis, durch ein ERFA neue

Ideen und interessante Informationen gewonnen zu haben, die die bisherigen Vorgehensweisen in Frage stellen. Beide Einstellungen seien kontraproduktiv, denn sie verhindern ein besseres Verständnis für wichtige und notwendige Veränderungen. Erst wenn es in solchen Fällen gelingt, ein ausgewogenes Verhältnis zwischen „Wiederholungen", d. h. dem gewohnten Arbeitsablauf und den Veränderungen herzustellen, kann sich das Alte als sichere Basis erweisen, auf der das Neue als Bereicherung offen angenommen wird. Ein weiterer Grund für eine ablehnende Haltung kann in der Unsicherheit eines Mitarbeiters und in seinem Unbehagen liegen, eigene Ängste und Schwächen möglicherweise zugeben zu müssen oder er hegt die Befürchtung, von seinen Kenntnissen zu viel preisgeben zu müssen. Häufig werden vordergründige Argumente angeführt wie „Ich habe zu wenig Zeit, ich habe Wichtigeres zu tun" oder „Ich weiß sowieso schon alles und höre von den Vortragenden immer wieder dasselbe", um die ablehnende Haltung zu verbergen. Nicht zuletzt kann die Ablehnung der Teilnahme eines Mitarbeiters an einer Weiterbildungsveranstaltung – wie es auch das ERFA ist – ebenso in der Haltung des Vorgesetzten begründet sein, der der Meinung ist, durch die Teilnahme versäume der Mitarbeiter zu viel Zeit, um seine tägliche Arbeit zu erledigen und darüber hinaus ergebe sich kein Mehrwert für die Organisation.

4.2 Zur Auswahl des Veranstaltungsthemas

Nach Meinung der Vortragenden sind die Wahl eines attraktiven Themas und eine ansprechende Einladung deshalb so wichtig, weil beides entscheidend ist, ob dadurch das Interesse von potenziellen Teilnehmern geweckt werden kann. Die Auswahl des Veranstaltungsthemas ergibt sich aus der Aktualität einer Thematik, aus der täglichen Praxis des Veranstalters und der ins Auge gefassten Zielgruppe. Diese muss auf besondere Weise angesprochen werden, wobei hier – neben der formalen Gestaltung – vor allem der Text des Einladungsschreibens von ausschlaggebender Bedeutung sein kann. Eine aussagekräftige Formulierung – abgesehen von den Details zum Thema, der Vorstellung der Vortragenden und dem Festhalten des Programmablaufes – ist wohl entscheidend, ob sich jemand für die Veranstaltung interessiert und sich persönliche Vorteile von einer Teilnahme verspricht oder nicht. Der Veranstalter sollte sich daher fragen, welche Erwartungen er mit dem gewählten Text erwecken möchte und welches Feedback er erwartet. Um Interesse und die nötige Motivation bei den potenziellen Teilnehmern als auch deren Vorgesetzten für ein bestimmtes Thema zu wecken, können laufende Rückfragen bei der Zielgruppe hilfreich sein, um sicherzugehen, die „Richtigen" angesprochen zu haben.

Was das Veranstaltungsthema selbst betrifft, so gibt es nach Meinung der Vortragenden per se kein „schlechtes" Thema, vielmehr gibt es eine Relevanz für ein Thema oder auch nicht. Unter Berücksichtigung der großen Bandbreite an (möglichen) Veranstaltungsthemen ist auf jeden Fall der enge Bezug eines Themas zur eigenen täglichen Arbeit, zur eigenen gelebten Praxis eines potenziellen Teilnehmers die beste Garantie, ihn für das jeweilige Thema zu begeistern und seine positiven Erwartungen in die Veranstaltung zu bestärken.

4.3 Zur Auswahl der Vortragenden

Um eine Veranstaltung interessant zu gestalten, sollte sich der Veranstalter vor Augen halten, dass es auf eine gelungene Mischung von Fachleuten aus den verschiedenen Bereichen wie Politik, Wirtschaft, Wissenschaft und Verwaltung ankommt, die ihrerseits ein Thema unter unterschiedlichen Aspekten beleuchten können. Um die geeigneten Vortragenden für das jeweilige Thema und die entsprechende Zielgruppe zu finden, sind seitens des Veranstalters Recherchen im Vorfeld unerlässlich, z. B. durch Einholung von Referenzen. Ideal wäre es, wenn er sich bereits rechtzeitig, d. h. vor der eigenen geplanten Veranstaltung einen persönlichen Eindruck von dem Referenten verschaffen könnte, beispielsweise durch den Besuch einer seiner Veranstaltungen.

Die ausgewählten Vortragenden sollten in der Lage sein, ein Thema fundiert und differenziert zu behandeln und bei strittigen Themen ihre Position klar darzulegen und zu verteidigen. Tendenziell ist diese Eigenschaft stärker bei solchen Vortragenden ausgeprägt, die es gewohnt sind, in ihrer Organisation selbstständig entscheiden zu können. Im Idealfall gelingt es ihnen, neue oder wenig berücksichtigte Aspekte in das ERFA einzubringen und dadurch Diskussionen anzuregen. Der Veranstalter sollte jedoch bedenken, dass es große Unterschiede in der Qualität der Experten gibt und darüber hinaus nicht jeder ein bestimmtes Fachgebiet zur Gänze abdecken kann.

Von allen befragten Vortragenden wird einhellig die Meinung vertreten, dass es für die Ausgewogenheit einer Veranstaltung unerlässlich ist, eine inhaltliche Abstimmung der Vorträge vorzunehmen. Aus diesem Grunde sollte der Veranstalter noch vor der geplanten Veranstaltung den Kontakt zu den gewünschten Vortragenden herstellen, um mit jedem einzelnen sowohl die Inhalte zum Thema als auch die beabsichtigte Präsentation abzustimmen.

Was den Vortrag selbst betrifft, so sollten die Teilnehmer einen lebendigen und praxisnahen Vortrag erwarten können, wobei die Theorie immer mit anwendbaren Beispielen aus der Praxis verknüpft sein sollte. Einem erfahrenen Vortragenden sollte es mühelos gelingen, auf mögliche Spannungsfelder zwischen Theorie und Praxis hinzuweisen. Fachbegriffe sollten generell erklärt werden, damit ein Nachfragen der Teilnehmer sich erübrigt und das mögliche Gefühl einer Bloßstellung vermieden wird.

Die praktische Vorgehensweise, nach Vorträgen Fragen stellen zu lassen, um zu einer Diskussion anzuregen wird als zielführend angesehen, aus Sicht der Vortragenden bringt es Vorteile sowohl für die Teilnehmer als auch die Vortragenden selbst, da sie durch das Feedback der Fragenden ihren eigenen Blickwinkel ebenfalls erweitern können.

4.4 Zum Einsatz der Veranstaltungsmedien

Aus ihrer eigenen Praxis halten die Vortragenden es für sinnvoll, je nach Vortragssituation von einem Medienmix aus Pinnwand, Flipchart und Beamer für eine PowerPoint Präsentation Gebrauch zu machen. Als Ergänzung kann auch eine kurze Videobotschaft angebracht sein, um dem Thema ein weiteres Betrachtungsfeld zu geben. Um diesen Medienmix zu unterstützen, sollten auch ein Internet-Anschluss und ein Kopiergerät zur Verfügung stehen, Wireless-Mikrofone sollten eine Selbstverständlichkeit sein.

PowerPoint gilt heute als Standard, wobei sich aus langjähriger Erfahrung formale und inhaltliche Empfehlungen ableiten lassen, die sich als praxistauglich erwiesen haben und als Maßstab genommen werden sollten:
- einheitliche Schriftart der Folien, Schriftmindestgröße von 20 Punkten
- übersichtliche Gliederung des Textes mittels Stichworten bzw. Schlagworten
  (keinesfalls Abbildung des Vortragstextes, um eine Überfrachtung zu vermeiden)
- bei der Farbauswahl auf den ausreichenden Kontrast zwischen Text und Hintergrund achten
- ausschließliche Darstellung des Vortragsinhaltes (Literaturhinweise bzw. Quellenangaben auf den Folien nicht anführen)

Grundsätzlich ist zu sagen, dass PowerPoint-Folien nur Mittel zum Zweck sind, sie dienen dem Vortragenden als Unterstützung und sind als Erinnerungsstütze für die Zuhörer des Vortrags gedacht. Im Vordergrund steht immer der Vortragende, auf ihn sollte die ganze Aufmerksamkeit gerichtet sein.

4.5 Zur Auswahl des Veranstaltungsortes und des Leistungsangebotes

Charakter und Wesen eines Veranstaltungsortes sind aus der Sicht der Vortragenden von ganz erheblicher Bedeutung. Ein gut gewählter, angenehmer Veranstaltungsort hat in vielerlei Hinsicht positive Auswirkungen auf die Teilnehmer, lässt kreative Denkweisen oder Gefühle zu und verstärkt die sozialen Aspekte des Networking. Wünschenswert wäre eine einladende Umgebung, die einen „Wohlfühlcharakter" ausstrahlt, wenn möglich mit „kontemplativer" Atmosphäre. Daraus ergibt sich für den Veranstalter die Grundsatzfrage, ob er sich – im Falle einer mehrstündigen Veranstaltung – für einen Ort entscheidet, der auch mit öffentlichen Verkehrsmitteln innerhalb einer Stunde zu erreichen ist oder ob er einen abgeschiedenen Ort mit Klausurcharakter wählt (bei einer mehrtägigen Veranstaltung), um so die Teilnehmer bewusst daran zu hindern, sich zwischenzeitlich zu entfernen. Nahezu einstimmiges Votum aller befragten Vortragenden war, dass von einem Verfechter der konsequenten Schulung der Achtsamkeit in jedem Fall ein Veranstaltungsort mit Klausurcharakter bevorzugt wird.

Der Klausurcharakter, d.h. die örtliche Abgeschiedenheit von den eigenen täglichen Arbeitsgegebenheiten und -anforderungen bedeutet, die ungeteilte Aufmerksamkeit auf das momentane Ereignis zu richten und sich nicht in Ablenkungen zu verlieren. Sich auf das Wesentliche nicht nur konzentrieren zu können, sondern auch zu dürfen, ist als Wohltat für den Menschen in seiner Gesamtheit zu betrachten und wäre ein wertvolles Geschenk an die Teilnehmer und insbesondere an Vortragende. Ungeteilte Aufmerksamkeit zu schenken, ist an einem Ort mit Klausurcharakter wohl viel leichter möglich als an einem „verkehrstechnisch" optimalen Platz. Eine ausreichende Anzahl von gebührenfreien Parkplätzen im Umfeld des gewählten Veranstaltungsortes kann für motorisierte Veranstaltungsteilnehmer ausschlaggebend für ihre Teilnahme sein.

Nach der grundsätzlichen Überlegung für die Wahl des Veranstaltungsortes sind die räumlichen Gegebenheiten vor Ort ein wesentlicher Faktor für das Gelingen der Veranstaltung. Der Vortragsraum oder –saal muss ausreichend Platz für die zu erwartenden Teilnehmer bieten und durch eine entsprechende Bestuhlung sicherstellen, dass alle Zuhörer den Vortragenden und ihrer Präsentation ungehindert folgen können. Demgemäß sollte die Positionierung der Präsentationsmedien die gegebenen Lichtverhältnisse berücksichtigen, um eine blendungsfreie Sicht auf die gewählten Medien zu ermöglichen. Der Vortragsraum sollte klimatisiert sein, auf die Möglichkeit, für ausreichend Frischluft zu sorgen muss geachtet werden.

Für jeden Teilnehmer sollten seitens des Veranstalters Tagungsunterlagen rechtzeitig erstellt und in einer Mappe zusammen mit dem Tagungsprogramm und den Teilnehmerlisten bereitgestellt werden. Ebenso muss geklärt sein, bei welcher Art von Veranstaltung (ERFA oder mehrtägige Veranstaltung) vor Zutritt zum Vortragsraum Namensschilder mit Angabe des Dienst- oder Arbeitgebers an die einzelnen Teilnehmer vergeben werden. Darüber hinaus ist es für die Teilnehmer sehr hilfreich, ihnen nach der Veranstaltung die einzelnen Vortragsinhalte in elektronischer Form zukommen zu lassen, damit sie die Unterlagen persönlich archivieren und nachträglich jederzeit wieder abrufen können. Dies gilt natürlich ganz besonders dann, wenn bei einer Veranstaltung keine Vortragsunterlagen ausgegeben wurden.

Was den zeitlichen Ablauf des Programms und die eingeplanten Zeiten für die jeweiligen Programmpunkte betrifft, so wurde überwiegend die Meinung vertreten, dass die Redezeit eines Vortragenden zwischen 40 und 45 Minuten betragen sollte. Für eine nachfolgende Diskussion sollten ca. 20 Minuten eingeplant werden. Zwecks Auflockerung des Programms sollte nach zwei Vorträgen jeweils eine 20-minütige Pause vorgesehen sein. Als sehr angenehm wurden die vom Veranstalter dafür zur Verfügung gestellten Getränke wie Kaffee, Mineralwasser oder Fruchtsäfte empfunden. Im Falle einer ganztägigen oder mehrtägigen Veranstaltung sollte die Möglichkeit der Einnahme eines Mittagessens vorhanden sein. Für eventuelle Wünsche der Teilnehmer nach Kaffee etc. während der Mittagszeit stehen Kaffee- und Getränkeautomaten zur Verfügung, die an sich gutgeheißen, jedoch nicht als wichtig empfunden werden.

Als großer Erfolg hat sich am Ende einer Veranstaltung ein Catering mit Fingerfood bei einem Abschlussbuffet erwiesen, das auch von den Vortragenden sehr geschätzt wird, da hier den Teilnehmern die Gelegenheit geboten wird, direkt mit den Vortragenden in Kontakt zu treten. Auf diese Weise ergibt sich die Möglichkeit, wirkungsvolles Networking zu betreiben und persönliche Erfahrungen auszutauschen ganz im ursprünglichen Sinne eines ERFA.

Um die Qualität und den Erfolg eines ERFA bzw. einer Weiterbildungsveranstaltung messen zu können und daraus Erkenntnisse für zukünftige Veranstaltungen zu gewinnen, sollte der Veranstalter im eigenen Interesse eine Veranstaltungsbewertung durchführen. Nach Meinung der Vortragenden eignet sich zu diesem Zweck sehr gut ein Feedback-Fragebogen an alle Teilnehmer, der es dem Veranstalter ermöglicht, aufgrund der Auswertung der Beurteilungen bei zukünftigen Veranstaltungen gezielter auf die Wünsche der Teilnehmer einzugehen und die Veranstaltung entsprechend zu gestalten.

Von einigen Vortragenden wird dagegen die Meinung vertreten, dass diese Methode zwar aufschlussreich sein kann, dass es jedoch für den Veranstalter und auch für die Vortragenden von größerem Wert sein kann, Feedback durch ein persönliches Gespräch mit Teilnehmern zu erhalten.

Ein Fragebogen sollte zumindest folgende Inhalte aufweisen und durch die Teilnehmer mit Schulnoten bewertet werden:
- Vortragsinhalt und Präsentation des Vortragenden
- Verhältnis von Theorie und Praxis
- Vortragszeiten und Pausen
- Veranstaltungsort und öffentliche Verkehrsmittel
- Veranstaltungsort und Parkplätze
- Vortragsraum bzw. Veranstaltungssaal (gute Sicht, Akustik, Präsentationstechnik, ausreichend Platz, etc.)
- Catering (Pausenkaffee und Abschlussbuffet)

In einem zusätzlichen freien Feld sollte den Teilnehmern die Möglichkeit für eigene Anmerkungen gegeben werden, beispielsweise über ihren Gesamteindruck von der Veranstaltung und/oder das Anführen von eventuellen Verbesserungsvorschlägen.

Auf die Frage, wie ein Veranstalter nach Auswertung des Feedback-Fragebogens mit aus seiner Sicht gerechtfertigter und auch ungerechtfertigter negativer Kritik umgehen soll, wurde die Meinung vertreten, dass jedes Feedback – sei es positiv oder auch negativ – ein Geschenk sei. Der Veranstalter sollte jedes Feedback ernsthaft prüfen, auch negative oder scheinbar ungerechtfertigte Kritik. Dabei mag er zu der Erkenntnis kommen, dass gewisse Dinge möglicherweise anders wahrgenommen werden als er sie intendiert hatte. Er sollte sich deshalb aber nicht in eine Rechtfertigungsposition begeben, sondern dem Feedbackgeber – unter Hinweis auf

Berücksichtigung der Bewertungsergebnisse – seinen Dank aussprechen. Möglich wäre auch, dass der Veranstalter die seiner Meinung nach ungerechtfertigte Kritik aus Objektivitätsgründen von weiteren neutralen Personen, die ebenfalls bei dieser Veranstaltung anwesend waren, prüfen lässt. Diese „Kontrolle" durch das Feedback der Teilnehmer einer Veranstaltung ist für eine Qualitätsbestimmung unerlässlich und die so gewonnenen Erkenntnisse sollen zu Verbesserungen anspornen, denn auch der „beste" Veranstalter ist nicht vor Betriebsblindheit geschützt.

5. Erfahrungsaustauschtreffen aus psychologischer Sicht – Interview mit dem Arbeits- und Organisationspsychologen Mag. Jürgen Fritsche

Es war im Oktober 2013, als ich mich vor meinem Eintritt in den Ruhestand im Dezember 2013 von dem u. a. auch für das BKA tätigen Arbeits- und Organisationspsychologen Jürgen Fritsche verabschiedete. Ich berichtete ihm über mein Vorhaben, ein Buch über meine 10-jährigen Erfahrungen, die ich bei der Planung und Organisation von ERFA gemacht hatte, zu verfassen.

Bei diesem ersten Gespräch war für uns beide klar, dass ein ERFA auch aus psychologischer Sicht betrachtet werden muss und aus beidseitigem Interesse wollten wir in Kontakt bleiben.
 Weitere Gespräche folgten, da seine Erfahrungen und Erlebnisse im Bereich der Arbeitspsychologie mit Hilfesuchenden und meine Erfahrungen in der Durchführung von Weiterbildungsveranstaltungen, wie es auch ERFA sind, zu wertvollen Diskussionen und Notizen führten.

Heute sitze ich Jürgen Fritsche, dem Leiter des Bereiches Arbeitspsychologie im Arbeits- und Sozialmedizinischen Zentrum Mödling im Bundesland Niederösterreich, in seinem Arbeitszimmer gegenüber und konfrontiere ihn mit Fragen zu zahlreichen Aspekten seiner und meiner Tätigkeit. Dabei schneide ich sehr verschiedene Themen an, berichte von persönlich beobachteten Phänomenen, die mich seit vielen Jahren interessieren mit dem Ziel, dazu aus seiner bisherigen praktischen Arbeit und Sicht klare Aussagen zu erhalten.
 In diesem Punkt sind die aus meiner Sicht wichtigen Fragen und die Antworten von Jürgen Fritsche aus unserem Gespräch im Herbst 2017 wiedergegeben.

5.1 Einflussfaktoren auf die Teilnahme oder Ablehnung von Erfahrungsaustauschtreffen und deren Nutzen

5.1.1 Barrieren, an einem Erfahrungsaustauschtreffen teilzunehmen

Seyfried: *Welche **Barrieren** und Hintergründe kann es generell geben, die zur Ablehnung einer Teilnahme an einem ERFA führen?*

Fritsche: In der Literatur werden diese Barrieren als (subjektive) Lernwiderstände oder Lernabstinenzen bezeichnet und können aus unterschiedlichen Perspektiven betrachtet werden. Angesichts der Fülle des Wissens neigen manche Lernende zu Resignation und fragen sich „Wer kann das alles lernen?". So gesehen erzeugt „Lernen" ambivalente Gefühle, einerseits Lust, Spaß, Erfolg und anderseits allerdings Resignation, Druck, Überforderung, Fremdbestimmtheit, also Angst (Faulstich, 2006).

Lernwiderstände entstehen, wenn Vermeidungstendenzen stärker sind als Annäherungstendenzen oder einfach die (vorgestellten) Aversiven gegenüber den Attraktiven überwiegen. Dabei entwickeln Menschen Abwehrmechanismen, da sie sich bedroht fühlen. Begander (1988, S.2) bringt diese auf den Punkt:

„*Abwehr ist ein normaler und Vitalität anzeigender Schutzvorgang des Individuums. Wo abgewehrt wird, da ist etwas in Bewegung geraten, da wird ein empfindlicher Punkt berührt, da fühlt man sich angegriffen, hier ist ein Selbstbehauptungswille lebendig. Es gibt Abwehrreaktionen und Widerstände, die nicht nur verständlich und berechtigt, sondern notwendig sind, um die gefährdete Identität zu bewahren*".

Es muss mit Abwehrreaktionen gerechnet werden, wenn durch neues Wissen biografisch gewachsene Deutungsmuster bzw. emotionale Bewertungen „bedroht" werden oder neu geordnet werden müssten. Die sogenannten Abwehrreaktionen können als Schutzmechanismen gesehen werden und bringen Menschen dazu, den Wert und die Bedeutung von Lerninhalten, Seminaren, Trainings oder auch von ERFA abzuqualifizieren, zu entwerten, zu bagatellisieren oder einfach nicht anzuerkennen. Unser Wissensschatz ist Bestandteil unserer (beruflichen) Identität und unseres Selbstwertgefühls und diese werden von uns ungern in Frage gestellt.

Persönliches Beispiel aus meiner damals noch technischen Berufslaufbahn: Die „mühsam" erlernte Kenntnis von diversen Programmiersprachen wie Turbo-Pascal oder Assembler ist inzwischen überholt und veraltet, und dies erlebte ich als „Wissensverlust" bzw. „Verlust" meiner technischen Identität.

Im Laufe meiner zahlreichen Tätigkeiten als Seminarleiter bzw. Trainer konnte ich in Lernsituationen von Erwachsenen zahlreiche der sogenannten „Widerstandstechniken" beobachten. Diese werden auch von Faulstich (2006) beschrieben. Dazu gehören Ablehnung der Thematik, Nicht-verstehen-wollen, Müdigkeit, Ignoranz oder Provozierung des Leiters, Missverstehen, inszenierte Regelverstöße, Ablenkung anderer Lernender, Verbreiten permanenter Unruhe, Zuspätkommen, Pausenverlängerung, Fehlzeiten, Abbruch, Initiativlosigkeit, Infragestellung der Seminarmethode und vieles mehr.

Diese Abwehr veranschaulicht hier noch einmal, dass Lerninhalte durch affektive Bewertungen, Wertemuster, Überzeugungen gefiltert sind. In ERFA können die besprochenen Abwehrmechanismen, wenn sie zum Vorschein kommen, durch den erfahrenen Trainer oder Seminarleiter gewürdigt und begleitet werden. Letztlich kann es dadurch zu einer Neubewertung der bisherigen emotionalen und sachlichen Überzeugungen kommen.

Ziehe & Stubenrauch (1982) beschreiben diesen komplexen Sachverhalt verblüffend einfach mit den Worten „*Es führt kein Weg drumherum, wer lehrt, beglückt nicht nur, er bedroht auch!*"

In Expertengruppen ist noch ein weiterer Mechanismus eine Teilnahmebarriere. Gerade die „erfahrenen" Experten begeben sich in Gefahr, sich zu blamieren und/oder die Aufgabenstellung „falsch" einzuschätzen. Expertendiskussionen von neuen oder besonderen Aufgabenstellungen können dazu führen, dass ein vermeintlich unerfahrener oder junger Experte den Älteren überlegen ist, was wiederum zu einem Imageverlust führen könnte und so die Angst bestärkt, an dem Treffen teilzunehmen.

Die wichtigsten 30 Thesen der amerikanischen Erwachsenenbildungsforschung wurden von Ron und Susan Zemke (2003) zusammengestellt. Eine der Thesen lautet: *„Adults have something real to lose in a classroom situation. Self-esteem and ego are on the line when they are asked to risk trying a new behavior in front of peers and cohort. Bad experiences in traditional education, feelings about authority, and the preoccupation with events outside the classroom all affect in-class experience."* (Zemke & Zemke, 2003, S. 3)

Schiersmann (2007) hat eine empirische Untersuchung über Weiterbildungsbarrieren durchgeführt und ist zu folgendem Ergebnis gekommen: Personen, die sich gerne weiterbilden, nennen Zeitmangel als vergleichsweise größte Barriere. Diese Personen sind überwiegend jüngere mit höherem Bildungsabschluss. Sie haben vom Lernen mit Medien profitiert, sehen den beruflichen Nutzen und lernen aus Eigenantrieb. Anders die Weiterbildungsdistanzierten, diese kritisieren überdurchschnittlich den „fehlenden Nutzen" und sind mehrheitlich der Ansicht, „genug gelernt zu haben".

Zusammenfassend können vier Einflussfaktoren für Lernbarrieren festgemacht werden:

1. Kurse, Kursleitung
- Lernorte, Dauer des Kurses, Zeitaufwand
- Räumlichkeiten, technische Ausstattung, Mobiliar
- Unzufriedenheit mit Ambiente, Ästhetik
- fehlende Solidarität und Unterstützung in der Gruppe
- Konkurrenz, Heterogenität
- fehlende Anerkennung, Gerechtigkeit, Authentizität, Lernhilfen
- Größe der Seminargruppe

2. Lerninhalte
- nicht erkennbarer Praxisbezug
- zu große Komplexität des Themas
- fehlende Systematik, Strukturierung
- mangelnde Anschlussfähigkeit, kein Lebensweltbezug
- geringer Neuigkeitswert
- zu hohes/zu niedriges Niveau

3. Umwelt
- Berufliche Rahmenbedingungen, z. B. momentane Tätigkeit, keine materiellen oder immateriellen Lernanreize
- keine technischen/organisatorischen Neuerungen am Arbeitsplatz
- Erwartungsdruck von außen, z. B. von Vorgesetzten verordnete Weiterbildung
- soziales/familiäres Umfeld: Belastungen, fehlende Ermutigungen

4. Biografie
- schulische Misserfolge
- negative Erwachsenenbildungserfahrungen
- soziale, informatorische, affektive Distanz zu Bildungseinrichtungen
- Zukunftspessimismus
- mangelndes Selbstvertrauen
- Überforderungsangst/Unterforderungsangst
- Krankheit
- geringe Ausdauer und geringe Ambiguitätsintoleranz

5.1.2 Negative Zukunftsperspektiven als Einflussfaktoren für die Ablehnung eines Erfahrungsaustauschtreffens

Seyfried: *Wie kann verhindert werden, dass Personen mit **subjektiv empfundenen negativen Zukunftsperspektiven** eine Teilnahme an einem ERFA ablehnen?*

Fritsche: Bei Personen mit negativen Zukunftsperspektiven ist anzunehmen, dass diese davon ausgehen, keine Verbesserung ihrer Arbeits- und Lebensbedingungen durch die Lernanstrengung zu erzielen. Die Anstrengung wird als sinnlos erlebt und deshalb höchstwahrscheinlich nicht unternommen.

5.1.3 Fördermaßnahmen des Vorgesetzten zur Teilnahme an einem Erfahrungsaustauschtreffen

Seyfried: *Welchen Stellenwert haben Förderungsmaßnahmen der Organisation, primär vertreten durch den Vorgesetzten, damit verhindert werden kann, dass der Mitarbeiter die Teilnahme bei einem ERFA ablehnt?*

Fritsche: Wie gerade ausführlich dargestellt, existieren bei allen Menschen **Schutzmechanismen** und – unterschiedlich ausgeprägt – auch die Ablehnung gegenüber Weiterbildungsveranstaltungen. Die Ablehnung ist durch die Arbeitsbiografie genährt und betrifft auch die Führungskräfte. Je nachdem, welche Erfahrungen die Führungskraft mit Weiterbildungsveranstaltungen gemacht hat, wird dies auch ihr Entscheidungsverhalten bzgl. Weiterbildung für die Mitarbeiter betreffen. Im positiven Sinne kann eine Führungskraft über die eigenen „Aha"-Erlebnisse berichten und erzählen, wie befruchtend sich diese auf ihre weitere berufliche Entwicklung ausgewirkt haben.

Die **Motivation** zur Weiterbildungsteilnahme ist auch davon abhängig, wie klar die Führungskräfte ihre Zielsetzungen vor den Mitarbeiter artikulieren bzw. auch im **Mitarbeitergespräch** vereinbaren. Gerade wenn im Mitarbeitergespräch festgestellt wird, dass zwischen vorhandenen Kompetenzen und den wünschenswerten Kompetenzen eine Diskrepanz besteht, ist dringend Weiterbildungsbedarf im Sinne der vollständigen Erledigung der Arbeitsaufgabe angezeigt. Mit der Ableitung und Vereinbarung einer Weiterbildungszielsetzung kann die Führungskraft den Mitarbeiter „verpflichten", an der Weiterbildung teilzunehmen.

Da für Menschen **soziale Anerkennung** ein wichtiges Bedürfnis auch in der Arbeit darstellt, kann im Rahmen von regelmäßigen Teamsitzungen die Weiterbildung als eigener Tagesordnungspunkt aufgenommen und so im Sinne der sozialen Anerkennung seitens der Führungskraft gewürdigt werden. Bei diesen Teamsitzungen berichten alle, die sich seit der letzten Sitzung fortgebildet haben über die Neuigkeiten, über ihr persönliches „Aha"-Erlebnis und den möglichen „Benefit" für die Organisation. Der mündliche Bericht über die besuchte Fortbildung sollte idealerweise verschriftlicht werden. Durch die Besprechung des **„Nutzens"** entsteht zwangsläufig eine positive Lernkultur. Die Analyse und Reflexion jeder Weiterbildungsveranstaltung durch die Teilnehmer zeigt allen in der Teambesprechung, welcher konkrete und beobachtbare Nutzen aus dem Besuch resultiert. Der Nutzen soll auf drei Ebenen, nämlich dem Nutzen für die Organisation, den Einzelnen und das Team, dargestellt werden.

In der Psychologie findet sich auch eine Theorie dazu, nämlich die **Erwartungs-Wert-Theorie** (Wigfield & Eccles, 2000), welche modellhaft veranschaulicht, dass der **reflektierte** Nutzen einer Weiterbildung sich neben anderen Faktoren am stärksten auf die Lernleistung bzw. -bereitschaft auswirkt, d. h. durch das Erkennen des Nutzens steigt die Lernbereitschaft und die Lernleistung.

Genauer unterteilt stellt sich dies folgendermaßen dar:
1. Wichtigkeit bzw. Identifikation mit dem Lerninhalt
2. Interesse und Spaß, sich mit dem Lerninhalt zu beschäftigen
3. kurz- und langfristige Nutzenerwartung
4. Kostenfaktoren (Opportunitätskosten)

Anreize für Mitarbeiter zu schaffen **motiviert ebenfalls zur Teilnahme**. Wenn ich Sie beispielsweise bitte, in 10 Minuten 50 Begriffe auswendig zu lernen, dann werden Sie mich fragen, warum Sie das tun sollten. Wenn ich Ihnen allerdings 100 Euro dafür biete, sind Sie schon eher geneigt, es zu tun. Wenn ich Ihnen dafür 500 Euro anbiete, nehmen Sie die Herausforderung wahrscheinlich an. Dieses Beispiel veranschaulicht, wie sehr die Lernmotivation bzw. Weiterbildungsmotivation vom Anreiz abhängig ist.

Zusammengefasst zeigt sich, dass Führungskräfte in Abhängigkeit ihrer eigenen, im Idealfall „nutzbringenden" Fortbildungserfahrung die Weiterbildungsmotivation der Mitarbeiter stärken, wenn sie eine klare Erwartung auf Grundlage der beobachteten Kompetenzdefizite der Mitarbeiter u. a. im Rahmen des Mitarbeitergesprächs aussprechen. Durch die Führungskräfte geschaffene Anreize wie soziale Anerkennung, und/oder im Jourfix reflektierter Nutzen motivieren gemäß der Erwartungs-Wert-Theorie ebenfalls die Weiterbildungsbereitschaft des Einzelnen.

5.1.4 Fördermaßnahmen des Veranstalters zur Teilnahme an einem Erfahrungsaustauschtreffen

Seyfried: *Kann sowohl das* **Einladungsschreiben** *zu einer Veranstaltung als auch das* **Veranstaltungsthema** *ausschlaggebend sein, dass Personen der Zielgruppe eine Teilnahme ablehnen?*

Die Gründe dafür sind, wie oben beschrieben, mannigfaltig. Sie beginnen bereits bei der persönlichen Weiterbildungsbereitschaft oder anders gesagt, bei der prinzipiellen Lernmotivation und reichen bis hin zum angebotenen Format der Weiterbildung sowie deren unmittelbarer Relevanz für die tägliche berufliche Tätigkeit. Selbstverständlich ist auch die Erwünschtheit von Weiterbildung seitens der Organisation und der Führungskräfte oft ausschlaggebend. Die Erwünschtheit kann wiederum mit der persönlichen Lernmotivation der

Führungskräfte verbunden sein. Die Weiterbildungsbereitschaft kann auch aus der Kenntnis der Diskrepanz zwischen den neuen Aufgabenstellungen und den dafür notwendigen Kompetenzen resultieren.

Die Ankündigung und der Titel der Veranstaltung werden vom Leser hinsichtlich der Nützlichkeit überprüft und einer Bewertung unterzogen, die ein ERFA interessant erscheinen lassen oder eben auch nicht.

Thomae (1996) hat in seiner Theorie zur kognitiven Repräsentanz mehrere Faktoren genannt, die für die Formulierung des Einladungsschreibens relevant sind, die berücksichtigt werden sollten:

- **Relevanz und Dauer:** Ist das Thema des ERFA für den Teilnehmer relevant und beeinflusst es nachhaltig das Arbeitsleben positiv?
- **Interessantheit und Lerngehalt:** Kann das ERFA Wissenswertes bereitstellen und ist es auch emotional zumutbar oder allgemeiner gesagt emotional befriedigend?
- **Beeinflussbarkeit:** Ermöglicht das ERFA die Erweiterung der Handlungsmöglichkeiten und der Problemlösungen?
- **Bildungswert:** Hat das ERFA eine Identitätsrelevanz, also ist es emotional befriedigend?
- **Soziale Anerkennung:** Wird das ERFA als Lernprojekt von Führungskräften unterstützt, ist es sozial akzeptiert?

Thomae (1996) beschreibt in seiner Theorie, dass Lernprojekte als interessant angesehen werden, wenn sie für das Individuum subjektiv positiv gedeutet bzw. interpretiert werden. Diese sogenannten „Konstruktionen" bilden nicht wahrheitsgemäß die Situation ab, sondern konstruieren sich subjektiv aus der Wechselwirkung zwischen der Situation und den gemachten Erfahrungen. Diese Deutungen haben einen

Vergangenheits-, einen Gegenwarts- und einen Zukunftsaspekt. Die „antizipierte" Lernsituation des ERFA kann so gesehen Erinnerungen an frühere ähnliche Ereignisse wecken und ist außerdem höchst subjektiv.

Neben der kognitiven Repräsentanz von Thomae (1996) beschreibt der Neurologe Damasio (2000) körpergebundene Konstruktionen und betont den Anteil der Gefühle und Empfindungen in unseren Konstruktionen.

Kognitive Repräsentanzen ähneln lt. Hüther (2015) den sogenannten „inneren Bildern", die wiederum Grundlagen unserer Lernmotivationen sind. Diese neurologisch verankerten Bilder können auch zu Lernmotivation führen und, wie die Menschheitsgeschichte zeigt, ganze Völker und Kulturen zu Höchstleistungen beflügeln.

Diese Konstruktionen der Wirklichkeit im Sinne der kognitiven Repräsentanz von Thomae (1996) oder der „inneren Bilder" von Hüther (2015) zeigen, dass Lernmotivation ebenso ein Wirklichkeitskonstrukt ist. Erwachsene sind somit für ein ERFA motiviert,
- wenn sie sich selbst für lernfähig halten (self efficacy),
- Lernherausforderungen der Umwelt wahrnehmen (Relevanz) und
- Lernangebote für attraktiv halten (Viabilität).

Einladungsschreiben für ERFA sollten all die erwähnten Aspekte berücksichtigen:
1. Das **Ziel und die Relevanz** für die Teilnehmer des ERFA sollten beschrieben werden und erkennbar sein.
2. Thematisch sollte die Diskrepanz zwischen der jetzigen Kompetenz und den in Zukunft notwendigen Kompetenzen und Herausforderungen spürbar werden und damit einen **Weiterbildungsbedarf** klar aufzeigen.

3. Das ERFA sollte als **offene Lernatmosphäre** dargestellt werden, sodass jeder lernen kann, was er will. Ebenso soll die offene Lernkultur als Methode betont und beschrieben werden. Methodische Zugänge wären: „Open Space", „World-Café", „Appreciative Inquiry" und andere.
4. Die Einladung sollte vermitteln, dass bei dem ERFA der Lehrcharakter mittels der „renommierten Gastreferenten" nur **als Impuls** für das gemeinsame Lernen gedacht ist, um so möglichst wenig Erinnerung an unangenehme Lernsituationen zu aktivieren.
5. Durch die genaue Beschreibung des Veranstaltungsablaufs kann die **berufliche Relevanz** von potenziellen Teilnehmern besser beurteilt werden.
6. Die ebenfalls in der Einladung beschriebene Absichtserklärung ermöglicht der Führungskraft, die Relevanz der Veranstaltung abzuschätzen und der Besuch eines ERFA kann sich sodann im Sinne einer von der Führungskraft den Teilnehmern entgegengebrachten **sozialen Anerkennung** positiv auswirken.

5.1.5 Erkennbarer Nutzen als Motivation zur Teilnahme an einem Erfahrungsaustauschtreffen

Seyfried: *Regula Schräder-Naef unterteilt Personen, die kein Interesse an einer beruflichen Weiterbildung haben, in verschiedene Gruppen:*
- *die **Zufriedenen**, die mit ihrer beruflichen Situation und dem erreichten Bildungsstand zufrieden sind,*
- *die **Blockierten**, die mit ihrem Bildungsstand und ihrer beruflichen Situation unzufrieden sind und gegen Weiterbildung innere Widerstände in Form eines negativen Bildes von Schule und der eigenen Lernfähigkeit entwickelt haben,*

- **Nichtteilnehmende infolge situationsbedingter Hindernisse**
  Diese Personen erkennen grundsätzlich die Notwendigkeit von Weiterbildung an, stoßen jedoch auf äußere Hindernisse. Mangelnde Zeit und weitere Gründe verhindern die Teilnahme.

Welche Maßnahmen sind aus Ihrer Sicht in solchen Fällen möglich, die sowohl der Vorgesetzte als auch der Entscheidungsträger einer Organisation im Vorfeld hätten ergreifen müssen, sodass eine **Ablehnung der Teilnahme an einer Weiterbildungsveranstaltung von Mitarbeitern erst gar nicht erfolgen kann?**

Fritsche: Die Entscheidung, an einer Weiter- oder Fortbildungsveranstaltung teilzunehmen entsteht aus einem Abwägen zwischen Kosten und Nutzen. „Lernanlässe" entstehen aufgrund einer Diskrepanzerfahrung zwischen „Wollen" und „Können". Hier gilt es, die Vorzüge der Weiterbildung zu betonen:

Welche Verbesserungen ergeben sich für den Einzelnen hinsichtlich seiner Arbeits- und Lebensbedingungen? Wenn diese nicht erkennbar sind, wird die Weiterbildungsveranstaltung abgelehnt. Hier kann nach Faulstich (2006) von einem Sinnlosigkeitssyndrom gesprochen werden.

Eine andere Hürde ergibt sich aus der **Schulerfahrung** des Fremdbestimmt-Werdens. In der Erwachsenenausbildung macht es einen großen Unterschied, ob Lernende zu einer Bildungsmaßnahme „geschickt" werden oder freiwillig daran teilnehmen können. Deswegen sollten **Organisationen niederschwellige Lernangebote schaffen,** um Lernenden zuzugestehen, dass sie prinzipiell vernünftig handeln, ganz im Sinne von Gnahs „*Erwachsene sind lernfähig aber unbelehrbar!*" Siebert (2010, S. 21).

5.2 Arbeitszufriedenheit und ihr Einfluss auf die Weiterbildungsmotivation

5.2.1 Arbeitszufriedenheit als Ergebnis von Persönlichkeitsfaktoren bzw. Arbeitsgestaltung und als Motivationsfaktor für die Weiterbildung

Seyfried: *Welche Arbeitsmerkmale beeinflussen die Arbeitszufriedenheit einer Person?*

Fritsche: Die Art und das Ausmaß der Arbeitszufriedenheit werden in starkem Maße durch die Anforderungs- bzw. Gestaltungsmerkmale der Arbeitsaufgaben und die zu ihrer Bewältigung notwendigen Arbeitstätigkeiten determiniert (vgl. Bruggemann, Groskurth & Ulich, 1975; Wegge & Van Dick, 2006).

Zu diesen Tätigkeitsmerkmalen gehören nach Hackman und Oldham (1976) Variabilität, Ganzheitlichkeit, Bedeutung, Autonomie und Feedback. In einer empirischen Arbeit von Levin und Stokes (1989) konnten die Autoren zeigen, dass Arbeitsgestaltungsmerkmale tatsächlich einen größeren Einfluss auf die Arbeitszufriedenheit haben als Personenmerkmale. Die zugrunde liegenden Wirkmechanismen zwischen Arbeitszufriedenheit und Weiterbildungsmotivation werden laut meinem Wissensstand allerdings kontroversiell diskutiert.

Aus arbeitspsychologischer Sicht wird die Arbeitszufriedenheit durch eine vollständige Tätigkeit und beanspruchungsoptimale Arbeitsaufgaben mit wenig Regulationsbehinderungen gefördert. Vollständig bedeutet, dass eine Tätigkeit von Anfang bis Ende von einer Person ausgeführt wird und nicht auf mehrere Personen aufgeteilt ist. Regulationsbehinderungen sind beispielsweise unvollständige Informationen, Unterbrechungen oder auch Zeitdruck im Sinne von Regulationsüberforderung (Ulich, 2008). Die hier angesprochene Beanspruchungsoptimierung bedeutet, dass es zu einer Aktivierung auf motivationaler und kognitiver Ebene kommt, die wiederum Selbstwirksamkeits- und Kompetenzerleben verbunden mit positiven Emotionen entstehen lässt.

Zusammengefasst bedeutet dies, dass Arbeitszufriedenheit dann entsteht, wenn eine Person über „förderliche Persönlichkeitsfaktoren" und eine „positive" Berufsbiografie verfügt und an einem Arbeitsplatz arbeitet, an dem sie eine „vollständige" Arbeitstätigkeit verrichten kann. (Wieland, et al. 2004).

Seyfried: *Warum können Faktoren wie Selbstbestätigung und Selbstverwirklichung zu einer Arbeitszufriedenheit führen?*

Fritsche: Die Persönlichkeitsvariablen wie **Selbstwert und Selbstwirksamkeit** aber auch Kontrollüberzeugung (locus of control) sind lt. den Studienautoren Judge, Locke und Durham (1997) Kernvariablen in Bezug auf die Entstehung von Arbeitszufriedenheit (vgl. dazu auch die kritische Studie von Dormann, Fay, Zapf & Frese, 2006).

Eine indirekte Wirkung auf Arbeitszufriedenheit haben auch Emotionen, die sich in der Arbeit entwickeln sowie der Beanspruchungszustand der Beschäftigten (siehe Studien von Fisher, 2000).

5.2.2 Intrinsische Faktoren und Arbeitszufriedenheit

Seyfried: *Welchen Stellenwert haben intrinsische Faktoren für die Erhöhung der Arbeitszufriedenheit?*

Fritsche: Hackman & Oldman (1976) definieren intrinsische Motivation als die Vorstellung, dass eine Person eine Arbeit nicht durch äußere Zwänge oder aufgrund äußerer, extrinsischer Anreize leistet, sondern in der Aufgabe selbst den Anreiz findet. Mit einer reizvollen Aufgabe sind drei Aspekte verbunden, und zwar
1. die Person kennt das Ergebnis der Arbeit und verbindet damit ein positives Gefühl,
2. die Person weiß, dass sie ein gutes Ergebnis erbracht hat (Verantwortung),
3. sie erlebt dieses Ergebnis als bedeutsam.

In den sogenannten Hawthorne-Studien bzw. Human Relations-Ansätzen wurde der Mensch in der Gruppe mit seinen sozial-gefühlsmäßigen Beziehungen als der wichtigste Einflussfaktor auf die Arbeitseffizienz gesehen. Dieser Ansatz in seiner einseitigen Form ist inzwischen überholt (Kesten, 1998).

Das Ursache-Wirkungsgefüge zwischen Arbeitszufriedenheit und Leistung ist deutlich komplexer. Arbeitszufriedenheit führt durch ein höheres Commitment zu einem höheren Engagement und ergo zu höherer Leistung, die – unter der Voraussetzung der positiven Bewertung durch die Organisation bzw. den Vorgesetzten – wiederum zu Arbeitszufriedenheit führt (siehe auch Lawler & Porter, 1967).

Insgesamt ist das Konstrukt der Arbeitszufriedenheit als mehrdimensional und komplex anzusehen. Es ist davon auszugehen, je größer die Übereinstimmung zwischen den Erwartungen an den Arbeitsplatz und den tatsächlichen Anforderungen des vorgefundenen Arbeitsplatzes ist, desto größer ist die Arbeitszufriedenheit (vgl. Kesten, 1998).

Laut dem Fehlzeitenreport 2016 (Badura, Ducki, Schröder, Klose & Meyer, 2016) beeinflussen Führungsinstrumente, die wiederum die Organisationskultur beeinflussen, wie Zielvereinbarungen und Mitarbeitergespräche die Arbeitszufriedenheit. Gerade wirtschaftlich erfolgreiche Unternehmen, so die Studie, setzen vermehrt die besagten Führungsinstrumente ein. Im Detail wird im Report berichtet, dass der partizipative Führungsstil, der respektvolle Umgang (Integrität und Würde, siehe ASchG, BGBl. Nr. 450/1994), Organisationstalent und Planungsvermögen der Führungskraft eine wesentliche Rolle bei der Arbeitszufriedenheit spielt. Dazu benötigen Führungskräfte lt. Brühl (2010) folgende Kompetenzen: Leidenschaft und Motivation, Resilienz, Ambiguitätstoleranz und Beziehungskompetenz.

5.2.3 Arbeitsplatzbeschreibungen und Anforderungskataloge als Einflussfaktoren auf die Arbeitszufriedenheit

Seyfried: *Was kann die **Arbeitspsychologie** leisten, damit eine Arbeitszufriedenheit entsteht, wenn sie die Möglichkeit hat, Einfluss auf die Erarbeitung von Arbeitsplatzbeschreibungen und auf die Erstellung von Anforderungskatalogen zu nehmen, die als Kriterien für die Auslese geeigneter Stellenbewerber herangezogen werden können?*

Fritsche: Arbeitsplatzbeschreibungen und Anforderungskataloge sollten die Kriterien von **humanen Arbeitstätigkeiten** beinhalten.

Dazu gehören Tätigkeiten, die
- die psychophysische Gesundheit nicht schädigen,
- das psychosoziale Wohlbefinden nicht beeinträchtigen,
- den Bedürfnissen und Qualifikationen entsprechen,
- die Einflussnahme auf Arbeitsbedingungen ermöglichen und zur Entwicklung der Persönlichkeit beitragen.

Die Arbeitspsychologen Hacker & Richter (1984) bieten das differenzierteste System zur Bewertung von Arbeitsplätzen an, welches 4 hierarchische Bewertungsdimensionen umfasst:
- **Ausführbarkeit:** diese ist nicht gegeben, wenn eine Tätigkeit entweder überhaupt nicht oder nicht dauernd ausgeführt werden kann oder unzumutbare Beeinträchtigungen mit sich bringt. Auf dieser Ebene wird beobachtet, ob die Person bedingt durch ihre Wahrnehmungsbegrenzungen und körperlichen Möglichkeiten eine Tätigkeit ausführen kann.
- **Schädigungslosigkeit**: bezieht sich darauf, ob eine Tätigkeit zu physischen und/oder psychischen Störungen führt. Die Schädigungslosigkeit bezieht sich auf Schadstoffe, Lärm und Unfallgefahren.
- **Beeinträchtigungsfreiheit:** bezieht sich auf Über- oder Unterforderung in Folge von Fehlbeanspruchung (schlägt sich im Befinden nieder).
- **Persönlichkeitsförderlichkeit:** umfasst u.a. ausreichende Aktivität, Möglichkeit zur Anwendung und Erhaltung erworbener Leistungsvoraussetzungen, Möglichkeit zu autonomer Zielsetzung und Entscheidung, Möglichkeit zu schöpferischer Tätigkeit und Kooperation, Anerkennung der Leistungen etc.

Die zentralen Aufgaben nach Hacker (1998) sind:
- die optimale Abstimmung der Aufgabenverteilung zwischen Mensch und Maschine

- die Gestaltung der Arbeitsmittel (z. B. der Bedienteile einer Maschine)
- die Gestaltung der Arbeitsorganisation und Fertigungsverfahren (z. B. Teilung oder Kombination von Aufgaben)
- Grundlagen der Arbeitsbemessung und Stimulierung (z. B. psychische und physische Belastung, Pausengestaltung)
- Gestaltung der Arbeitsumgebung (z. B. Licht, Klima, Lärm)

In der Praxis der Personalauswahl ist die Sichtung und die Überprüfung der Passung zwischen dem Bewerber und der besetzten Stelle vorzunehmen und eine möglichst gute Passung anzustreben.

Das von Edwards, Caplan & Harrison (1998) beschriebene Person-Environment Fit Modell zeigt die Passung zwischen Person und Umwelt auf unterschiedlichen Ebenen, wie Person-Job Fit, Person-Organisation Fit, Person-Group Fit und Person-Supervisor Fit:

Person-Job Fit:
Die Arbeitszufriedenheit wird am stärksten durch die „gute" Passung zwischen einer Person bzw. ihren Fähigkeiten und den Ansprüchen des Jobs, dem sogenannten „Person-Job Fit" beeinflusst. Mit Hilfe der psychologischen Eignungsdiagnostik wird nach der Person gesucht, die die nötigen Fertigkeiten, Fähigkeiten und das geforderte Wissen für die zu besetzende Stelle aufweist.

Person-Organisation Fit:
Es bezeichnet die Passung zwischen einer Person und der Organisation und gibt an, inwieweit die Persönlichkeit und die entsprechenden Werte der Person mit der Organisationskultur, den Organisationszielen und -werten übereinstimmt.

Das organisationale Commitment wird am stärksten durch den „Person-Organisation" Fit beeinflusst. Ein hoher Person-

Organisation Fit kann zu einem Engagement für das Unternehmen führen, das über die eigentlichen beruflichen Aufgaben hinausgeht und kann das Fluktuationsrisiko verringern.

Person-Group Fit:
Es beschreibt die Passung zwischen einer Person und der Gruppe, mit der sie zusammenarbeitet. Der Person-Group Fit ist im Arbeitsalltag besonders wichtig, da ein Großteil der zu erledigenden Aufgaben eine Zusammenarbeit mit den Kollegen erfordert. Die Zufriedenheit mit den Mitgliedern einer Arbeitsgruppe wird am meisten durch den Person-Group Fit beeinflusst.

Person-Supervisor Fit:
Es beschreibt die Passung zwischen einer Person und ihrem Vorgesetzten. Die Zufriedenheit mit dem Vorgesetzten wird am stärksten durch den Person-Supervisor Fit beeinflusst.

5.2.4 Eignungsdiagnostik als Grundlage für die Arbeitszufriedenheit

Seyfried: *Es ist erwiesen, dass jene Personen eine Arbeitszufriedenheit empfinden, deren personale Fähigkeiten mit den Jobanforderungen übereinstimmen und deren Berufswahl ihren persönlichen Bedürfnissen entspricht.*

Inwieweit kann eine psychologische Eignungsmessung helfen festzustellen, ob gegebene Anforderungen eines Arbeitsplatzes mit den persönlichen Fähigkeiten und Kompetenzen eines Berufswerbers übereinstimmen, um so die Basis für Arbeitszufriedenheit zu schaffen sowie die Motivation für Weiterbildungsaktivitäten zu entwickeln?

Fritsche: Die psychologische Eignungsdiagnostik ist ein Sammelbegriff für Verfahren zur Messung von Kompetenzen und Verhaltenstendenzen mit Bezug auf berufliche Tätigkeiten. Dabei soll die Eignungsdiagnostik eine möglichst genaue Vorhersage über die Erfolgswahrscheinlichkeit der Eignung für eine bestimmte Tätigkeit sein (Schuler, 2014). Die eingesetzten Verfahren unterliegen den wissenschaftlichen Gütekriterien und sind entsprechend der ÖNORM D4000, welche der DIN 33430 („Anforderungen an Verfahren und deren Einsatz bei berufsbezogenen Eignungsbeurteilungen") entspricht, zu validieren.

Das Anforderungsprofil ist kein Auswahlinstrument aber eine wichtige Voraussetzung für die Auswahl. Denn wenn ich nicht weiß, wen ich suche, finde ich die Person, die ich brauche, nicht. Es sei darauf hingewiesen, dass es etablierte Methoden zur Erstellung von Anforderungsprofilen gibt, wie z. B. Critical Incident Technique (Flanagan, 1954).

In einem Interview werden die Beschäftigten an einem bestimmten Arbeitsplatz befragt, welche typischen Arbeitssituationen sich ergeben können, wie sie sich in der jeweiligen Situation verhalten und wie sodann das Arbeitsergebnis aussieht. Diese Fragen nach Verhalten, Situation und Ergebnis (Verhaltensdreieck) lassen sich im Weiteren sehr gut als Bausteine des Auswahlverfahrens verwenden. Ausgehend vom Anforderungsprofil werden Interviews und/oder Assessment Center durchgeführt. Im Fall eines Assessment Center werden aus dem Anforderungsprofil notwendige Fähigkeiten abgleitet und, um diese zu überprüfen, passende Übungen entwickelt. Die Validität liegt bei 58 %, d. h. die prognostische Wahrscheinlichkeit, dass das festgestellte Ergebnis des Assessment Center mit der späteren tatsächlichen Leistung übereinstimmt, liegt bei nahezu zwei Drittel.

Anders gesagt: Eine Prognose auf die zukünftige Leistung kann überwiegend gut erstellt werden, das bedeutet jedoch im umgekehrten Schluss, dass – statistisch gesehen – jeder

Dritte trotz bestandenem Assessment seine gezeigten Fähigkeiten nicht am Arbeitsplatz umsetzen kann (Achouri, 2010).

Wenn die Fähigkeiten einer Person gut zu den Anforderungen der Tätigkeit passen, wird diese letztendlich – wie in Punkt 5.2.3 beschrieben – mit ihrer Arbeit zufrieden sein und eine Weiterbildungsmotivation entwickeln, um die **Passung auch weiterhin zu erhalten.**

5.2.5 Rechtsnormen für den Einsatz von Psychologen und Methoden für die Erhöhung der Arbeitszufriedenheit und Motivation zur Teilnahme an einem Erfahrungsaustauschtreffen

*Seyfried: Kann man aus psychologischer Sicht sagen, dass es derzeit ausreichende Rechtsnormen gibt, die die Mitwirkung und Mitbestimmung von **Psychologen** regeln, sodass sich die **Wahrscheinlichkeit einer Arbeitszufriedenheit** erhöht, was sich somit letztlich auch auf die **Motivation für die Teilnahme an einem ERFA auswirkt?***

Fritsche: Durch die Novellierung des AschG im Jahr 2013 mit der Forderung, Arbeitsplätze hinsichtlich psychischer (Fehl-)Belastungen zu evaluieren, wurde ein weiteres Betätigungsfeld für die Arbeits- und Organisationspsychologie geschaffen.

Die Evaluierung psychischer Belastungen ist zwar für die Arbeits- und Organisationspsychologie nicht neu, aber im Kontext der gesetzlichen und eindeutigen Verpflichtung der Arbeitgeber zur Evaluierung psychischer Belastungen allerdings schon. Die Novellierung des B-BSG (BGBl. I Nr. 70/1999) erfolgte ein Jahr nach dem Inkrafttreten des AschG.

Das B-BSG (Ermittlung und Beurteilung der Gefahren, Festlegung von Maßnahmen, einschließlich der Dokumentation gem. §§ 4, 5, 7 B-BSG) fordert, dass sämtliche Gefährdungen und Belastungen zu ermitteln sind, die die Gesundheit negativ beeinflussen können, also auch die psychischen Fehlbelastungen.

Mit psychischen Fehlbelastungen sind die Anforderungen und Belastungen gemeint, die mit hoher Wahrscheinlichkeit bei Beschäftigten zu gesundheitlichen Beeinträchtigungen führen. Ob es zu einer gesundheitlichen Beeinträchtigung kommt, hängt vom Ausmaß der psychischen Beanspruchung, sprich von den individuellen Bewältigungsstrategien und dem psychophysischen Zustand der Person ab. Im Rahmen der gesetzlich vorgeschriebenen Evaluierung (Ermittlung und Beurteilung von Gefahren einschließlich der Dokumentation gem. §§ 4, 5, 7 B-BSG) ist daher zu prüfen, ob Fehlbelastungen vorliegen und ob bereits gegebenenfalls entsprechende Maßnahmen gesetzt wurden.

Die Auswahl des Erhebungsinstrumentes stützt sich auf die Vorgaben des B-BSG (§ 7 Abs. 7 B-BGS – Grundsätze der Gefahrenverhütung). Dementsprechend sind bestimmte Themenbereiche, wie
- Arbeitsaufgaben und Tätigkeiten
- Sozial- und Organisationsklima
- Arbeitsumgebung
- Arbeitsabläufe und Arbeitsorganisation

in die Evaluierung psychischer Fehlbelastungen einzubeziehen.

Ziel der arbeitspsychologischen Evaluierung ist die Feststellung von neuen und/oder bisher vernachlässigten Gesundheitsrisiken. Im Weiteren sieht das B-BSG vor, Maßnahmen zur Vorbeugung bzw. Reduktion von Gesundheitsrisiken abzuleiten, bevor es zu Beeinträchtigungen des Befindens, Erkrankungen oder Unfällen kommt.

Durch Optimierung der Arbeitsplätze nach den Kriterien der humanen Arbeitsgestaltung werden für die Arbeitsplatzinhaber ansprechende und den menschlichen Bedürfnissen entsprechende Arbeitsplätze geschaffen, die sich zwangsläufig auf die Arbeitzufriedenheit auswirken. Hacker & Richter (1984) führen in ihrem Modell die Persönlichkeitsförderlichkeit an. **Persönlichkeitsförderlich** sind Arbeitsaufgaben, die Arbeitsorientierung und intrinsische Motivation ermöglichen. In diesem Konzept werden die vielfältigen Kompetenzen des Beschäftigens berücksichtigt und fünf Humankriterien von Hacker & Richter (1984) formuliert:

- Ganzheitlichkeit
- Anforderungsvielfalt
- Möglichkeiten der sozialen Interaktion
- Autonomie
- Lern- und Entwicklungsmöglichkeiten

Normen wie die DIN EN ISO 9241-2 und die ÖNORM EN ISO 10075-2 beschreiben die Anforderungen an menschengerecht gestaltete Arbeitsbedingungen mit dem Ziel, übermäßige psychische Belastungen im Arbeitsalltag zu vermeiden.

5.2.6 Betriebliche Einflussmöglichkeiten auf die Weiterbildungsmotivation

Seyfried: *__Unzufriedenheit__ am Arbeitsplatz wird von Personen empfunden, die die gesamte Organisation als ineffizient bezeichnen, Ungerechtigkeiten bei Mitarbeitern und auch bei sich selbst beobachten, Unfähigkeiten von Vorgesetzten feststellen, ein schlechtes Büroklima vorfinden und wenig Sozialleistungen angeboten bekommen. Welche Maßnahmen sollte der Entscheidungsträger einer Organisation ergreifen, damit eine __Motivation für die Weiterbildung__ entstehen kann?*

Fritsche: Eine **weiterbildungsfreudige** Führungskultur oder das Erkennen der Kausalität zwischen Wissensmanagement und einer Steigerung der Produkt- und Dienstleistungsqualität fördert die Weiterbildungsmotivation.

Das Herzberg-Modell der Motivation (Herzberg, 1967) illustriert, wie die Faktoren, die direkt aus der Arbeitsaufgabe resultieren (**Leistungserfolg, Verantwortung, Anerkennung**) die Zufriedenheit erhöhen während die Nicht-Beachtung der sogenannten Hygienefaktoren wie Führung, Lohn, Arbeitsbedingungen die Unzufriedenheit erhöhen. Das Konzept der humanen Organisationskultur findet sich auch im Konzept des „Great place to work", bei dem jährlich in Österreich und vielen anderen Ländern – und auch international – die besten Arbeitgeber nominiert werden.

Arbeitsmotivation in Abhängigkeit von Zielen, Emotion und Wissen

Ein sehr anschauliches Modell zur Arbeitsmotivation findet sich bei Prof. Kehr (Schiepe-Tiska, 2014) von der TU München. Hier stellt die Metapher „Hand, Kopf und Bauch" anschaulich die Entstehung von Arbeitsmotivation dar.

Die „Hand" steht für Know-How. Hier ist bereits die wichtigste Vorrausetzung zur Weiterbildung ersichtlich. Die Mitarbeiter können noch so motiviert sein, wenn ihnen die „Hand" bzw. **das Wissen**, um einen guten Job zu machen fehlt, bleibt die Qualität der Arbeit auf der Strecke. **Berufliche Weiterbildung schafft hier Abhilfe.** Beim „Bauch" geht es um den emotionalen Bereich wie Hoffnungen, Bedürfnisse und Ängste. Die drei Grundmotive des Menschen – Macht, Anschluss und Leistung – können hier auf der Bauch-Ebene zur Weiterbildung motivieren. Der sogenannte „Kopf" in dieser Metapher steht für Ziele und ist geprägt von Werten und Erwartungen anderer Menschen. Gemeint sind hier Aufstieg, Austausch mit Gleichgesinnten oder das Lernen „an sich".

5.2.7 Arbeitszufriedenheit und Weiterbildungsmotivation

Seyfried: *Welchen Einfluss hat die Arbeitszufriedenheit einer Person auf die Motivation, bei einem ERFA teilzunehmen?*

Fritsche: In der qualitativen Studie von Taubert (1987) zeigt sich, dass Befragte, die Fortbildungsangebote in Anspruch nahmen, eine deutlich höhere Berufszufriedenheit empfanden. Sie erleben ihre beruflichen Tätigkeiten als sinnvoller und haben mehr Spaß an ihrer Arbeit.

Fromme-Thutmann (2013) zitiert in ihrer Publikation drei interessante Studien. Die erste Studie beschreibt Arbeitsmotivation als ein Resultat aus job involvement, Commitment und Arbeitszufriedenheit. In der zweiten Studie konnten die Autoren zeigen, dass job involvement und organisationales Commitment (Bsp. „Ich bin gerne in diesem Unternehmen") die Weiterbildungsmotivation beeinflussen. Auch in der dritten zitierten Studie konnten die Studienautoren einen signifikanten Zusammenhang zwischen job involvement und Lernmotivation bestätigen. Job involvement kann durch Faktoren wie Möglichkeit zur beruflichen Weiterbildung, Arbeitsumgebung, Kommunikationsqualität zwischen Führung und Mitarbeitern und Arbeitszeitflexibilität entscheidend beeinflusst werden (Fromme-Tuthmann, 2013). So gesehen kann sich über die Arbeitszufriedenheit und der damit verbundenen Arbeitsmotivation sowie über „Job involvement" **Weiterbildungsmotivation bzw. Weiterbildungsbereitschaft** entwickeln.

Im Rahmen einer Erhebung bezüglich Weiterbildung seitens des Instituts der deutschen Wirtschaft (2008) wurde festgestellt, dass 88 % der befragten Unternehmen betriebliche Weiterbildung als Beitrag zur Wertschöpfung und zum

Geschäftserfolg sehen. Ebenso sind 87% der Unternehmen überzeugt, durch Weiterbildung die Leistungsfähigkeit und Produktivität zu steigern (Lenske und Werner, 2009). Umgekehrt konnte – aus Sicht von Mitarbeitern – die Deutsche Universität für Weiterbildung (DUW) in ihrer „DUW-Studie zur Mitarbeitermotivation: Motivieren, Binden, Weiterbilden" zeigen, dass Weiterbildungsangebote bei der Mitarbeitergewinnung, -motivation und -bindung eine Rolle spielen.

Berufseinsteiger von heute, auch Generation Y genannt, haben hohe Erwartungen an ihren ersten Job. Für 43 Prozent der 25- bis 35-Jährigen sind Weiterbildungsangebote sehr wichtig. 60 Prozent dieser Altersgruppe halten sie sogar für ausschlaggebend bei der Entscheidung für ihren Arbeitgeber. Mit zunehmendem Alter verliert Weiterbildung für Arbeitnehmer an Bedeutung: nur noch 30 Prozent der Befragten, die 36 Jahre und älter sind, halten sie für „sehr wichtig". Gefragt nach der Bedeutung von Aufstiegs- und Entwicklungsmöglichkeiten, ist der Unterschied noch deutlicher: 37 Prozent der 25- bis 35-Jährigen finden dies „sehr wichtig", aber nur noch 17 Prozent der 56- bis 65-Jährigen. Eine weitere Studie (DUW-Studie zur Mitarbeitermotivation) der Universität zeigt, dass Arbeitgeber, die Weiterbildungsmöglichkeiten bieten, sehr begehrt sind.

5.3 Wissensmanagement: Wissen für eine Interessensgemeinschaft nutzbar machen

5.3.1 Unterschied zwischen Daten und Informationen

Seyfried: *Bevor wir uns mit dem Thema „Wissen" auseinandersetzen, möchte ich Ihnen gerne die Frage stellen, wie Wissen definiert werden kann. Was unterscheidet Wissen von Information?*

Fritsche: Da es – je nach Fachdisziplin – viele Definitionen zu Wissen gibt, soll hier ausschließlich auf das ISSS (Standardisierungssystem für die Informationsgesellschaft) des Europäischen Institutes für Normung verwiesen werden. Diese Leitlinie (CEN-CWA-14924) definiert Wissen folgendermaßen: *„Eine Gruppierung von Daten und Informationen (vom Gesichtspunkt der Informationstechnologie) und eine Kombination mehrerer unterschiedlicher mentaler Aktivitäten. Diese können sein: Erfahrung, Gefühle, Werte, Intuitionen, Ahnungen, Werthaltungen, Glauben, Vertrauen, Neugierde, Motive, Lernfähigkeit, Offenheit, Verhalten, Risikobereitschaft, Kommunikationsfähigkeit, etc.*

Wissen dient der Fähigkeit, rationale Entscheidungen zu treffen und vernünftig zu handeln." (S.24).

Oft wird in der Praxis nicht zwischen Information und Wissen unterschieden. Erst durch die Erfahrung und Bewertung, also durch die Kontextualisierung, wird aus Information Wissen. Als Beispiel dazu dient der Verkehrsbericht, der übers Radio vermittelt wird. Durch die Information über einen Stau und durch unsere Erfahrung, welche Straßen die besten Alternativrouten sind oder ob sich das Umsteigen auf ein öffentliches Verkehrsmittel lohnt, entsteht das Wissen, wie hier am besten vorgegangen werden kann.

Die **Wissenstreppe von North** (2011) veranschaulicht auch nochmals das Zusammenspiel von Information und Wissen. Aus Information wird über die Vernetzung (Kontext, Bewertungen, Erwartungen) Können. Können gepaart mit Wollen ergibt Handeln. Handeln führt zu Kompetenz. Und diese wiederum, kombiniert mit Einzigartigkeit, ergibt ein innovatives Dienstleistungsprodukt.

Wie sich zeigt, ist Wissen personengebunden und vermehrt sich durch seinen Gebrauch, Informationen hingegen sind wenig aussagekräftig und alleine nicht dazu geeignet, Menschen sinnvolle Lösungen zu geben (Probst, Raub & Romhardt, 2010).

Wissen ist somit ein entscheidender Produktivitäts- oder Dienstleistungsqualitätsfaktor.

5.3.2 Unterschied zwischen implizitem und explizitem Wissen

Seyfried: *Es wird zwischen implizitem und explizitem Wissen unterschieden. Um welche Art von Wissen handelt es sich jeweils und welche Merkmale sind feststellbar, um eine klare Trennung vornehmen zu können?*

Fritsche: Die Unterscheidung zwischen explizitem und implizitem Wissen wird von Michael Polyani beschrieben (Polanyi, 1985).

Implizites Wissen ist das sogenannte Erfahrungswissen, welches sich aus theoretischen und praktischen Kenntnissen zusammensetzt. Es ist analog und kann nur von Mensch zu Mensch übertragen werden. Dieses Wissen drückt sich in Bildern oder Metaphern aus und ist daher schwer kommunizierbar. Explizites Wissen ist rational beschreibbar und strukturierbar (Schröder, 2003). Es kann in Datenbanken, Dokumentationen, Formularen etc. abgelegt werden und lässt sich vergleichsweise leicht kommunizieren.

5.3.3 Wissensspirale

Seyfried: *In der Literatur wird häufig der Begriff „Wissensspirale" verwendet. Was ist unter einer Wissensspirale zu verstehen?*

Fritsche: Nonaka & Takeuchi (1997) zeigen vier Möglichkeiten, Wissen umzuwandeln und für die Organisation nutzbar zu machen.

Nonaka & Takeuchi (1997) erregten mit ihrer Theorie Aufsehen, dass der Erfolg der japanischen Industrie durch die Kenntnis, wie Wissen im Sinne von Wissensmanagement nutzbar gemacht werden kann, begründet ist. Gerade durch die besonderen Eigenschaften von Wissen, nämlich leicht transportierbar und synergetisch zu sein, scheint die Berücksichtigung und der Austausch von sogenanntem „impliziten" Wissen eine auch ökonomisch sehr lohnenswerte Aufgabe zu sein.

Das SEKI-Modell von Nonaka und Takeuchi (1995) beschreibt die Wissensumwandlung folgendermaßen:

1. Sozialisation: Von implizit zu implizit dient der **Erfahrungsaustausch**, hier wird von Experten zu Experten Wissen weitergeben. Dieser Austausch wird als (berufliche) Sozialisation bezeichnet. Ein Beispiel wäre auch ein Mentoring-System oder Wissen, welches durch Nachahmen, Beobachten oder Üben einer Tätigkeit entsteht.

2. Externalisierung: Von implizit zu explizit: Durch die Externalisierung wird das implizite Wissen sichtbar und transparent. Dies geschieht beispielsweise durch den Austausch von Bildern, Metaphern, Story Telling.

Das Ziel wäre ein gemeinsames Konzept für ein Projekt oder eine gemeinsame **Absichtserklärung, wie zukünftig die Tätigkeit durchgeführt werden soll.** Durch diese Externalisierung werden neue Konzepte geschaffen. Sie sind als Schlüssel der Wissensschaffung anzusehen. Es wird durch die Kenntnis von implizitem Wissen ein neues Tätigkeitskonzept etabliert und niedergeschrieben.

3. Internalisierung: Von explizit zu implizit: Mit der Internalisierung des neu geschaffenen, expliziten Wissens wird das Wissen für den Einzelnen wieder implizit. Dies kann z. B. durch das Prinzip des „Learning-by-Doing" dargestellt werden, d. h. es findet eine Verinnerlichung des Wissens statt.

4. Kombination: Von explizit zu explizit: Es wird Wissen aus unterschiedlichen Bereichen zu einem neuen expliziten Wissen verbunden. Hierzu zählt auch das Ordnen von Wissen in Form von Datenbanken. Beispielsweise wird das neue Konzept mit dem alten Konzept abgeglichen und daraus ein neues, verbessertes Konzept erstellt.

Durch das Durchlaufen der sogenannten **Wissensspirale (SEKI-Modell)** erhöht sich das organisatorische Wissen in Form von weiterentwickelten Routinen und Regeln. Sollte ein „erfahrener" Wissensträger das Unternehmen verlassen, so steht immer noch das ausgetauschte „kollektive" Wissen in Form von formalen und informalen Regeln und Routinen zu Verfügung.

5.3.4 Barrieren für ein Wissensmanagement in Unternehmensnetzwerken

Seyfried: *Kann es Barrieren bzw. Hindernisse geben, die zuerst beseitigt werden müssen, damit implizites Wissen kommuniziert werden kann?*

Fritsche: Die hemmenden Einflüsse auf das Wissensmanagement bzw. die Wissensspirale insgesamt können lt. Rump (2001) unterschiedlich klassifiziert werden:

Persönliche und kulturelle Barrieren: Monopolisierung des Wissens oder die Angst, durch Wissensteilung die eigene Stellung im Unternehmen zu gefährden oder die nur eingeschränkte Fähigkeit zur Verbalisierung von Wissen.

Technische und strukturelle Barriere: fehlende Vorbildfunktion der Führungskräfte, geheime Spielregeln, Zeitknappheit und autoritär orientierte Führungskräfte.

Eine weitere Unterscheidung und Aufzählung von möglichen Barrieren findet sich bei Spelsiek (2005). Dieser unterscheidet zwischen Organisations- und Individualebene.

Auf der Kooperationsebene (Organisationsebene) ergibt sich die Notwendigkeit, sich im Wissensnetzwerk in puncto Zusammenarbeit abzustimmen. Dabei ist zu beobachten, dass üblicherweise kein Teilnehmer den ersten Schritt machen will, um Wissen bereitzustellen – diese Bereitschaft ist abhängig vom Vertrauen der ERFA-Akteure. Unabhängig davon kommt es auch vor, dass Teilnehmer – sozusagen als Trittbrettfahrer – versuchen, ohne persönlichen Beitrag von der Wissensbereitstellung zu profitieren.

Auf das implizite Wissen bezogen, gibt es nach Finke & Will (2003) zwei Barrieren, die überwunden werden müssen, und zwar
- beim Wissensträger und
- bei der Gestaltung der Kommunikation impliziten Wissens.

Die Barrieren werden als Pyramide der Motivationsfaktoren beschrieben:

Kennen: Weiß ich, was ich weiß?
Durch gezieltes Nachfragen kann dem Wissensträger veranschaulicht werden, was er weiß. Dem Wissensträger muss bewusst gemacht werden, was er weiß.

Können: Kann ich mein Wissen in Worte fassen?
Der Wissensträger sollte kommunizieren und kooperieren können. Ansonsten müsste eine entsprechende Schulung erfolgen, die ihm ermöglicht, sein Wissen in Worte zu fassen und auszutauschen.

Sollen: Muss ich es kommunizieren?
Nicht jeder gibt sein Wissen freiwillig preis. Dazu muss der Wissensträger per Arbeitsanweisung beauftragt werden. Die Dokumentation des impliziten Wissens müsste in einen Arbeitsprozess gegossen werden.

Wollen: Will und darf ich es preisgeben?
Dem Wissensträger muss vermittelt werden, dass die Zurverfügungstellung von Wissen nicht dazu führt, ihn zu ersetzen.
 Hier liegt es an den Führungskräften, Vertrauen aufzubauen und transparente Entscheidungs- und Informationsprozesse zu gestalten. Außerdem sollte der Wissensträger in diese Prozesse mit eingebunden werden, denn dies erhöht das Vertrauen und die Bereitschaft, Wissen bereitzustellen.

Wie sich hier zeigt, fallen „Kennen" und „Können" in den Veränderungsbereich des Wissensträgers, während die Verantwortung für das „Sollen" und „Wollen" bei der Organisation (mit einer entsprechenden Organisationskultur) und den Führungskräften (durch ihren Führungsstil) liegt.

5.3.5 Erfahrungsaustauschtreffen als Methode zum Austausch von implizitem Wissen

Seyfried: *Kann die Teilnahme an einem ERFA oder bei anderen Formen der Interaktion als Austausch und gleichzeitiger Erwerb von implizitem Wissen verstanden werden?*
Wenn ja, warum?

Fritsche: Nach Nonaka & Takeuchi (1997) wird der Austausch von implizitem Wissen dezidiert als **Erfahrungsaustausch** im Sinne von Mentoring tituliert.

Unter der Voraussetzung, dass im ERFA für den jeweiligen thematisch orientierten Austausch genug Zeit zur Verfügung steht und eine geeignete Methode für den Austausch eingesetzt wird, kann von einer Interaktion und einem gleichzeitigen Erwerb von implizitem Wissen gesprochen werden. Der Austausch sollte idealerweise, nach Nonaka et al., im Sinne einer Lehrer-Schüler-Interaktion (Mentor) stattfinden.

Im konkreten Fall fanden die in diesem Buch beschriebenen ERFA alle 3 Monate statt und die Veranstaltungen dauerten mehrere Stunden an einem Tag. Eine großzügige Programmgestaltung, bei der Pausen zur Vertiefung und zum Gedankenaustausch einkalkuliert sind, ist die Voraussetzung für eine wünschenswerte Nachhaltigkeit einer Veranstaltung. Die Intensität des Austausches und der sich daraus ergebende Nutzen für die Teilnehmer hängen also wesentlich von der zur Verfügung stehenden Zeit ab, um die unterschiedlichen konkreten Erfahrungen auszutauschen. Grundsätzlich kommt es zu einem Austausch von implizitem Wissen, weil Mitarbeiter mit gleichen/ähnlichen Tätigkeitsanforderungen und/oder gleichen Interessens- und Wissensgebieten und mit den gleichen Praxisproblemen motiviert sind, sich auszutauschen („Community of practice", Probst, Raub & Romhardt, 2010).

5.4 Methoden zum Austausch von Wissen

5.4.1 Experten-Interview und Erfahrungsaustauschtreffen

Seyfried: *Bei den von mir veranstalteten ERFA und Jahrestagungen wurden im Rahmen der Diskussion von mir als Moderator Fragen an die vortragenden Experten gestellt. Kann so eine Diskussion auch mit dem Modell des „Experten-Interviews" verglichen werden?*

Fritsche: Nein, das Experten-Interview ist eine wissenschaftliche Methode der empirischen Sozialforschung und wird beispielsweise nach der qualitativen Inhaltsanalyse nach Mayring (2000) ausgewertet. Diese Befragung umfasst Fragen zu Sichtweisen, Deutungen und Einstellungen des Befragten zu einem Wissensthema.

Für ein ERFA würde ich dennoch empfehlen, dass ein Moderator die Führung in der Diskussion übernimmt, indem er selbst Fragen an die vortragenden Experten stellt und auf diese Weise „das Eis bricht", um dadurch die Zuhörer zu ermuntern, weitere Fragen zu stellen. Natürlich erfordert dies eine gründliche Vorbereitung des Moderators und eine sorgfältige Auseinandersetzung mit den jeweiligen Themen der Veranstaltung. Für eine entsprechende Unterstützung bei der Fragenauswahl und Erstellung eines Interviewleitfadens verweise ich auf die Leitlinien des journalistischen Interviews (Friedrichs & Schwinges, 2015).

5.4.2 Story Telling

Seyfried: *Eine der ältesten Formen der Wissensweitergabe ist das Erzählen von Geschichten, auch Story Telling genannt, bei dem Wissen aus Erfahrungen von Generation zu Generation weitergegeben wird. Was muss bei dieser Methode berücksichtigt werden, um sie erfolgreich anwenden zu können?*

Fritsche: Das **Story Telling** ist eine strukturierte und verbale Methode, um implizites Wissen auszutauschen. Beispielsweise können Kurzgeschichten oder Anekdoten über Arbeitssituationen erzählt werden, die besonders geglückt sind. Dabei soll der Moderator durch geschicktes Nachfragen das implizite Wissen für andere greifbar machen. Dabei bedient er sich der Fragen: „Was hat den Wissensträger veranlasst, so zu handeln?" und „Wieso nicht anders?" oder „Was hätte anders gemacht werden können, damit dieses Ereignis nicht eintritt?". Story Telling ist auch deswegen interessant, weil es Bindungen herstellt bzw. verstärkt.

5.4.3 World-Café und Knowledge-Café

Seyfried: *Es gibt die Begriffe World-Café und Knowledge-Café. Können Sie die Abläufe näher erläutern?*

Fritsche: **Das World-Café ist eine Workshop-Methode**, bei der kleine runde Tische aufgestellt werden, die an ein Caféhaus erinnern sollen. An diesen Tischen tauschen sich vier bis sechs Personen zu einem vorgegebenen Thema aus und wechseln nach einer gewissen Zeit (ca. 20 bis 30 Min.) zum nächsten Tisch **mit einem anderen Thema.** Der „Gastgeber" eines jeden Tisches bleibt während des gesamten Ablaufes eines World-Cafés an seinem Tisch sitzen und fasst für die neu Hinzugekommenen zusammen, was die vorige Gruppe erarbeitet hat. Als sog. Dokumentierer hält er alle wichtigen Gesprächsbeiträge schriftlich fest, während die übrigen Teilnehmer laufend wechseln. Zu jedem Thema sollten mindestens drei Durchgänge stattfinden, **wobei die Gesprächsrunden thematisch aufeinander aufbauen.** Am Ende der Gespräche findet ein Plenargespräch in zusammenfassender Form statt.

Das Motto bei einem World-Café ist: „Es gibt viel Interessantes, was meinen Sie dazu?"

Eine spezielle Weiterentwicklung des World-Cafés stellt das **Knowledge-Café** von Gurteen (www.gurteen.com) dar, **das als ein einfaches Wissensmanagement-Instrument zu verstehen ist.** Es eignet sich aufgrund seiner strukturierteren Form ideal für Fachtagungen, Konferenzen oder Sitzungen. In den USA, England, Australien und der Schweiz wird dieses Tool bereits seit längerer Zeit erfolgreich von darauf spezialisierten Anbietern angeboten.

Knowledge-Cafés eignen sich, wenn es um offene, kreative Konversation und/oder um ein gemeinsames Verständnis oder erste Lösungsansätze zu speziellen Frage- und Problemstellungen geht. Es geht um den zwanglosen Austausch und die Förderung von implizitem Fachwissen. **Ziel ist die Verdichtung und Erweiterung bereits vorhandener Überlegungen.**

Ähnlich wie bei einem World-Café, wird die Großgruppe in kleine Gruppen von 5–7 Personen geteilt, allerdings sollten insgesamt mehr als 12 Personen teilnehmen. Die Kleingruppen setzen sich in ein Café, welches von einem Caféhaus-Besitzer geleitet wird. Das Café sollte ca. 1 bis 2 Stunden dauern. Bevor es im jeweiligen Café zur Diskussion kommt, sollte der Caféhaus-Besitzer eine kurze Einführung über das Knowledge-Café und dessen Zweck geben. Nach 45 Minuten wechselt die Gruppe das Café und alle Gruppen erhalten eine ca. 10-minütige Zusammenfassung über die vorigen Beiträge. Ebenso erstattet die neu hinzugekommene Gruppe dem Caféhaus-Besitzer eine Zusammenfassung. Auf Grundlage der beiden Zusammenfassungen wird die Diskussion neu gestartet bzw. ergänzt. Die Inhalte sollten dokumentiert werden, beispielsweise auf der Tischdecke oder mittels elektronischem Brainstorming.

Die Knowledge-Cafés sollten gut vorbereitet sein, dabei können folgende Fragen hilfreich sein:
1. Wer nimmt teil?
2. Welche Themen sollen konkret bearbeitet werden?
3. Welche Themen erzeugen keinen kreativen Austausch und sind nicht sinnvoll?
4. Was ist ein gutes Resultat eines Knowledge-Cafés und wie kann es am besten erzielt werden?

Durch die Diskussion in einer angenehmen „warmen" und offenen Atmosphäre erhalten die Teilnehmer Erfahrungswissen aus einer großen Menge von Wissensressourcen.

Durch den Caféhaus-Besitzer werden alle Teilnehmer zur Diskussion eingeladen und ermuntert. In der letzten Caféhaus-Runde sichten alle die Dokumentation bzw. Mitschriften und überlegen sich folgende Fragen:
- Was ist das Resultat unseres Austausches?
- Wenn nur eine Stimme im Raum wäre, was würde diese uns sagen?
- Welche Fragen sind offen geblieben und welche führen uns weiter?
- Sind Muster erkennbar und wie sind diese zu interpretieren?

5.4.4 Club für Wissenstransfer

Seyfried: *Mit welcher Methode kann ich sicherstellen, dass ein echter Erfahrungsaustausch von implizitem Wissen stattfindet?*

Fritsche: Um einen strukturellen Rahmen für den (impliziten) Wissensaustausch zu ermöglichen, kann ein sogenannter **Wissenstransferclub** etabliert werden. Im Wissenstransferclub erhalten die Clubmitglieder exklusive Clubleistungen, die wiederum von den Clubmitgliedern erbracht werden.

Die Clubbeiträge beinhalten neben einer Kostenbeteiligung zur Etablierung des Clubs die Verpflichtung der Teilnehmer, ihr implizites Wissen auszutauschen. Konzeptuell kann hier auf die Club(güter)theorie bzw. Parallelorganisation zurückgegriffen werden, d. h. das sogenannte Clubgut ist das öffentliche Gut, welches einem exklusiven Teilnehmerkreis zur Verfügung steht. Die Teilnehmer bilden freiwillig einen Club, um daraus Vorteile zu erzielen.

Gerade der freiwillige Beitritt zum Club fördert die Selbstmotivation (intrinsische Motivation) weit mehr als ein Clubbeitrag „unter sozialem Zwang".

1. Der Wissenstransferclub hat **zum Ziel,** alle Beteiligten unmittelbar in den Austausch zu bringen. Unmittelbar deswegen, da sich ansonsten Teilnehmer in der Preisgabe ihres Wissens zurückhalten und anderen den Vortritt lassen, da sie selbst den Nutzen des Wissensaustausches noch nicht abschätzen können und sich somit (noch) nicht einbringen wollen.

   Allerdings kann der Nutzen erst dann sukzessiv zustande kommen, wenn von den Mitgliedern Beiträge – oder anders gesagt „Vorleistungen" – erbracht werden. Sollte keiner eine Vorleistung bringen, wird der Nutzen nicht etablierbar.

2. Dieses Problem des nicht entwickelbaren Nutzens tritt bei gleichberechtigten Mitgliedern eines Netzwerks auf. Eine Nutzensteigerung kann allerdings dann entwickelt werden, wenn der Wissenstransferclub bzw. die Einrichtung, die diesen betreibt, eine **Selektionsmöglichkeit durch die Clubregeln** hat. Somit können Clubmitglieder, die nicht aktiv am Wissenstransfer teilnehmen und dadurch ihrerseits nicht zum Erfolg beitragen, **ausgeschlossen** werden.
3. Die Cluborganisation ermöglicht einen greifbareren bzw. beobachtbaren Wissenstransfer, der noch dazu **emotional** durch die Exklusivität aufgeladen werden kann.

Der Betreiber des Clubs hat Interesse, die Steuerungsperspektive zu übernehmen und das Netzwerk im Sinne aller zu optimieren. Netzwerkakteure sind eher auf ihren eigenen Vorteil bedacht. Betreiber sollte idealerweise eine (übergeordnete) Institution sein oder ein nominierter sogenannter „Strategy Partner", der als Prozesstreiber fungiert.

Um keine bzw. nur wenig Verdrängung der intrinsischen Motivation zu bewirken, ist insbesondere der selbstverpflichtende Charakter des Clubs zu bewahren, der für den Cluberfolg unabdingbar ist. Der Club benötigt zudem konstituierende Regeln in Form einer Satzung. Zu berücksichtigen sind auch folgende Punkte:

1. **Gewährleistung der Exklusivität** durch Zugangsberechtigungen zu den Ressourcen des Wissentransferclubs.
2. Effiziente und faire Clubbeiträge durch Mitgliederbeiträge, mit denen die Clubinfrastruktur finanziert wird. Der wesentliche Teil der Beiträge soll allerdings der Wissenstransfer bleiben, um die intrinsische Motivation hoch zu halten.
3. **Partizipative Regelfindung und -anpassung**
   Um die Motivation zu erhalten, sollen die Clubregeln von den Teilnehmern entwickelt werden. Der Prozessbetreiber

nimmt nur eine moderierende Rolle ein und evaluiert in regelmäßigen Abständen die Notwendigkeit einer Regelanpassung.

4. **Angemessene und partizipativ entwickelte Sanktionen**
Auch hier ist es wieder wichtig, das „rechte" Maß von den Teilnehmern entwickeln zu lassen, da die intrinsische Motivation erhalten bleiben soll. Bei erstem Regelbruch gibt es eine Verwarnung, welche einen Reputationsverlust mit sich bringen könnte und somit als Sanktionsmöglichkeit wirksam wird. Ein Ausschluss soll natürlich auch möglich sein.

5. **Komplexitätsreduktion durch Subgruppen**
Bei großen Gruppen sollten themenspezifische Untergruppen gebildet werden, um den Nutzen des Austausches hoch zu halten.

6. Eine geringe **Anzahl an – transparenten – Spielregeln,** die wie folgt aussehen könnten:
   a. Nur wertstiftendes Wissen austauschen – Es sollten nur Inhalte ausgetauscht werden, die eine „Transfernotwendigkeit" erkennen lassen.
   b. Verbindliche Antwortzeiten, da der Wert des Wissenstransfers zeitabhängig ist. Beispielsweise können hier 24 Stunden gewählt werden.
   c. Schutz vor Überbeanspruchung: Die angezeigte Überlastung des Wissenssenders muss glaubwürdig sein.
   d. Einhalten der Nutzungsbeschränkungen: Grundsätzlich sollte gelten, dass transferiertes Wissen nicht ohne Zustimmung weitergeben werden sollte. Dezentrale Steuerung. Die Teilnehmer steuern selbst ihren Prozess.
   e. Regelmäßiges Feedback: Der Empfänger gibt dem Sender nach erfolgtem Wissenstransfer Rückmeldung, was er lernen konnte.

5.5 Erfahrungsaustauschtreffen als Erhebungsinstrument für die Erstellung einer Wissenslandkarte im Rahmen von Wissensmanagement

5.5.1 Wissenslandkarte

Seyfried: *Viele Organisationen führen eine Wissenslandkarte. Was ist unter einer Wissenslandkarte zu verstehen, wie sollte sie strukturiert sein und welche Ziele können mit ihr erreicht werden?*

Fritsche: Eine Wissenslandkarte zeigt, welche Wissensinhalte oft genutzt werden und in welcher Verbindung die jeweiligen Wissensträger stehen. Die Verbindungen sind grafisch übersichtlich angeordnet. Die Landkarte hat zum Ziel, den Wissenssuchenden eine Übersicht zu geben und auf einfache Art und Weise zu ermöglichen, den richtigen Ansprechpartner für die benötigte Information zu finden. Kurzum: es wird dadurch sehr viel Zeit gespart. Selbstverständlich sollte das Wissensnetzwerk ständig aktuell gehalten und gepflegt werden.

5.5.2 Erhebung des Wissens für die Erstellung einer Wissenslandkarte

Seyfried: *Können Sie erklären, wie das vorhandene Wissen in einer Organisation eruiert werden soll, damit dieses für die Erstellung einer Wissenslandkarte verwertet werden kann?*

Fritsche: Die Erhebung der Wissensquellen im Unternehmen umfasst Aktivitäten, die lediglich die Ressource Wissen in den Mittelpunkt stellen, insofern kann dies ohne großen Aufwand in bestehende Managementkonzepte integriert werden.

Im Schritt der Erhebung von Wissensquellen geht es um folgende Fragen:
- Welches Wissen gibt es in der Organisation/in den Organisationen?
- Wer verfügt über dieses Wissen?

Vielen Unternehmen fällt es schwer, innerhalb der Organisation den Überblick über interne oder externe Daten, über Fähigkeiten einzelner Mitarbeiter und über Informationen und Wissen zu behalten. Dadurch entstehen Doppelgleisigkeiten und unnötige Suchprozesse kosten viel Zeit.

5.5.3 Zurechtfinden in einer Wissenslandkarte

Seyfried: *Um bestimmte Wissensgebiete schnell und ohne Zeitverzögerung in einer Wissenslandkarte zu finden, ist dafür eine alphabetisch und systematisch geordnete Sammlung von Wörtern vorgesehen?*

Fritsche: Selbstverständlich, gerade das schnelle Auffinden der gesuchten Wissensinhalte, systematisch oder auch per Suchfunktion, erhöht die Nutzungsfrequenz der Wissenslandkarte.

5.5.4 Aktualisierung der Wissenslandkarte und gelebtes Wissensmanagement

Seyfried: *Um eine Wissenslandkarte zu erstellen sind Erfahrungsaustauschgruppen notwendig, um implizites Wissen in explizites Wissen umzuwandeln.*
Muss für die laufende Aktualisierung einer Wissenslandkarte auch ein Verantwortlicher bestimmt werden?
Welche grundsätzlichen Aufgaben sollte der Verantwortliche wahrnehmen?

Fritsche: Um den Erfahrungsaustausch lebendig und die Wissenslandkarte aktuell zu halten, ist ein Prozessverantwortlicher unumgänglich. Der Verantwortliche hat die Aufgabe, Wissen zu identifizieren, zu visualisieren und zu kartographieren. Und im Sinne der Nachhaltigkeit sollte eine ständige Aktualisierung, Erweiterung, Korrektur etc. erfolgen.

5.5.5 Befürworter als Voraussetzung für erfolgreichen Wissenstransfer

Seyfried: *Um Wissensmanagement in einer Organisation einzuführen, sollte es möglichst viele Befürworter und möglichst wenige „Bremser" geben. Welche Bedingungen wären optimal, damit ein Wissensmanagementsystem entwickelt werden kann?*

Fritsche: Befürworter sind Personen, die „Wollen" und im Idealfall auch „Können" während die Bremser weder „Wollen" noch „Können".

Der erfolgreiche Wissenstransfer ist abhängig von der Berücksichtigung der drei Faktoren, die alle gleichermaßen erfüllt sein müssen, nämlich nicht nur „Dürfen" sondern auch „Wollen" und „Können" (Schmid, 2013).

- **„Dürfen"** – sind die sogenannten Rahmenbedingungen auf struktureller und organisationaler Ebene, wie Hierarchie, Entscheidungskompetenz, Zentralisierung und/oder Spezialisierung
- **„Wollen"** – damit ist die individuelle und motivationale Bereitschaft gemeint, die durch Faktoren wie „Angst vor Machtverlust", Egoismen oder unkontrollierbarem Wissensabfluss eingeschränkt wird
- **„Können"** – gemeint sind hier die individuellen Fähigkeiten und Fertigkeiten, wie verbale Ausdrucksmöglichkeiten, Reflexionsvermögen, Problemverständnis etc.

5.5.6 Führungskräfte als Voraussetzung für erfolgreichen Wissenstransfer

Seyfried: *Wie wichtig ist Ihrer Meinung nach die Überzeugung der Führungskräfte und Mitarbeiter einer Organisation, implizites Wissen mit anderen zu teilen und in ein Wissensmanagement einfließen zu lassen?*

Fritsche: Diese Frage schließt an die Frage der Befürworter und Bremser an, unter der Voraussetzung, dass Befürworter, insbesondere die Führungskräfte, den Mehrwert des Wissensaustausches „verstehen" und deswegen motiviert sind, seitens der Organisation den Austausch zu „wollen" und die notwendigen Rahmenbedingungen für den Austausch wie Zeit und Raum bereitzustellen. Das „Wollen" umfasst auch das Interesse der Führungskraft an der Quintessenz des jeweiligen Erfahrungsaustausches. Das Interesse und die Beschäftigung mit den Inhalten – und sei es nur oberflächlich – erzeugt ein fundiertes Verständnis für die Wichtigkeit und Nützlichkeit des „gelebten" Wissensmanagements in einer Organisation.

5.5.7 Kick-off

Seyfried: *Kann eine Kick-off-Veranstaltung helfen, noch vor Projektbeginn Informationen über die zu erwartenden Vorteile und Ziele eines Wissensmanagements anzubieten?*

Fritsche: Das **Kick-off** ist der offizielle Auftakt eines Projektes. Projektteilnehmer erhalten idealerweise eine klare Information über das Projektziel, die Laufzeit, die Meilensteine und Inhalte des Projektes. Mit dem Kick-off sollen alle auf den gleichen Informationsstand gebracht werden, um Missverständnisse, Gerüchte und/oder Kommunikationsprobleme möglichst gering zu halten. Ein wichtiger Teil des Kick-off ist es, das Interesse der Betroffenen in eine Akzeptanz der notwendigen Veränderung im Sinne einer Einführung von Wissensmanagement umzuwandeln. Eine negative Grundstimmung ist zu vermeiden und die Projektteilnehmer sollten idealerweise erst dann das Kick-off verlassen, wenn die Mehrheit der Teilnehmer von Betroffenen zu Beteiligten geworden sind. Gerade bei einem Wissensmanagement-Projekt sind viele Befürchtungen zu erwarten, wie sie bereits in Punkt 5.1 erwähnt wurden.

In größeren Organisationen oder bei anspruchsvollen Veränderungsprozessen kann vor dem Kick-off in Workshop-Form bereits die Führungsebene informiert werden, sodass diese die konkrete Ausgestaltung des Projekts und dessen zu erwartenden Nutzen kennen und damit im Weiteren (nach dem Kick-off) ihre Mitarbeiter im Sinne einer motivierten Teilnahme bestärken und ggf. informieren können.

Symptome für ein schlecht vorbereitetes oder nicht stattfindendes Kick-off wären, wenn der Auftraggeber und/oder Projektleiter keine Verbindlichkeit zum Projekt zeigt, keiner weiß, was zu tun ist und wenig Motivation aber viele Befürchtungen und Unklarheiten im Raum stehen. Die Ursachen können in einer unklaren Zielsetzung bzw. unklaren Projektdefinition liegen (vgl. Bernecker & Reiß, 2002; Hobel & Schütte, 2006).

5.5.8 Wissensziele und die Zukunft

Seyfried: *Welchen Stellenwert hat die Identifikation von Wissenszielen in einer Organisation sowohl für die Zukunft als auch für Organisationseinheiten, die ständig von aktuellem Wissen abhängig sind?*

Fritsche: Durch die klare Zielsetzung wird für die Akteure klar, in welchem Ausmaß Wissensinhalte dokumentiert, generiert und ausgetauscht werden müssen. Frei nach: Wenn ich weiß, wo mein Hafen liegt, weiß ich auch, wohin ich fahren muss (Seneca).

5.5.9 Nicht genutzte Wissenskapazitäten

Seyfried: *Ist es Ihrer Meinung nach sinnvoll, eine organisationsinterne Bestandsaufnahme durchzuführen, um festzustellen, welche Schwachstellen im Bereich des eigenen Wissens vorliegen sowie um zu erheben, ob es Wissenskapazitäten gibt, die jedoch bisher nie genutzt wurden?*

Fritsche: Wie bereits erwähnt, sollten, um Wissen nutzbar zu machen, im ersten Schritt Wissensquellen aufgedeckt werden. Im zweiten Schritt sollte die Frage im Vordergrund stehen, wie Wissen in der Organisation entsteht und wie externes Wissen in die Organisation integriert wird. Es wird dann auf Grundlage der Erkenntnisse, welches Wissen zur Verfügung steht ein Profil erstellt. Das Profil zeigt, welche gezielten Maßnahmen gesetzt werden müssen, um ausgehend vom aktuellen Wissen das zukünftig erforderliche Wissen zu entwickeln. Der strukturierte Erwerb von Wissen hat zum Ziel, neue Fähigkeiten, Dienstleistungen, Produkte, bessere Ideen und leistungsfähigere Prozesse zu entwickeln. Dieser Vergleichsprozess zwischen Soll und Ist kann idealerweise auch dazu führen, dass Wissenskapazitäten „entdeckt" werden, die bis dato noch nicht (von anderen) genutzt wurden.

5.5.10 Externer versus Interner Berater

Seyfried: *Da die Einführung eines Wissensmanagementsystems als Projekt verstanden werden muss, ist durch den Entscheidungsträger einer Organisation im Vorfeld zu entscheiden, ob das Projektmanagement durch einen externen Berater oder durch leitende Mitarbeiter des eigenen Hauses durchgeführt werden soll.*
Welche Gründe sprechen für einen externen Berater, welche Gründe sprechen für die leitenden Mitarbeiter der Organisation?

Fritsche: Ganzheitlich betrachtet wäre aus meiner Sicht eine „sowohl als auch"-Kombination als Ideal anzusehen. Damit könnten die Nachteile des Externen mit den Vorteilen des Internen kompensiert werden, d. h. die mangelnde Kenntnis des externen Beraters über die Organisation und ihre Kommunikationsnetzwerke kann durch die Kenntnisse des internen Beraters ausgeglichen werden.

Der Vorteil des Externen ist ein vergleichsweise „objektiver" und weitgehend unbeeinflusster Blick (vs. betriebsblindem Blick des Internen) auf die Dinge sowie seine unabhängige Position: er ist nicht unmittelbar existenziell von der auftragserteilenden Organisation abhängig und kann im Sinne eines klaren Berater(Rollen)-Bildes etwaige Diskrepanzen entsprechend seines Beratungsauftrags kritisch professionell rückmelden.

Der interne Berater wiederum bringt der Organisation neue Lösungsperspektiven. Für ihn ist es allerdings schwieriger, zu organisations- oder führungspolitischen Themen Stellung zu beziehen.

Vorteile Externer Berater
- Unbefangenheit
- Breiter Erfahrungsschatz
- Akzeptanz bei der Unternehmensführung
- Mut zu einschneidenden Veränderungen

Vorteile Interner Berater
- Vertrautheit der eigenen Organisation
- Identität der Wertvorstellungen
- Anerkennung auf unteren Ebenen
- Keine gravierenden Veränderungen, um Kollegen nicht zu überfordern

5.5.11 Führungskräfte und/oder Wissensträger als Bremser im Projektverlauf

Seyfried: *Welche Maßnahmen des Entscheidungsträgers einer Organisation sind zu ergreifen, wenn die Projektleitung feststellen muss, dass Führungskräfte oder/und sonstige Wissensträger während des Projektes ihr Wissen nicht weitergeben wollen oder vorgeben, sich aufgrund von außerordentlichem Arbeitsanfall nicht beteiligen zu können und sie daher auf diese Weise den Projektverlauf bremsen?*

Fritsche: Die Wahrscheinlichkeit einer Beteiligung von Wissensträgern bzw. Führungskräften an der Wissenskommunikation hängt davon ab, inwieweit sie sich vom betriebenen und investierten Aufwand einen tatsächlichen Nutzen erwarten. Außerdem müsste, um überhaupt die Wissenskommunikation in Gang zu setzen, die Führungskraft in Vorleistung treten. Aber gerade die Vorleistung ist weniger wahrscheinlich, wenn die Führungskraft die Wissensweitergabe als Machtverlust erlebt. Der Machtverlust stützt sich auf die Angst, durch Wissensweitergabe nicht mehr über ein exklusives „Herrschafts"-Wissen zu verfügen.

Neben dieser möglichen Barriere ist Wissensmanagement insgesamt ein Thema, welches an Führungskräfte hohe Anforderungen stellt. Dabei hat sich die Führungskraft – bevor sie überhaupt Wissen anbietet – auch die Frage zu stellen, wie das Wissen transparent gemacht und was konkret ausgetauscht werden soll. Sie hat eine Vorstellung zu entwickeln, welche Arbeitspakete zu erstellen sind.

Um die Führungskraft zur Mitwirkung zu bewegen, ist wie bereits erwähnt eine genaue Information über das Gesamtprojekt notwendig. Eine klare Dienstanweisung soll die Wichtigkeit der Umsetzung und den Auftrag der Organisationsleitung an die Führungskraft samt einer klar definierten Ergebniserwartung beinhalten. Bei Nicht-Kooperation sollte zwischen willentlicher Arbeitsverweigerung aufgrund des bereits öfters angesprochenen „Widerstands", mangelnden Fähigkeiten und/oder mangelndem Verständnis unterschieden werden. Je nach Ausrichtung der Nicht-Kooperation kann die Führungskraft nochmals durch die Organisation über das Projekt informiert oder qualifiziert werden. Bei willentlichem „Widerstand" empfiehlt sich ein Vier-Augen-Gespräch mit dem Vorgesetzten und/oder Projektleiter. Idealerweise kann diese konstruktive Rückmeldung für die Planung von zusätzlichen Organisationsentwicklungsschritten verwendet werden (Wyssuek, 2004).

5.5.12 Kennzahlen als Kontrolle des Wissensmanagementsystems

Seyfried: *Warum ist eine laufende Kontrolle des Wissensmanagementsystems ratsam, wobei* **festgelegte Kennzahlen** *aufzeigen sollen, inwieweit die festgelegten Ziele eines erfolgreichen Wissensmanagements eingehalten werden konnten oder nicht?*

Fritsche: Da ein Managementsystem durch die Soll-Ist-Analyse charakterisiert ist, ist ein Kontrollsystem mit Zielkriterien bzw. Kennzahlen unabdingbar. Durch den kontinuierlichen

Verbesserungsprozess, wie auch im **Europäischen Leitfaden zur erfolgreichen Praxis im Wissensmanagement (2004)** formuliert, erfolgt auch die Umsetzung des Wissensmanagements analog zum Projektmanagement.

Kaplan und Norton (1997) haben als Erweiterung zu dem starken Fokus auf finanzielle Kennzahlen des Managements das Konzept der **Balanced Scorecard** vorgeschlagen.

Eine mögliche Darstellung von Kennzahlen nach Kaps, G. (2001) findet sich nachfolgend:

Perspektive	strategische Ziele	Kennzahlen
Wissensaufbau	strategische Allianzen aufbauen	Anzahl der strategischen Allianzen
	Experten anwerben	Anzahl der Experten
	spezifisches Wissen aufbauen	Wissensportfolio
Wissensnutzung	Lessons-Learned-Programme durchführen	Verhältnis abgeschlossener Projekte / Lessons-Learned-Workshops
	Abdeckungsgrad von Wissenslandkarten erhöhen	Verhältnis von Experten zu verzeichneten Experten
	Intranets oder DBs benutzerfreundlich gestalten	Befragung der Nutzer
	Nutzungsmotivation steigern	Anzahl der Zugriffe auf Intranet
	Nutzung von Patenten erhöhen	Anzahl verwendeter Patente
	Innovationsfähigkeit der Mitarbeiter steigern	Umsetzung von Verbesserungsvorschlägen
Wissens(ver)teilung	Groupware-Systeme nutzen	Anschluss der Mitarbeiter an Systeme
	Intranet nutzen	Ausstattung der Arbeitsplätze
	Sitzungsprotokolle erstellen	Verhältnis von Meetings zu erstellten Protokollen
Wissensbewahrung	Qualität der Wissensbasis erhöhen	Qualitätsindex
	Wissen erschließen und aufbereiten	Abdeckungsgrad

5.5.13 Vertrauen als Voraussetzung für Wissenstransfer

Seyfried: *Wie kann sich Vertrauen als Voraussetzung für Wissenstransfer entwickeln und welche Faktoren können trotz Vertrauen einen Austausch von implizitem Wissen einschränken bzw. verhindern?*

Fritsche: Eine wichtige Voraussetzung für Wissenstransfer ist lt. Schmid (2013) u. a. eine gelebte Vertrauenskultur mit Werten wie einem wertschätzenden Umgang miteinander. Vertrauen baut sich erfahrungsgemäß langsam auf und kann nicht direkt gefördert werden.

Im Kontext des Wissenstransfers können vier Stufen zum Vertrauen hin unterschieden werden:

1. Als Vorstufe des Vertrauens ist eine positive Grundstimmung als Basis für den Vertrauensaufbau notwendig. Sympathie ist hier Voraussetzung, um Wissen weiterzugeben, da zu diesem Zeitpunkt noch keine reine Kosten-Nutzen-Berechnung zugrunde liegt bzw. gelegt werden kann. Sympathie ist auch deshalb wichtig, da sich Sympathie schneller entwickelt als Vertrauen. In diesem Zusammenhang wird auch gerne vom ersten Eindruck gesprochen.
2. Als weitere Voraussetzung für Vertrauen gilt, wenn Personen ähnliche Erfahrungen, Motive, Einstellungen und Vorstellungen bezüglich der Qualität der Arbeitsausführung etc. haben. Hier kann von der sogenannten „Chemie" zwischen den Gesprächspartnern gesprochen werden.
3. In der dritten Stufe wird Vertrauen durch erlebte Echtheit und Ehrlichkeit bzw. Redlichkeit des Menschen aufgebaut.
4. Als letzte Stufe der Vertrautheit wird die Freundschaft eingebracht. Über die persönliche Beziehung entwickelt sich ein freundschaftliches Gefühl, wobei Freundschaft an sich schon bereits mehr als nur Vertrauen ist.

Schmid (2013) konnte diese Faktoren als Einflussfaktoren empirisch bestätigen.

Verhaltensweisen, die den Wissenstransfer verhindern können, sind lt. Seidel (2003), der dazu eine systematische, allerdings theoretische Untersuchung durchgeführt hat, auf vier Ebenen angesiedelt:

1. Machtgeprägtes Verhalten
   a. Beschränkte Informationskanäle
   b. Grad der Abhängigkeitsbeziehung
   c. Unsicherheitsfaktoren (Umwelt/Zukunft)
   d. Mangel an Freiräumen

2. Wettbewerbsgeprägtes Verhalten
   a. Komplexität des Wissens
   b. Opportunitätskosten der Zeit
   c. Konkurrenz- und Wettbewerbsintensität
   d. Erhöhung der Zahl an Wissensträgern

3. Unsicherheitsgeprägtes risikoscheues Verhalten
   a. Furcht vor negativen Konsequenzen
   b. Angst vor Blamage und Exponiertheit
   c. Scheu vor Fehlerpreisgabe
   d. Unterschätzung der Bedeutung des Wissens
   e. Beschränkung zukünftiger Möglichkeiten

4. Gefangenendilemma-Situation (Individuelle Rationalität)
   a. Kurzfristigkeit von Tauschbeziehungen
   b. Mangelnde Interaktion und Kommunikation
   c. Fehlende Transparenz
   d. Hohe Regelungsdichte
   e. Keine gemeinsame Vergangenheit

5.6 Ökonomischer Wert des Wissenstransfers im Wissensmanagement

5.6.1 Wirksamkeit aus ökonomischer Sicht

Seyfried: *Können Sie ökonomische Analysen zur Wirksamkeit des Wissenstransfers darstellen?*

Fritsche: Für den Entscheidungsträger ist es verständlicherweise von großer Bedeutung zu wissen, welchen ökonomischen Wert eine Investition in die Steigerung des Wissenstransfers hat.

North (2011) beschreibt, dass der Produktionsfaktor „Wissen" ein großes Rationalisierungspotenzial birgt durch Austausch von Best Practice und/oder Kombination von Wissen. Unternehmen nutzen lt. Papmehl (1999) nur 40 % des Potenzials ihrer Mitarbeiter. Die restlichen 60 % ihres Potenzials werden seitens der Mitarbeiter anderweitig genützt, d. h. beispielsweise in Vereinsaktivitäten oder bei anderen Freizeitbeschäftigungen.

Empirische Analysen in der Branche der Investitionsgüter ergeben durchschnittliche Produktivitätssteigerungen von 25 %. Dieser Wert ist allerdings nur als Anhaltspunkt zu verstehen, da das produzierte Wissen dann jederzeit zur Verfügung stehen müsste. Ein Hauptproblem in der empirischen Analyse ist, dass das „Wissenstransfergut" ein immaterieller Wert ist, der nicht direkt gemessen werden kann. Um Wissenstransfer messbar zu machen, schlägt Schmid in seiner empirischen Arbeit die Wahl von zwei ökonomisch relevanten Parametern vor:

1. Wissenstransfer spart Arbeitszeit.
   Das sogenannte „Lehrgeld" fällt weg, da Ausprobieren oder Recherchieren wegfällt. Dieser Wegfall verbunden

mit einer vollen Leistung während dieser Zeit bringt eine Effizienzsteigerung der Arbeitsleistung.
2. Wissenstransfer verbessert die Qualität der Entscheidungen. Wenn für Entscheidungen mehr (Fach-)Wissen zu Verfügung steht, ist das Fehlentscheidungsrisiko bedeutend geringer.

Der in der Arbeit von Schmid tatsächlich nachgewiesene und beobachtbare Nutzen war unter der Voraussetzung möglich, dass die untersuchten Personengruppen bereits für das Thema „Wissenstransfer und sein Nutzen" sensibilisiert waren. Unabhängig von Personenmerkmalen, Branche oder betrieblichen Rahmenbedingungen konnte Schmid zeigen, dass die Einsparbereiche bei pessimistischer Wahrscheinlichkeitsbetrachtung bei
- 18,5 % Zeitersparnis
- 15 % Kostenersparnis

bei optimistischer Betrachtung sogar bei
- **23 % Zeitersparnis und**
- **21 % Kostenersparnis liegen.**

Die Arbeit belegt die empirisch bestätigbare Einflussgröße von Wissenstransfer hinsichtlich Kosten- und Zeitersparnis. Neben den klassischen und weitgehend ausgereizten Rationalisierungsprozessen ergeben sich durch die Investition in Wissenstransfer neue Potenziale für die Organisation (North, 2011).

5.7 Ablauf eines Erfahrungsaustauschtreffens

Seyfried: *Sie haben nun äußerst ausgiebig einerseits über die Barrieren und andererseits den lohnenden Nutzen der Anwendung des Wissensmanagements nach Durchführung eines ERFA gesprochen.*

Können Sie möglichst konkret und praxisnah erläutern, wie Sie ein ERFA idealtypisch realisieren würden?

Fritsche: Wie bei jedem Projekt sollte in der Planungsphase eines ERFA überlegt werden, welches Ziel mit dem ERFA verfolgt wird, wie viel Ressourcen und Zeit zur Verfügung stehen, und ob es eine Verbindung zu einem Wissensmanagement-Projekt bzw. -Prozess geben soll. Es gibt aus meiner Sicht drei mögliche Vorgehensweisen:

1. ERFA als Erhebungsinstrument für die Erstellung von **Wissenslandkarten** und in Verbindung mit einem Klassischen Wissensmanagement, wie in Kapitel 5.5. beschrieben
2. ERFA als Grundlage für ein **Wissensnetzwerk** zwischen unterschiedlichen Anwendern bzw. innerhalb einer Branche
3. ERFA als **singuläre, sich wiederholende Veranstaltung** mit einer begleitenden Dokumentation und Publikation

Zu Punkt 2 „ERFA als Grundlage für ein Wissensnetzwerk" ist folgendes zu sagen:

Eine Vielzahl von Phänomenen wird mit dem Begriff „Netzwerk" beschrieben, von der Zusammenarbeit zwischen Unternehmen bis zur personalen Ebene im Sinne von Beziehungen zwischen Personen. Eine allgemeine Definition findet sich bei Mitchell (1969), S.2. Dort wird ein „Netzwerk" als *„a specific set of linkages among a defined set of actors"* bezeichnet.

In Wissensnetzwerken innerhalb und zwischen Unternehmen sind Ansätze personaler und externer Art von Bedeutung. Netzwerke personaler Ausrichtung werden als Gefüge sozialer Beziehungen oder anders gesagt als sogenannte Wissensnetzwerke bezeichnet. Diese Netzwerke überlagern funktionale und/oder hierarchische Barrieren, da hier Kenntnisse und Fähigkeiten zählen und weniger die Stellung in der Organisation.

Wissen stellt in Dienstleistungsgesellschaften eine wesentliche Ressource bei der Leistungserbringung dar. Insbesondere im Dienstleistungssektor aber auch im produzierenden Sektor, in dem es um ergänzende Serviceleistungen geht, ist das Wissensmanagement eine zentrale Aufgabe des Managements.

Um gerade in Unternehmensnetzwerken oder bei konkurrierenden Netzwerkpartnern zu vermeiden, dass Netzwerkpartner ihr spezifisches Wissen und damit ihre Kernkompetenz preisgeben und sich damit ersetzbar machen, kann der Fokus auf die Erbringung komplexer Problemlösungen gerichtet werden. D.h. es wird nicht auf den Wissenstransfer sondern auf den Einsatz des spezialisierten Wissens der Wissensträger für die Lösungserarbeitung fokussiert (Ahlert, Blaich & Spelsiek, 2006).

1. Netzwerkplanungsphase:
Schon von Beginn an sollte von jeder teilnehmenden (Bundes-) Stelle bzw. Institution ein potenzieller Interessent nominiert werden, der idealerweise über den gesamten Zeitraum hinweg für diese Netzwerktreffen zur Verfügung steht.

Im Vorfeld sollten bereits Ziel und Nutzen des Netzwerks bekannt sein. Es sollten genug Ressourcen und Energie vorhanden sein, um die Startphase durchzustehen: den Interessenten sollten Zeitressourcen bereitgestellt werden und der Koordinator benötigt – um die Vernetzung zu organisieren – ein Budget, genügend Zeitressourcen und Räumlichkeiten für die Abhaltung der Netzwerktreffen.

Ziele des Wissensnetzwerks sind:
- Austausch von „Nähkästchen"-Wissen, dem sogenannten impliziten Wissen
- Vereinbarung einer neuen Vorgehensweise in Anlehnung an die aktuelle Fragestellung

Nutzen des Wissensnetzwerks ist:
- Übertragung von Erfahrungen, wie in der Praxis das Wissen, insbesondere bei neuen Fragestellungen, am effizientesten eingesetzt werden kann

Nach Freigabe des Projektes zum Aufbau eines Wissensnetzwerks sollte ein Einladungsschreiben an alle betreffenden teilnehmenden Institutionen versendet werden, in dem detailliert erklärt wird, was der Nutzen und das Ziel des Netzwerks ist. Es soll zum Ausdruck kommen, dass die Teilnahme daran dringend angeraten wird, da bei der Zielsetzung, die öffentliche Verwaltung effektiver und effizienter zu machen, schwierige – verwaltungstechnische – Themen zu berücksichtigen sind.

2. Kick-off und Initiierungsphase des Wissensnetzwerks
- Nochmalige Erklärung des Nutzens und des Zieles des Netzwerks
- Nochmaliges Animieren zur Teilnahme, da die Zielgruppe eine repräsentative Anzahl an Personen umfassen sollte
- Analyse der Bedürfnisse, Interessen und Energien der Anwesenden
- Entwurf einer Organisationsstruktur
- Einleitung erster Schritte

3. Stabilisierungsphase des Netzwerks
- Standards erarbeiten: nach innen wie im Kontakt mit den Kunden (Führungskräfte) und Auftraggeber
- Etablierung der Organisationsstruktur

- Teambildung vorantreiben: wenn Ziele des Netzwerks mit den Erwartungen Einzelner nicht vereinbar sind, dann sind diese Mitglieder zu verabschieden

Chancen und Vorteile dieser Vorgehensweise sind:
- Es stehen gleich von Anfang an viele Ideen und Impulse zur Verfügung
- In größeren Netzwerken entsteht vergleichsweise schnell Bindung und Beziehung, da der Findungs- bzw. Initiierungsprozess gemeinsam durchlaufen wurde

Herausforderungen des Netzwerks, die zu berücksichtigen sind:
- Bei ungenügender Moderation kann gerade in der Phase des Klärungsprozesses, welche für das Netzwerk vonnöten ist, um handlungsfähig zu bleiben, übermäßig viel Zeit und Energie verbraucht werden
- Die kontinuierliche Teilnahme der Mitglieder ist entscheidend, da sich ansonsten Ziele und Inhalte möglicherweise für ein neues Mitglied als diffus darstellen
- Die Initiatoren können „in der Masse verschwinden" und das Netzwerk verliert seine Zielsetzung und wird geschwächt

Zu Punkt 3 „ERFA als singuläre, sich wiederholende Veranstaltung mit einer begleitenden Dokumentation und Publikation" ist folgendes zu sagen:

Sollten sich die Initiatoren des ERFA zum Ziel gesetzt haben, singuläre, sich wiederholende Treffen zu veranstalten, empfiehlt sich folgendes Vorgehen:

Als Alternative zum idealtypischen Verlauf eines Wissensclubs bzw. den in diesem Buch geschilderten Veranstaltungsabläufen wird ein Vorgehen unter Einbezug eines „geladenen"

Keynote-Speakers vorgestellt. **Methodisch soll im Sinne des World-Cafés vorgegangen werden,** verbunden mit einem Experten-Input. Unabhängig von der Vorgehensmethode ist die sorgfältige Vorbereitung wesentlich für den Erfolg der Veranstaltung. Wie bereits in Punkt 2 des Buches vorgestellt, erfolgt die Themenauswahl und auch die Vorbereitung durch einen Organisator, der über Expertenwissen verfügt. Seine Aufgabe ist es auch, darauf zu achten, dass alle Teilnehmer in den Austausch von „implizitem Wissen" miteinbezogen werden und ergebnisorientiert durch den Tag geführt werden. Dieser Organisator kann entweder die Veranstaltungsmoderation selbst übernehmen oder diese an einen professionellen Moderator übergeben.

In diesem Fall wird nach dem Vorbereitungsgespräch des Organisators mit dem Moderator eine Einladung verfasst, in der nochmals der Nutzen der Veranstaltung in den Vordergrund gestellt wird.

Ziel der Einladung ist es,
- Interesse für das Thema zu wecken,
- den Eingeladenen zu signalisieren, dass der Erfolg der Veranstaltung auch von ihren Beiträgen und der aktiven Teilnahme jedes Einzelnen abhängt,
- den unmittelbaren Nutzen für den Arbeitsalltag darzustellen,
- Nennung und Vorstellung des „prominenten" Keynote-Speakers,
- Angebot zur Bereitstellung einer schriftlichen Nachlese (elektronischer ERFA-Newsletter) über die Beiträge und den Nutzen der Veranstaltung.

Die grafische Darstellung am Ende meiner Ausführungen zeigt den Ablauf der Veranstaltung, der durch verschiedene Phasen wie folgt gekennzeichnet ist:

Die Einleitung und Vorstellung des Programmablaufes und die Wiederholung der Inhalte der Einladung übernimmt der professionelle Moderator und leitet den ersten Vortrag des Tages zum Thema „Nutzen und Voraussetzungen für ein erfolgreiches ERFA" ein. Danach wird das Tagesthema vom Keynote-Speaker aufgegriffen und Ansätze aus „wissenschaftlicher" Theorie und Praxis zum Thema präsentiert, es folgen die Vorträge der geladenen Experten. Im Anschluss daran stellt der Moderator praxisrelevante Fragen und gibt den Teilnehmern die Möglichkeit, ebenfalls Fragen zu stellen.

Nach einer Kaffeepause erfolgt mit Hilfe der Methode des World-Cafés unter den Teilnehmern einer Gruppe bzw. zwischen den Gruppen ein Austausch der eigenen Erfahrungen, eine Vertiefung des Themas und idealerweise ein Austausch des Wissens des Keynote-Speakers mit dem Erfahrungswissen der Kollegen. Durch den Austausch und die Diskussion, welche vom Tischmoderator schriftlich festgehalten wird, sollen „Lösungsmöglichkeiten" für die praktische Umsetzung in der eigenen Arbeit gefunden werden. Nach einer finalen Absichtserklärung innerhalb der einzelnen Gruppen werden diese Ergebnisse vom Moderator im Plenum vorstellt und zur Diskussion gestellt.

Der Keynote-Speaker soll nochmals aus Expertensicht die Ergebnisse bewerten und fachlich kommentieren. Der Moderator hat diese Ergebnisse zu protokollieren und für ihre Visualisierung zu sorgen.

Alle Ergebnisse der Veranstaltung werden schriftlich zusammengefasst und in Form eines elektronischen Newsletters samt Nennung der Teilnehmer versendet. Diesen Newsletter, der nochmals eine pointierte Darstellung des Nutzens der Teilnahme an der Veranstaltung enthält, sollen auch alle Vorgesetzten der Teilnehmer erhalten.

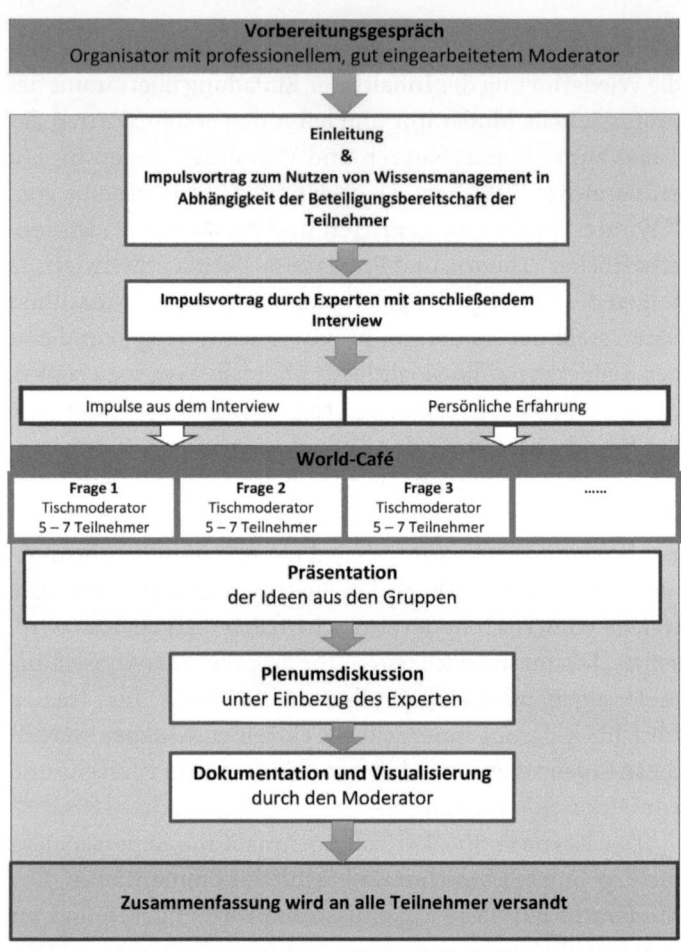

Seyfried: *Ich danke Ihnen, dass Sie sich für die ausführliche Beantwortung meiner Fragen sehr viel Zeit genommen haben.*

6. Zusammenfassung und Ausblick

Das Anliegen dieses Buches besteht darin, dem Leser zu vermitteln, ein ERFA als Weiterbildungsveranstaltung zu verstehen, es als Chance zum Erwerb von implizitem Wissen zu sehen und außerdem aufzuzeigen, wie Vorgesetzte zur Arbeitszufriedenheit ihrer Mitarbeiter beitragen können, um zu verhindern, dass sie der Weiterbildung ablehnend gegenüber stehen.

Ein weiteres Ziel war es, die zur Vorbereitung von solchen Veranstaltungen notwendigen Überlegungen im Detail darzustellen, damit
- die Auswahl von **Veranstaltungsthemen** bei interessierten Weiterbildungswilligen angenommen wird,
- die Auswahl von **geeigneten Vortragenden** dazu beiträgt, dass die Erwartungen der Teilnehmer erfüllt werden,
- die Auswahl der **Veranstaltungsmedien** garantiert, dass für die Teilnehmer der Veranstaltung die Aufnahme des vorgetragenen Wissens sowohl visuell als auch akustisch erleichtert wird,
- durch die Festlegung eines geeigneten **Veranstaltungsortes** die leichte Erreichbarkeit für die Teilnehmer gegeben ist und die Durchführung sowohl ein- als auch mehrtägiger Veranstaltungen reibungslos erfolgen kann,
- die **Planung und Organisation** der Veranstaltung zeitgerecht erfolgt und die Betreuung der Teilnehmer während der Veranstaltung durch einen geeigneten und zuverlässigen Caterer gewährleistet ist.

Darüber hinaus ergeben sich aus den im Laufe der Jahre gesammelten Erfahrungen folgende Punkte, die bei der Vorbereitung eines ERFA zu beachten sind:
- die Zielgruppe der Veranstaltung ist eindeutig zu definieren
- rechtzeitige Kontaktaufnahme mit der Verwaltung des Veranstaltungsortes zwecks Abklärung, ob der gewünschte Veranstaltungstermin realisiert werden kann
- ähnlich wie bei einem Projekt sollte sowohl der Beginn als auch die zeitgerechte Beendigung der Vorbereitungen vor dem Veranstaltungstag rechtzeitig festgelegt werden
- der Entscheidungsträger einer Organisation muss rechtzeitig darüber informiert werden, welche Personen an einem ERFA teilnehmen werden, wenn sich der Veranstaltungsort außerhalb des Dienst- bzw. Arbeitsortes befindet
- rechtzeitige Bildung eines Serviceteams und Instruktion der Mitglieder, die hauptsächlich während der Veranstaltung den reibungslosen Ablauf gewährleisten sollen

Obwohl bei der Schilderung der Erlebnisse bei den ERFA und Jahrestagungen die Ausgaben keine Erwähnung fanden, so stellt sich im Allgemeinen sehr wohl die Frage der Finanzierung einer Veranstaltung, d.h. mögliche Bereiche, die Ausgaben verursachen müssen in Betracht gezogen werden:
- Miete für den Vortragssaal
- Catering (Pausenkaffee und evtl. an die Veranstaltung anschließendes Buffet)
- Herstellung von Tagungsmappen beinhaltend das Tagungsprogramm, die Teilnehmerliste und Punktation der einzelnen Vorträge auf DVD sowie Namensschilder
- Reise- und Hotelausgaben sowie Honorare für Vortragende
- Ausgaben für ein Mittagessen für die Teilnehmer
- Ausgaben für eine mögliche Publikation mit den Vortragsinhalten.

Die Erfahrungen dieses Buches sollen für Interessierte eine Orientierung für eigene Überlegungen im Vorfeld der Planung einer Veranstaltung bieten und eine Hilfestellung geben für die Organisation und Realisierung von ERFA. Ausdrücklich hervorzuheben ist, dass rechtliche Aspekte wie beispielsweise Vertragsangelegenheiten zwischen einem Veranstalter und einem Anbieter einer Veranstaltungsinfrastruktur in diesem Buch nicht thematisiert werden.

Bedingt durch immer knapper werdende Budgetmittel in der öffentlichen Verwaltung sowie das stark ausgeprägte Kostenbewusstsein in privat geführten Unternehmen wird es in Hinkunft unerlässlich sein, Kostenvergleiche zwischen den einzelnen Fortbildungsmodellen anzustellen. Es gilt abzuwägen, ob für Weiterbildungsmaßnahmen vermehrt ERFA für eine bestimmte Zielgruppe – durch einen „internen" Koordinator wie in diesem Buch beschrieben – veranstaltet werden (unter Berücksichtigung der oben angesprochenen Ausgaben) oder ob für Weiterbildungsveranstaltungen die Leistungen privater Anbieter angekauft werden sollen.

Abkürzungsverzeichnis

AfO	Ausschuss für Organisationsfragen
AG	Auftraggeber
AKH	Allgemeines Krankenhaus
ARGE	Arbeitsgemeinschaft
ASchG	Arbeitnehmerschutzgesetz
AWG	Abfallwirtschaftsgesetz
BBG	Bundesbeschaffungsgesellschaft mit beschränkter Haftung
BBG-Gesetz	Bundesbeschaffungsges.m.bH-Gesetz
B-BSG	Bundesbedienstetenschutzgesetz
BEinstG	Behinderteneinstellungsgesetz
BGBl	Bundesgesetzblatt
BGStG	Bundes-Behindertengleichstellungsgesetz
BHAG	Buchhaltungsagentur
BHG	Bundeshaushaltsgesetz
BKA	Bundeskanzleramt
BMF	Bundesministerium für Finanzen
BRH	Bundesrechnungshof, Deutschland
BVA	Bundesvergabeamt
B-VG	Bundesverfassungsgesetz
BVergG	Bundesvergabegesetz
CAF	Common Assessment Framework
CB	Controlling Beirat
CI	klassifizierte Informationen
COSO	Committee of the Sponsoring Organisations for the Treadway Commission
DSG	Datenschutzgesetz
DIIR	Deutsches Institut für Interne Revision

EFK	Eidgenössische Finanzkontrolle
EG	Europäische Gemeinschaft
EK	Europäische Kommission
EMRK	Europäische Menschenrechtskonvention
ERFA	Erfahrungsaustauschtreffen
EU	Europäische Union
EuGH	Europäischer Gerichtshof
ERH	Europäischer Rechnungshof
FE	Flexibilisierungseinheit(en)
FKL	Flexibilisierungsklausel
FM	Facility Management
FMA	Finanzmarktaufsicht
GB	Gender Budgeting
GM	Gender Mainstreaming
HHR	Haushaltsrecht
HHRR	Haushaltsrechtsreform
HR	Human Resources
IACA	Anti-Korruptionsakademie
IAS	Interner Audit-Dienst
IIA	Institute of Internal Audit
InfoSiG	Informationssicherheitsgesetz
IKS	Internes Kontrollsystem
IKT	Informations- und Kommunikationstechnologie
IM	Immobilien
INTOSAI	International Organisation of Supreme Audit Institutions
IR	Interne Revision(en)
ISSAI	International Standards of Supreme Audit Institutions
IT	Informationstechnologie
KLR	Kosten- und Leistungsrechnung
LRH	Landesrechnungshof (-höfe)
MACS	Master of Anti-Corruption Studies

MBA	Master of Business Administration
NPM	New Public Management
OGH	Oberster Gerichtshof
OLAF	Amt für Betrugsbekämpfung
ORKB	Oberste Rechnungskontrollbehörden
PM	Projektmanagement
QA	Quality Assessment
RGBl	Reichsgesetzblatt
RH	Rechnungshof (-höfe)
TI	Transparency International
TQM	Total-Quality-Management
UG	Universitätsgesetz
VfGH	Verfassungsgerichtshof
VwGH	Verwaltungsgerichtshof
WM	Wissensmanagement

Literaturverzeichnis

Achouri C.: Recruiting und Placement: Methoden und Instrumente der Personalauswahl und –platzierung (2. Aufl.). Wiesbaden 2010

Ahlert M./Blaich G./Spelsiek J.: Vernetztes Wissen. Organisationale, motivationale, kognitive und technologische Aspekte des Wissensmanagements in Unternehmensnetzwerken. Wiesbaden 2006

Aicher J.: Bestbieterermittlung und Widerruf, Kriterien der Entscheidungsfindung.
In: Kandlhofer D./Seyfried K. (Hrsg.): Interne Revision und Vergaberecht: Prüfung des Vergabeverfahrens. Wien 2008

Bachmayer E./Neuberger P.: Kennzahlenanalyse als Steuerungsinstrument für das Personalmanagement. In: Kandlhofer D./Seyfried K. (Hrsg.): Interne Revision und Personalmanagement: Prüfung des Personalmanagementsystems. Wien 2009

Badura B./Ducki A./Schröder H./Klose J./Meyer M. (Hrsg.): Fehlzeiten-Report 2016: Unternehmenskultur und Gesundheit: Herausforderungen und Chancen. Berlin 2016

Begander E.: „Was kann ich denn dafür?": Über den Umgang mit Abwehrmechanismen und Widerständen in der entwicklungsbezogenen Bildungsarbeit. Zeitschrift für Entwicklungspädagogik, 11, Seite 2–7. 1988

Berger H.: Wirkungsorientierte Haushaltsführung als Chance zur Aufgabenkritik? In: Seyfried K. (Hrsg.): Interne Revision und Aufgabenkritik: Entbehrliches versus Unentbehrliches. Wien 2014

Bernecker F./Reiß M.: Kommunikation im Wandel. Kommunikation als Instrument des Change Managements im Urteil von Change Agents. In: z fo, 71, Seite 352–359. 2002

Bolder A./Reimer A./Spindler A./Zech V.: Weiterbildungsabstinenz. 3. Bilanzen von Bildungsaufwand und -ertrag im Lebenszusammenhang. Institut zur Erfassung sozialer Chancen. Köln 1998

Bruggemann A./Großkurth P./Ulich E.: Arbeitszufriedenheit. Bern 1975

Brückner H.: Die Prüfungskompetenzen der Landesrechnungshöfe unter besonderer Berücksichtigung der Gemeindeprüfung. In: Seyfried K. (Hrsg.): Gebarungskontrolle in Österreich: 250 Jahre Rechnungshof und 30 Jahre Interne Revision. Wien 2012

Brühl K.: Future Jobs. Wie wir in Zukunft in Europa arbeiten werden. In: DISAG (Hrsg.): Trendstudie Future Jobs. Düsseldorf 2010

Bundeskanzleramt: Standorte, Schloss Laudon Wien 2015. http://www.bka.gv./site/4113

Bundeskanzleramt-Verfassungsdienst: Leitlinien für die innere Revision. Wien 1983

Burg H./Häusele V.: Management von Veränderungsprojekten in der deutschen Bundesverwaltung: Prüfung durch den deutschen Bundesrechnungshof. In: Seyfried K. (Hrsg.): Interne Revision und Veränderungsmanagement: Die Verwaltung im Umbruch: Prüfung des Veränderungsmanagements. Wien 2013

Buschor E.: Erfolgsfaktoren der Aufgabenkritik: Macht-, Fach- und Prozesspromotion. In: Seyfried K. (Hrsg.): Interne Revision und Aufgabenkritik: Entbehrliches versus Unentbehrliches. Wien 2014

Caspers R./Bickhoff N./Bieger E. (Hrsg.): Interorganisatorische Wissensnetzwerke: Mit Kooperation zum Erfolg. Berlin 2004

CEN/ISSS: Europäischer Leitfaden zur erfolgreichen Praxis im Wissensmanagement. CEN/ISSS Knowledge Management

Workshop, Brüssel. URL: http://www.iwp.jku.at/Born/mpwfst/04/Germantext-KM-CWA guide.pdf (Stand 04.04.2017)

Damasio A.: Descarte's Irrtum. München 2000

Deffaa W./Bilger. N.: Interne Prüfungen im Bereich Personalwesen: Prüfungsverfahren des IAS. In: Kandlhofer D./Seyfried K. (Hrsg.): Interne Revision und Personalmanagement: Prüfung des Personalmanagementsystems. Wien 2009

Dormann C./Fay D./Zapf D./Frese M.: A state-trait analysis of job satisfaction: On the effect of core self-evaluations and situational derterminant. Applied Psychology An International Review, 55, Seite 27–51. 2006

Edwards J.R./Caplan R.D./Harrison R.V.: Person-environment fit theory: Conceptual foundations, empirical evidence and directions for future research. Oxford University Press. 1998

Elšik W.: Vom Lohnbüro zum strategischen Personalmanagement. In: Kandlhofer D./Seyfried K. (Hrsg.): Interne Revision und Personalmanagement: Prüfung des Personalmanagementsystems. Wien 2009

Faulstich P.: Lernen und Widerstände. In: Faulstich P./Mayer M. (Hrsg.): Lernwiderstände: Anlässe für Vermittlung und Beratung, Seite 7–25. Hamburg 2006

Finke I./Will M.: Motivation for Knowledge Managment. In: Mertins K. (Hrsg.): Knowledge Management: Best Practices in Europe, Seite 67–93. Berlin, Heidelberg 2003

Fisher C. D.: Mood and emotions while working: Missing pieces of job satisfaction?. Journal of Organizational Behavior, 21, Seite 185–202. 2000

Flanagan J.C.: The critical incident technique. Psychological Bulletin, 51. 1954

Friedrichs J./Schwinges U.: Das journalistische Interview (4. Aufl.). Wiesbaden 2015

Fromme-Ruthmann M.: Einfluss organisationaler Lernkultur und personaler Aspekte auf die Motivation sowie Art und

Ausmaß formeller und informeller Lernaktivitäten in Unternehmen. München, Mering 2013

Goldeband E./Eckel G.: Die strategische Ausrichtung des Rechnungshofes als Bund-Länder-Organ und die öffentlichen Auftragsvergaben in der Prüfungspraxis.
In: Kandlhofer D./Seyfried K. (Hrsg.): Interne Revision und Vergaberecht: Prüfung des Vergabeverfahrens. Wien 2008

Grimm S.: Die Bildungsabstinenz der Arbeiter. München 1966

Hacker W.: Allgemeine Arbeitspsychologie: Psychische Regulation von Arbeitstätigkeiten. Bern 1998

Hacker W./Richter P.: Psychische Fehlbeanspruchung: Psychische Ermüdung, Monotonie, Sättigung und Streß. In: Hacker W. (Hrsg.): Spezielle Arbeits- und Ingenieurpsychologie in Einzeldarstellungen. Band 2. Berlin 1984

Hackman J.R./Oldham G.R.: Motivation through the design of work: Test of a theory: Organizational Behavior and Human Performance, 16, Seite 250–279. 1976

Haun M.: Handbuch Wissensmanagement: Grundlagen und Umsetzung, Systeme und Praxisbeispiele. Berlin, Heidelberg 2002

Herzberg F./Mausner B./Snyderman B.B.: The Motivation to Work. New York 1967

Hobel B./Schütte S.: Business-Wissen Projektmanagement von A–Z: Kompetent entscheiden. Richtig handeln. Wiesbaden 2006

Holzkamp K.: Wider den Lehr-Lern-Kurzschluss: Interview mit Rolf Arnold. In: Faulstich P./Ludwig J. (Hrsg.): Expansives Lernen, Seite 29–38. Baltmannsweiler 2004

Hüther G.: Die Macht der inneren Bilder: wie Visionen das Gehirn, den Menschen und die Welt verändern (9. Aufl.). Göttingen 2015

INTOSAI GOV 9150: Koordination und Zusammenarbeit zwischen ORKB und internen Revisionen im öffentlichen Sektor. Wien 2010

Judge T. A./Locke E. A./Durkham C. C.: The dispositional causes of job satisfaction: A core evaluations approach. Research in Organizational Behavior, 19, Seite 151–188. 1997

Kandlhofer D.: Führen und Steuern im Bundeskanzleramt. In: Kandlhofer D./Seyfried K. (Hrsg.): Interne Revision und Personalmanagement: Prüfung des Personalmanagementsystems. Wien 2009

Kaplan R. S./Norton D. P.: Balanced Scorecard: Strategien erfolgreich umsetzen. Stuttgart 1997

Kaps G.: Erfolgsmessung im Wissensmanagement unter Anwendung von balanced Scorecards. Diplomarbeit, Fachhochschule Stuttgart 2001

Kehr H.M./Rawolle M.: Kopf, Bauch und Hand – wie Motivation Veränderungsprozesse unterstützt. Wirtschaftspsychologie aktuell, 2, Seite 23–26. 2009

Kesten U.: Informaler Organisations- und Mitarbeiterzyklus. Wiesbaden 1998

Lawler E. E./Porter L. W.: The effect of performance on job satisfaction: Industrial relations. A Journal of Economy and Society, 7, Seite 20–28. 1967

Lenske W./Werner D.: Umfang, Kosten und Trends der betrieblichen Weiterbildung: Ergebnisse der IW Weiterbildungserhebung. Online unter http://www.econstor.eu/bitstream/10419/156971/1/iw-trends-v36-i1-a4.pdf (28.08.2016)

Levin I./Stokes J. P.: Dispositional approach to job satisfaction: Role of negative affectivity. Journal of Applied Psychology, 74, Seite 752–758. 1989

Liebel H. J.: Sozialpsychologie. In: Dörner D./Selge H. (Hrsg.): Psychologie: Eine Einführung in die Grundlagen und Anwendungsfelder. Stuttgart 1985/1996

Liebel H. J.: Organisationspsychologie. In: Dörner D./Selge H. (Hrsg.): Eine Einführung in die Grundlagen und Anwendungsfelder. Stuttgart 1985/1996

Mayring Ph.: Qualitative Inhaltsanalyse: Grundlagen und Techniken (7. Aufl.). Weinheim 2000

Mitchell J. C.: The Concept and Use of Social Networks. In: Mitchell J. C. (Hrsg.).:Social Networks in Urban Situations: Analyses of Social Relationships in Central African Towns, Seite 1–50. Manchester 1969

Moser J.: Transparenz im Förderungswesen: Probleme der Förderungsverwaltung aus der Sicht des Rechnungshofes. In: Kandlhofer D./Seyfried K. (Hrsg.): Interne Revision und Förderungswesen: Prüfung des Förderungswesens. Wien 2010

Moynihan D. P./Pandey S. K.: Finding workable Levers over Work Motivation: Comparing Job Satisfaction, Job Involvement and Organisational Commitment. Administration & Society, 39(7), Seite 803–832. 2007

Nonaka I./Takeuchi H.: The Knowledge Creation Company: How Japanese Companies Create the Dynamics of Innovation. Oxford Universiy Press 1995

Nonaka I./Takeuchi H.: Die Organisation des Wissens: Wie japanische Unternehmen eine brachliegende Ressource nutzbar machen. Frankfurt am Main, New York 1997

North K.: Wissensorientierte Unternehmensführung: Wertschöpfung durch Wissen (5. aktualisierte und erweiterte Aufl.). Wiesbaden 2011

Pachner F.: Fehler bei der Vorbereitung der Vergabe und Leistungsbeschreibung so wie häufige Mängel von der Ausschreibungsphase bis zur Angebotsabgabe. In: Kandlhofer D./Seyfried K. (Hrsg.): Interne Revision und Vergaberecht: Prüfung des Vergabeverfahrens. Wien 2008

Papmehl A.: Wer lernt, ist dumm! Stolpersteine auf dem Weg zum Wissensmanagement. In: Papmehl A./Siewers R. (Hrsg.): Wissen im Wandel, die lernende Organisation im 21. Jahrhundert, Seite 188–247. 1999

Pfeiler P.: Von der ÖNORM A2050 bis zum Bundesvergabegesetz. In: Kandlhofer D./Seyfried K. (Hrsg.): Interne

Revision und Vergaberecht: Prüfung des Vergabeverfahrens. Wien 2008

Polanyi M.: Implizites Wissen (Übersetzt von Horst Brühmann, engl. Erstausgabe: The Tacit Dimensions, London 1966). Frankfurt am Main 1985

Porchen St.: Austausch impliziten Erfahrungswissens: Neue Perspektiven für das Wissensmanagement. Wiesbaden 2008

Probst G./Raub S./Romhardt K.: Wissen managen: Wie Unternehmen ihre wertvollste Ressource optimal nutzen. Wiesbaden 2010

Reinhardt R./Eppler M. J. (Hrsg.): Wissenskommunikation in Organisationen: Methoden – Instrumente – Theorien. Berlin, Heidelberg 2004

Rump J.: Intergeneratives Wissensmanagement. Trojaner 9 (11), Seite 24–27. 2001

Sachs M.: Die Auswirkungen der Tätigkeit der Revision auf die Vergaberechtsschutzbehörden. In: Kandlhofer D./Seyfried K. (Hrsg.): Interne Revision und Vergaberecht: Prüfung des Vergabeverfahrens. Wien 2008

Schiepe-Tiska A./Aman D./Kehr. H. M.: Ich hab' Lust, Ich will's, Ich kann's. Das 3 K-Modell – Selbstmotivation wissenschaftlich fundiert. I enjoy it, I want it, I can it. The 3 K-Model –Self motivation scientfically sound. Junglehrer Praxis, 1, Seite 1–4. 2014

Schiersmann Ch.: Berufliche Weiterbildung. Wiesbaden 2007

Schmid H.: Barrieren im Wissenstransfer: Ursachen und deren Überwindung. Wiesbaden 2013

Schramm J.: Angebotseröffnung und Angebotsprüfung: Mängel und Probleme der Abgrenzung.
In: Kandlhofer D./Seyfried K. (Hrsg.): Interne Revision und Vergaberecht: Prüfung des Vergabeverfahrens. Wien 2008

Schräder-Naef R.: Bildungshindernisse für Erwachsene. In: Egger R./Grilz W. (Hrsg.): Bildung an der Grenze. Graz 1999

Schröder K. A.: Mitarbeitorientierte Gestaltung des unternehmensinternen Wissenstransfers: Identifikation von Einflussfaktoren am Beispiel von Projektteams. Wiesbaden 2003

Schuler H.: Psychologische Personalauswahl: Einführung in die Berufseignungsdiagnostik (4.Aufl.). Göttingen 2014

Schulz v. Thun: Miteinander Reden 1: Störungen und Klärungen. Reinbek bei Hamburg 1981

Seidel M.: Die Bereitschaft zur Wissensteilung: Rahmenbedingungen für ein wissensorientiertes Management. Wiesbaden 2003

Seitz H.: Arbeitsmotivation und Arbeitszufriedenheit. Wien 2010

Seyfried K.: Über die Prüfung und Kontrolle die Leistung stetig verbessern: 30 Jahre Interne Revision in der österreichischen Bundesverwaltung. In: Innovative Verwaltung, 9, Seite 14–17. Wiesbaden 2011

Siebert H.: Lernmotivation und Bildungsbeteiligung. Bielefeld 2006

Siebert H.: Methoden für die Bildungsarbeit: Leitfaden für aktivierendes Lehren. In: DIE (Hrsg.): Perspektive Praxis. Bielefeld 2010

Sorgatz I.: Aufgabenkritik, Entbürokratisierung und Verwaltungsmodernisierung: Eine risikoorientierte Betrachtung aus Sicht von Interner Revision und Korruptionsprävention. In: Seyfried K. (Hrsg.): Interne Revision und Aufgabenkritik: Entbehrliches versus Unentbehrliches. Wien 2014

Spelsiek J.: Motivationsorientierte Steuerung des Wissenstransferverhaltens. Wiesbaden 2005

Taubert J.: Berufliche Motivation von Krankenpflegepersonal. Robert Bosch Stiftung (Hrsg.) Stuttgart 1987

Thomae H.: Die lernende Organisation – beobachtet: zur Soziologie organisationalen Lernens (Arbeitsbericht, Management

Forschung und Praxis, 14). Universität Konstanz, Fakultät für Verwaltungswissenschaft, Lehrstuhl für Management. 1996

Ulich E.: Gesundheitsmanagement in Unternehmen (3. überarb. Aufl.). Wiesbaden 2008

Wegge J./Van Dick R.: Arbeitszufriedenheit, Emotionen bei der Arbeit und berufliche Identifikation. In: Fischer L. (Hrsg.): Arbeitszufriedenheit, Seite 11–36. Göttingen 2006

Wieland R./Krajewski J./Memmou M.: Arbeitsgestaltung, Persönlichkeit und Arbeitszufriedenheit. In: L. Fischer (Hrsg.): Arbeitszufriedenheit. Göttingen 2004

Wigfield A./Eccles J. S.: Expectansy – value theory of achievment motivation. Contemporary educational psychologie 25, (1), Seite 68–81. 2000

Willems H. (Hrsg.): Lehr(er)buch Soziologie: Für die pädagogischen und soziologischen Studiengänge (Bd.2). Wiesbaden 2008

Wyssusek B.: Wissensmanagement komplex: Perspektiven und soziale Praxis. Berlin 2004

Zemke R./Zemke S.: 30 things we know for sure about adult learning. Innovation Abstracts 6 (8) 1984

Ziehe T./Stubenrauch H.: Plädoyer für ungewöhnliches Lernen. Reinbek bei Hamburg 1982

„Alle erschienenen Bücher befassen sich mit Leistungen der Internen Revision zum jeweiligen Themenschwerpunkt und sind darauf ausgerichtet, Mehrwerte zu schaffen – beispielsweise durch Verbesserung der Organisationsprozesse – und möchten diesen Aspekt stärker ins Blickfeld der Öffentlichkeit rücken."

MITHERAUSGEBER MAG. KARL SEYFRIED MIT MAG. DIETER KANDLHOFER:

Interne Revision und Vergaberecht
ISBN: 978-3-7007-3952-4
Preis: € 29,–
Seitenanzahl: 158

Interne Revision und Personalmanagement
ISBN: 978-3-7007-4093-3
Preis: € 40,–
Seitenanzahl: 208

Interne Revision und Förderungswesen
ISBN: 978-3-7007-4435-1
Preis: € 49,–
Seitenanzahl: 256

HERAUSGEBER MAG. KARL SEYFRIED:

Interne Revision und risikoorientiertes Prüfen
ISBN: 978-3-7007-4809-0
Preis: € 49,–
Seitenanzahl: 232

Gebarungskontrolle in Österreich
ISBN: 978-3-7007-5238-7
Preis: € 49,–
Seitenanzahl: 216

Interne Revision und Veränderungsmanagement
ISBN: 978-3-7007-5479-4
Preis: € 49,–
Seitenanzahl: 208

Interne Revision und Aufgabenkritik
ISBN: 978-3-7007-5847-1
Preis: € 39,–
Seitenanzahl: 164

Der Autor

Mag. Karl Seyfried war von 2004 bis 2013 als Koordinator aller Revisionseinrichtungen in der österreichischen Bundesverwaltung für die Durchführung regelmäßiger Erfahrungsaustauschtreffen und Jahrestagungen der Revisoren zuständig. In diesem Zeitraum wurden insgesamt fünfzig Veranstaltungen von ihm geplant, organisiert und moderiert.

Der Verlag

novum VERLAG FÜR NEUAUTOREN

„ *Wer aufhört
besser zu werden,
hat aufgehört
gut zu sein!*

Basierend auf diesem Motto ist es dem novum Verlag ein Anliegen neue Manuskripte aufzuspüren, zu veröffentlichen und deren Autoren langfristig zu fördern. Mittlerweile gilt der 1997 gegründete und mehrfach prämierte Verlag als Spezialist für Neuautoren in Deutschland, Österreich und der Schweiz.

Für jedes neue Manuskript wird innerhalb weniger Wochen eine kostenfreie, unverbindliche Lektorats-Prüfung erstellt.

Weitere Informationen zum Verlag und
seinen Büchern finden Sie im Internet unter:

www.novumverlag.com